大学生体育与健康教育

主　编　郝胜利　杨福洲
副主编　李　录　王胜利　李国强
　　　　唐邦全　张艳妮　赵　振
编　委　王　萍　孙凯麟　雷新民
　　　　董瑞草　王　涛　同卫军
　　　　杨爱丽　王朝阳　贾怀涛

北京理工大学出版社
BEIJING INSTITUTE OF TECHNOLOGY PRESS

内 容 提 要

本书从高校实际出发，从体育课程和教材着手，着眼于增强学生体质，培养学生树立健康第一的观念，养成体育活动的习惯，学会欣赏体育运动项目，促进学生身心健康地全面发展。

本书内容丰富翔实，具有科学性、知识性、时代性、针对性、可读性，既可作为大学体育教师专用的体育教材，又可作为大学生自学的体育书籍。

图书在版编目（CIP）数据

大学生体育与健康教育／郝胜利，杨福州主编. --北京：北京理工大学出版社，2023.8（2024.8 重印）

ISBN 978-7-5763-2636-9

Ⅰ. ①大…　Ⅱ. ①郝…②杨…　Ⅲ. ①大学生-体育教育②大学生-健康教育　Ⅳ. ①G807.4②G647.9

中国国家版本馆 CIP 数据核字（2023）第 136765 号

出版发行／北京理工大学出版社有限责任公司
社　　址／北京市丰台区四合庄路6号
邮　　编／100070
电　　话／（010）68914775（总编室）
（010）68914026（教材售后服务热线）
（010）68944723（其他图书服务热线）
网　　址／http：//www.bitpress.com.cn
经　　销／全国各地新华书店
印　　刷／涿州市新华印刷有限公司
开　　本／787 毫米×1092 毫米　1/16
印　　张／18.25
字　　数／429 千字
版　　次／2023 年 8 月第 1 版　2024 年 8 月第 4 次印刷
定　　价／45.50 元

责任编辑／江　立
文案编辑／江　立
责任校对／周瑞红
责任印制／施胜娟

2022年是我国体育发展史上不平凡的一年。精彩、非凡、卓越的北京冬奥会成功举办，创造了我国参加冬奥会历史最好成绩。我国全民健身持续推进，中央办公厅、国务院办公厅印发《关于构建更高水平的全民健身公共服务体系的意见》，举办全民健身线上运动会，参赛人数突破1396万人，实施全民健身设施补短板工程，不断推动公共体育场馆免费或低收费开放。我国青少年体育不断加强，持续深化体教融合。体育产业提质增效，印发《关于体育助力稳经济促消费激活力工作方案》，制定发布《户外运动产业发展规划（2022—2025年）》，《中华人民共和国体育法》全面修订，并于2023年1月1日起正式施行。

2023年是全面贯彻落实党的二十大精神的开局之年，是实施“十四五”规划承前启后的关键之年，谋划好、推进好2023年各项体育工作意义重大。体育战线要以习近平新时代中国特色社会主义思想为指导，全面贯彻落实党的二十大精神，高质量推动体育各领域发展，加快推进体育强国新实践。

基于上述背景，为加快推进体育强国建设，坚持走中国特色社会主义体育发展道路，实现体育发展保障条件的现代化，推动形成体育各方面全面发展的良好局面，使体育全方位融入国家发展大局，为中华民族伟大复兴提供凝心聚气的强大精神力量，各学校积极开设体育课程。本书正是为体育课程教学需要而编写的。

本书全面地阐述了体育运动与健康的基本理论知识，如体育运动对人体生理和心理活动的影响、运动损伤的预防与处理、一些常见疾病的预防、运动处方的制定等，并对一些基本的体育技能做了详尽的描述，使学生在了解基本理论的基础上，能科学地进行体育锻炼，提高自己的运动能力，掌握常见运动创伤的处置方法。

通过对大学体育课程的学习与实践，学生能够掌握测试和评价体质健康状况的基本知识，并通过体育活动改善心理状态，克服心理障碍，在运动中体验运动的乐趣和成功的快乐。在运动技能部分，对于不同的体育项目，根据其动作特点，安排了一些实用的练习方法，教师在教学过程中可根据需要进行选择。

本书的编者来自于渭南职业技术学院的体育教师团队。由郝胜利同志进行总体设计与统稿工作并编写了第一章、第二章、第十一章、第二十二章的内容，孙凯麟同志编写了第三章的内容、王萍同志编写了第四章、第五章、第六章、第十章以及参考文献的内容，杨福洲同志编写了第七章、第九章、第十四章、第二十一章的内容，李国强同志编写了第八章的内容，张艳妮同志编写了第十二章、第十七章、第二十章的内容，李录、雷新民、同卫军、王朝阳编写了第十三章的内容，唐邦全同志编写了第十五章、第十八章、第十九章的内容，王胜利、杨爱丽、董瑞草、王涛、赵振编写了第十六章的内容。

本书在编写过程中从教学实际出发，力图做到内容新颖、通俗易懂、简单易学、图文并茂。既考虑了教材的深度，又照顾到教材的广度，使之不仅可以作为高校公共体育课程的教学用书，还可以作为体育教师的教学参考用书。

编　者

上篇　基础理论篇

第一章　体育概述 ………… 3
第一节　体育的概念 ………… 3
第二节　体育与人的发展 ………… 7
第三节　学校体育 ………… 9
第二章　体育运动与健康 ………… 12
第一节　健康与亚健康 ………… 12
第二节　体育锻炼与健康促进 ………… 17
第三节　体育锻炼的科学安排 ………… 21
第三章　大学生体质健康测试标准 ………… 26
第一节　《国家学生体质健康标准》说明 ………… 26
第二节　体质健康达标的要求与规定 ………… 27
第四章　体育运动与营养 ………… 35
第一节　运动中的能量代谢 ………… 35
第二节　平衡膳食 ………… 37
第五章　体育运动与发展体能的方法 ………… 40
第一节　体育运动的原则和方法 ………… 40
第二节　体育运动计划的制订与实施 ………… 43
第三节　运动性疲劳的产生与消除 ………… 44

第六章　体育运动损伤与预防 …… 47
第一节　常见运动损伤 …… 47
第二节　常见运动性疾病的预防 …… 54
第七章　体育运动与职业适应 …… 59
第一节　大学体育教育的组织形式 …… 59
第二节　大学生的身心特点和体育 …… 63
第三节　不同岗位群的体能训练 …… 66
第八章　大学生医务监督与体育疗法 …… 68
第一节　自我医务监督的内容和方法 …… 68
第二节　医疗体育 …… 70

下篇　运动技能篇

第九章　田径 …… 79
第一节　田径概述 …… 79
第二节　跑 …… 81
第三节　跳跃 …… 85
第四节　投掷 …… 87
第五节　比赛规则 …… 89
第十章　体操 …… 92
第一节　体操概述 …… 92
第二节　竞技体操 …… 93
第三节　艺术体操 …… 98
第四节　蹦床 …… 100
第五节　比赛规则 …… 102
第十一章　篮球 …… 105
第一节　篮球运动概述 …… 105
第二节　篮球基本技术 …… 106
第三节　篮球基本战术 …… 116
第四节　比赛规则 …… 121
第十二章　排球 …… 124
第一节　排球运动概述 …… 124
第二节　排球基本技术 …… 126
第三节　排球基本战术 …… 132
第四节　比赛规则 …… 135

第十三章　足球 …… 137
第一节　足球运动概述 …… 137
第二节　足球基本技术 …… 143
第三节　足球基本战术 …… 150
第四节　比赛规则 …… 152
第十四章　乒乓球 …… 155
第一节　乒乓球运动概述 …… 155
第二节　乒乓球基本技术 …… 157
第三节　乒乓球基本战术 …… 165
第四节　比赛规则 …… 167
第十五章　羽毛球 …… 169
第一节　羽毛球运动概述 …… 169
第二节　羽毛球基本技术 …… 172
第三节　羽毛球基本战术 …… 178
第四节　比赛规则 …… 180
第十六章　武术 …… 184
第一节　武术运动概述 …… 184
第二节　武术基本技术 …… 187
第三节　一段长拳 …… 194
第四节　二十四式太极拳 …… 201
第五节　比赛规则 …… 208
第十七章　健美操 …… 210
第一节　健美操概述 …… 210
第二节　健美操基本动作 …… 212
第三节　第三套全国健美操套路 …… 214
第四节　比赛规则 …… 219
第十八章　跆拳道 …… 221
第一节　跆拳道概述 …… 221
第二节　跆拳道基本技术 …… 223
第三节　跆拳道品势介绍 …… 228
第四节　比赛规则 …… 234
第十九章　游泳 …… 236
第一节　熟悉水性 …… 236
第二节　蛙泳 …… 238

第三节　仰泳……241
第二十章　冰雪运动……246
第一节　滑冰……246
第二节　滑雪……254
第三节　冰壶……258
第二十一章　户外运动……261
第一节　攀岩……261
第二节　拓展训练……266
第二十二章　健身运动……275
第一节　健身走与健身跑……275
第二节　健身跳……281
参考文献……284

上篇　基础理论篇

党的二十大报告指出，要“促进群众体育和竞技体育全面发展，加快建设体育强国”。新时代的体育不再是传统认识上的体育，它是提高人民健康水平的重要途径，是满足人民群众对美好生活向往、促进人的全面发展的重要手段，是促进经济社会发展的重要动力，是展示国家文化软实力的重要平台，体育的内涵与外延都发生了前所未有的新变化。

我们要通过对体育基础理论的理解，把握中国体育事业的发展，从体育强国建设历程认识我国的百年伟大奋斗历程。

第一章　体育概述

知识目标

1. 了解体育的由来、内涵、组成；
2. 了解体育的功能；
3. 了解人的属性和体育的关系；
4. 掌握学校体育的目的和任务。

素养目标

1. 养成遵守社会规范的习惯；
2. 培养良好的生活习惯。

第一节　体育的概念

一、体育的由来

体育（Physical Education）是指以身体活动为手段的教育，直译为身体的教育。在古希腊，游戏、角力、体操等曾被列为教育内容，17—18 世纪，西方国家的教育中也加进了打猎、游泳、爬山、赛跑、跳跃等活动，只是尚无统一名称。18 世纪末，德国的 J. 古茨穆茨曾把这些活动分类并综合，统称为“体操”。进入 19 世纪，德国形成了新的体操体系，广泛传播于欧美各国，并相继出现了多种新的运动项目，学校里也逐渐开展了超出原来体操范围的更多种运动项目，建立起“体育是以身体活动为手段的教育”这一新概念。在相当的一段时间里，“体操”和“体育”两词并存而且混用。

1762 年，卢梭在法国出版了《爱弥儿》一书，成为西方教育史上最具有影响力的教育著作之一，书中主张“教育要遵循自然规律，要发展儿童的天性”的观点。在书中，卢梭首次使用“体育”一词来描述对爱弥儿进行养护、培养和训练等身体教育过程。由于这本书激烈地批判了当时的教会教育，在世界上引起了很大反响，因此“体育”一词便在世界各国流传开来。从这里可以清楚地看出，“体育”一词最初源于“教育”一词，最早的含义是教育体系中的一个专门领域。到19世纪，世界上教育发达的国家都普遍采用了“体育”一词。

我国体育历史悠久，“体育”这个词语最早于1904年，由日本留学生将其引入中国。我国最早体育团体是1906年在上海创办的“沪西士商体育会”。1907年，我国著名女革命家秋瑾在绍兴也创办了体育会（绍兴大通师范学堂，只设体操专科，实为军事训练）。同年，清政府设立的学部呈给皇帝的奏折中也开始出现“体育”一词。辛亥革命以后，“体育”一词就逐渐运用开来。随着西方文化不断涌入我国，学校体育课的内容也从单一的体操向多元化发展，出现了篮球、足球以及其他田径运动等。

二、体育的内涵

近年来，很多学者对“体育”的概念提出了以下解释：

一是认为“体育”是以身体活动为媒介，以谋求个体身心健康、全面发展为直接目的，大学体育是以培养完善的社会公民为终极目标的一种社会文化现象或教育过程。

二是认为“体育”是根据人类社会生活的需要，根据人体生长发育、动作技能形成和机体机能提高的规律，以身体练习为基本手段，达到发展身体、增强体质、提高运动技术水平、丰富社会文化生活的一种有意识、有目的、有组织的社会活动。

三是认为“体育”是在人类社会发展过程中，根据生产和生活的需要，遵循人体身心的发展规律，以身体练习为基本手段，达到增强体质，提高运动技术水平，进行思想品德教育，丰富社会文化生活而进行的一种有目的、有意识、有组织的社会活动，是伴随人类社会的发展而逐步建立和发展起来的一个专门的科学领域。

国际体育联合会1970年制定的《世界体育宣言》认为，“体育”是教育的一个组成部分，它要求按一定的规律，以系统的方式，借助身体运动和自然力的影响作用于人体，完成发展身体的任务，空气、阳光和水等在这里作为特殊的手段。因此可以认为，体育是教育的一个组成部分。它在社会发展过程中，受政治、经济的制约，并为一定的政治、经济服务。体育具有自然和社会双重属性。自然属性是指如体育的方法、手段等。社会属性是指如体育的思想、制度等。

《中国大百科全书·体育卷》把体育概念分为广义的体育和狭义的体育。体育（广义）是根据人类生存和社会生活需要，依据人体生长发育，动作形成和机体机能提高规律，以各项运动为基本手段，达到发展身体，增强体质，提高运动技术水平，丰富社会文化生活，以为发展经济和政治服务为目的的身体运动，通常称为体育运动。体育（狭义）是教育的组成部分，是全面发展身体，增强体质，传授体育知识、技术、技能，培养道德品质的有目的、有计划、有组织的教育过程，通常称为体育教育。

体育的概念并非是一成不变的，随着社会的发展和进步，人们对体育的认识也将有所发展。

三、体育的组成

我国现代体育，基本上由大众体育（群众体育、社会体育）、竞技体育、学校体育三方面组成。大众体育亦称“社会体育”“群众体育”，是为了娱乐身心、增强体质、防治疾病和培养体育后备人才，在社会上广泛开展的健身、健美、娱乐体育、保健体育、医疗、康复体育等内容丰富、形式多样的体育活动的总称。其包括职工体育、农民体育、社区体育、老年人体育、妇女体育、伤残人体育等，主要形式有锻炼小组、运动队、辅导站、体育之家、体育活动中心、体育俱乐部、棋社，以及个人自由体育锻炼等。社会体育是人们文化生活的重要组成部分。

竞技体育是指为了战胜对手，取得优异运动成绩，最大限度地发挥和提高个人、集体在体格、体能、心理及运动能力等方面的潜力所进行的科学、系统的训练和竞赛。

学校体育是学校教育的重要组成部分，是指以学生为对象，通过学校教育有计划有组织地对受教育者的身体方面施加一定的影响，为培养合格人才服务的一种教育过程。其包括各类学校的体育教学和课外体育活动等。

四、体育的功能

体育的功能产生于体育的本质和社会的需要，并在促进社会物质文明和精神文明中表现出来。体育的功能主要有以下几方面：

（一）健身功能

身体素质不仅是思想道德素质和科学文化素质的物质基础，也是一个民族和国家强盛的基础。体育是以身体的直接参与来表现的，这是体育的本质功能，也是体育能在人类社会中长盛不衰和持续不断存在的原因。通过体育手段来实现增强人体质的目的，促进人自由、全面地发展正是体育的独特之处，也是体育区别于其他社会活动和事物对人和社会的作用的根本点。

体育的健身功能主要表现在以下几方面：

（1）体育运动可促进人体骨骼和肌肉的生长。

（2）体育运动可促进血液循环，提高心脏功能。

（3）体育运动能够提高神经系统的功能。

（4）经常从事体育运动还可以改善呼吸系统功能。

（二）娱乐功能

体育运动能得到广大社会成员喜爱，其中一个重要原因是其与文化、艺术等活动一样具有较强的娱乐功能。体育运动既可以改善身体状况，又可以陶冶情操，愉悦身心，使人们在繁忙的工作和学习后获得积极性休息。通过参加和欣赏体育运动，人们不仅能增强体质，还能愉悦身心，丰富文化生活。由于体育运动具有观赏性（特别是竞技体育的高水平展现），可以使身体运动达到健与美、力量与速度的完美统一，因此可以带给观众美的享受。世界上还没有其他任何一种活动能像体育竞赛那样有规律地举行，特别是以奥运会为最高层次的国际体育竞赛已经成为现代人们关注的焦点和欣赏的热点。

各种不同形式和类型的体育竞赛以其独有的形式和方式为人类社会生产出丰富多彩的精神食粮，提高了人们的生存和生活质量。人们通过参加体育活动，在与同伴的默契配合、与对手的斗智斗勇以及征服自然的过程中获得不同的情感体验，达到娱乐身心的目的。群众体育的趣味性和娱乐性是体育给人们带来的特殊享受。其改善和改变着人们的生存和生活方式。

（三）促进个体社会化

体育运动是一种社会行为，人们在活动和比赛中互相交往、相互交流，提高了社交能力，也促进了人际关系。体育运动能够教导人基本的生活技能，从初生婴儿的被动体操到儿童游戏中的跑、跳、攀、爬，以至成年学会适应社会生活，都是后天通过体育活动获得的。在体育运动中，人们都要遵循运动的规则，都要在教师、教练、裁判的教育和监督下有组织地进行，因此逐渐培养了遵守社会规范的习惯。人类社会若要健康发展，则要使青少年在生长发育过程中、中年人在健康保健过程中、老年人在延年益寿过程中获取身体健康和体育运动方面的知识。这些知识可以指导自己进行健康的体育活动并培养良好的生活习惯。体育运动促进个体社会化无处不在、无时不在。人类社会充满激烈竞争，具有团结协作精神才能以最好的状态生存。竞赛是体育最鲜明的特点，通过竞赛的优胜劣败排出名次，可以激发人们的荣誉感并鼓舞人们，能有效地培养人们的竞争意识和团结协作精神。

（四）社会情感

体育的社会情感主要是指由于体育竞赛的对抗性和竞赛结果的不确定性，引起社会的极大关注，从而使人们产生各种情绪活动。例如，历届的奥运会、中国女排的五连冠、北京两次争办奥运会等，都能使人们体验各种情感波动，能使人们的情绪得到宣泄。好的体育社会情感可以正面积极地激励和鼓舞社会向前发展。体育运动具有其他社会活动所没有的群众性、竞技性、观赏性，就像一块巨大的磁铁，将人们吸引到一起，共同欢乐，共同宣泄，共同振奋。

（五）教育功能

体育是教育的一部分，教育是体育的基本功能。人们参与体育活动的过程就是受教育的过程，从学校、俱乐部、健身中心到训练场和各种活动场所，人们在锻炼中都要接受教师、教练和同伴的传授和指导。体育是学校教育的一个重要组成部分，几乎所有国家都把体育作为教育内容之一。由于学生正处于生长发育和世界观的形成时期，体育不仅指导和教育他们进行身体锻炼，而且可以对其进行思想政治、意志品质和道德规范的教育。体育是传播价值观的理想载体，这是由它的技艺性、群体性、国际性、礼仪性、竞技性的特点所决定的。体育在培养人们健康、合理的生活方式，集体主义精神，爱国主义精神，刻苦耐劳，顽强拼搏精神等方面发挥着重要作用。

（六）政治功能

体育运动过程能增强人与人之间的交流，是促进人们的友谊和增强团结的重要手段。通过体育活动，人们可以扩大情感交流范围，增加人与人之间相互了解的程度，改善人际关系，有利于共同创造和谐文明的社会环境。从客观上讲，体育和政治是相互联系、不可分割的，在任何国家，体育都要服从政治的需要，为政治服务。

它主要在两个方面起着重要的作用：国际比赛和国际交流所起的作用、群众体育所起的作用。国际间的体育交往，还能够促进国家与国家之间，不同民族之间的相互了解和相互信任，有利于人类社会的和平与发展。

国际比赛是反映一个国家国体强弱的窗口，国家的政治、经济、文化、科技往往决定了竞技体育水平。现在往往将体育竞赛比作“和平时期的战争”，赢得比赛就像赢得战争一样能够振奋民族精神，提高国家威望，使国人扬眉吐气。体育是一种文化交流的工具，它为本国的外交政策服务，国际比赛可以促进国家间的友好往来。

（七）经济功能

体育是人的活动，特别是当体育成为一种很多社会成员参加的经常性活动后，总是在一定的物质消费的基础上进行的，必然会消耗一定的人力、物力和财力。体育的发展依赖于经济，且受经济的制约，一个国家的体育运动，尤其是竞技运动开展得好坏，反映了这个国家经济水平的高低。但是体育运动又反作用于经济，体育作为第三产业，越来越多地发挥着对国民经济的促进作用，且和商品经济的关系日益密切。因此，与体育活动相关的服装、器材、装备和体育场地设施等就会随之产生，体育服务等社会行业就必然会出现。体育活动获得经济收益有两个途径：一是大型运动会，通过出售电视转播权、门票、广告和发售纪念币、邮票、体育彩票来获得；二是日常体育活动，如体育设施的利用，热门项目的组织和比赛，娱乐体育活动的开展，体育服装、设施、器械的买卖，体育知识咨询和旅游都是获得体育经济效益的有效途径。

体育的功能和作用随着社会发展和体育本身的发展也会不断变化，因此正确认识和深入研究体育的功能和作用，有助于了解体育在人类社会中的作用，并充分发挥体育的不同功能，使体育能更好地为人类社会的发展服务。

第二节　体育与人的发展

一、人的属性

从人本身来讲，人的属性包括自然属性、精神属性和社会属性。人的全面发展应是人的这三个方面的属性都得到充分发展。体育是人全面发展的基础，其对促进人的自然属性、精神属性和社会属性的发展具有重要的促进作用。

（一）人的自然属性

人的自然属性是指人作为一个生命有机体的存在，具有肉体特征和生物特征，它是人和人类社会存在的自然基础和前提。人的自然属性是人类得以生存和延续的前提条件，具体表现在：第一，人是自然界的一部分，人的生存离不开自然界；第二，人要在自然界生存和发展，总是受到自然规律的制约；第三，人与其他动物一样，也有食欲、性欲、求生欲等自然欲求。

（二）人的精神属性

人的精神属性是作为有意识的存在物所具有的各种属性，例如对象意识、自我意识、思维特性、自觉能动性、主体性、知情意、理性和非理性、精神等，都属于人的精神属性范畴。

（三）人的社会属性

人的社会属性是指人对社会关系的依赖性。社会性是人最主要、最根本的属性，是决定人之所以是“人”的基础，其原因在于：第一，社会性揭示了人区别于其他动物的特殊本质，即人作为高级动物，一样具有自然性，但人还有社会性，这是人类特有的属性，其他动物不具有；第二，人的社会性制约着人的自然性，人作为社会性的动物，在进行自然性活动过程中渗透着社会性，受社会性的制约，具有鲜明的社会色彩。

二、人的属性与体育的关系

（一）人的自然属性与体育

人的自然属性主要表现在人的生存、繁衍、摄食和各种复杂的生理方面的特征与需要。人类从直立行走开始，就为体育的发展埋下了种子。在人类直立行走后，体育对促进人体形态结构的改变方面具有重要的作用。人类直立行走后所发生的一系列形态结构的改变，能够更好地适应广阔的平原陆地生活，能够支撑整个身体的重量，并保持身体在直立状态下有平衡性和灵活性，能够进行跑、跳、投等与体育相关的、基础的身体活动。

人们普遍认为，随着现代社会的发展，在生活节奏逐渐加快，生活压力逐渐加大的当今社会，体育能够锻炼人们的身体，从而提高人们的生活质量并改善生活方式，是促进人们身心健康发展的一种最有效手段。

（二）人的精神属性与体育

体育能够促进人的心理健康，即在精神属性方面促进人的发展。心理专家认为，适度的体育锻炼能够促进人体释放一种肽物质——内啡肽，它能够使人获得愉快、兴奋的情绪体验。因此，参加体育锻炼（尤其是参加那些自己喜爱的体育锻炼）可以使人感到愉快，从而振奋精神，产生良好的情绪。

（三）人的社会属性与体育

体育活动以其自身的特点对提高人的社会适应性产生积极影响，即可以提高人体的社会适应能力。其主要原因在于：第一，长期进行体育锻炼，促进了健康，强壮了体格，使身体的各个组织系统在中枢神经系统的支配下，承受外界刺激和协调各组织系统的能力也得到增强；第二，从事体育活动往往是在受外界干扰的环境和条件下进行的，因此可以使机体得到锻炼，不断提高适应能力。

第三节 学校体育

一、学校体育的地位和功能

学校体育是国民体育的基础，学校体育既是学校教育的重要内容，也是学校教育的重要手段。高等学校体育是全面发展教育的重要组成部分。在大学教育中，德育是方向，智育是主体，体育是其他教育因素的基础。高等学校体育是丰富学生课余文化生活和建设校园社会主义精神文明的需要。

学校体育在全面发展教育中的地位，是由其功能与社会发展对学校体育的要求决定的。作为学校体育的一种类型，高等学校体育还具有以下功能：

（一）身体教育功能

全面锻炼学生的身体，促进其身体形态结构、生理机能和心理发展，提高身体素质和人体基本活动能力，提高对自然环境的适应能力，使学生掌握体育的基本知识、技术和技能，学会科学锻炼身体的方法，养成经常锻炼身体的习惯，提高自我锻炼的能力，终身受益。

（二）德育功能

学校体育是培养学生的集体主义感、胸怀大局、善于处理人际关系的优良品德的教育过程。如竞技体育中，对方侵人犯规时，是毫不计较，还是“以牙还牙”；集体配合不够默契出现失误而最终比赛失利时，是互相鼓励，还是互相抱怨；对裁判员的误判现象是大方宽容，还是“斤斤计较”；比赛胜利时，是骄横自大，还是认真总结经验，不骄不躁等。

（三）爱国主义教育功能

在体育教学中，欣赏大型体育运动比赛，观看我国运动员为国拼搏、为国争光，在赛场上升国旗、奏国歌的动人场面，讲述优秀运动员刻苦训练、顽强拼搏的感人事迹，能够激发学生的爱国热情，增强其民族自尊心和自豪感，是一种很好的爱国主义教育。

（四）心理品质教育功能

体育运动使人进入一种超凡脱俗的境界，陶冶人的情操，培养人的勇敢、果断、坚毅、自信心、自制力、进取心和坚韧不拔的意志品质。紧张而激烈的竞赛既是对人心理品质的严峻考验，也是修炼和培养良好心理素质的机会。因此，在体育教学中培养学生心理品质很重要。

（五）智能教育功能

体育是促进智力发展的积极因素和手段。通过体育教学和身体锻炼，学生可以学习和掌握一定的体育知识、技能和技术，并使思维力、记忆力、观察力、想象力、创造力等构成智力的各种能力得到发展。因此，体育运动作为一种教育形式，在传授知识、培养技能、技巧，增强人的体质过程中，也包含着培养、开发和提高智能的教育因素。

二、学校体育的目的和任务

根据我国社会主义现代化建设事业对当代大学生身心发展的需求，大学生生理、心理特征，体育的功能及我国的国情，高等学校体育教育的目的是培养大学生的体育意识，提高体育能力，养成自觉锻炼的习惯，增强体质，养成良好的道德意志品质，为终身体育、毕生事业建立良好的基础，使其成为合格的现代化事业建设者和接班人。

高等学校体育的任务是全面锻炼学生身体，使大学生增强体质，增进健康，提高抵抗疾病与适应环境变化的能力，学习和掌握体育“三基”（基本知识、基本技术、基本技能），激发其参加体育锻炼的兴趣，养成自觉锻炼身体的习惯，提高体育文化素质，为终身体育奠定基础。通过体育教育对大学生进行思想品德教育，培养其良好的思想品质和道德风尚，发展大学生的体育才能，提高其运动技术水平，促进体育的进一步普及。

三、体育与德育、智育的关系

体育教学过程往往包含了德育的任务。体育是培养学生道德品质、树立人生观的重要手段。体育活动的丰富多彩吸引了青少年参加到不同的体育运动项目中，而这些不同的运动项目培养了学生勇敢、沉着、果断、坚定的意志品质。青少年大多乐于参加集体体育活动，在体育活动中通过对组织纪律和规则的遵守，对体育器械、设施的爱护和对同伴的帮助，养成了组织纪律性和集体主义精神。体育竞赛的竞争、评比、奖励，能够促进学生的竞争意识，激励学生奋发向上、努力拼搏。比赛的胜与败可以不断磨炼学生在胜利面前戒骄戒躁，在失败面前永不气馁的品质。通过体育比赛的颁奖，特别是国际大型比赛的颁奖，为参与者、参观者都提供了精神上的满足，这种情感教育使他们在不知不觉中树立了为集体、为国家争得荣誉的责任感。

体育活动是一种积极向上、丰富闲暇生活的手段。积极参与体育活动可以防止和纠正学生的不良行为，达到精神文明教育的目的。因此，体育与德育存在有机联系，而且互相促进。

体育与智育之间相互关联且辩证统一。体育对学生的智力发展有着积极的促进作用，体育锻炼能够增加大脑的重量和皮质厚度。学习运动技能可以刺激大脑皮层，使其处于积极的活动状态，还可以促进大脑神经中枢的发育，使学生思维敏捷，判断迅速，准确通过体育活动提高血液携氧的能力，改善大脑供氧状况，提高大脑工作能力，使学生拥有丰富的想象力、良好的记忆力和集中思考的能力。

四、高等学校体育的组织形式

高等学校体育的组织形式主要有体育课、课外体育活动、课余体育训练和体育竞赛三种。按教学的不同任务，体育课可分为体育必修课、体育选修课、体育俱乐部课、体育理论课、体育保健课等。课外体育活动主要有早、间操活动，学生体育俱乐部活动，单项体育协会活动和课余体育锻炼。课余体育训练是指利用课余时间，对部分身体素质好，并有体育专长的学生进行系统训练的专门教育过程。体育竞赛分为校内竞赛和校外竞赛，详见《全国普通高等学校体育与健康课程教学指导纲要》。

第二章　体育运动与健康

知识目标

1. 了解健康的概念、衡量健康的标准；
2. 掌握影响健康的因素；
3. 了解体育锻炼对健康的促进作用；
4. 掌握体育锻炼的内容和方法。

素养目标

1. 培养集体意识和大局观念；
2. 培养团队精神。

第一节　健康与亚健康

健康是人类追求的永恒目标，拥有健康才可以享受生活，以往人们认为“健康就是没有疾病”，然而随着科技的发展、社会的进步，对于健康的定义已不仅仅局限于身体的健康。

一、健康的概念

（一）世界卫生组织对健康的定义

1948 年，世界卫生组织（WHO）在其宪章中明确指出：“健康不仅仅是免于疾病和衰弱，而应该是保持身体上、精神上和社会适应能力等方面的完好状态。”将人类的健康与生理、心理及社会因素联系在一起。

这个定义包括三层含义：

（1）躯体健康。躯体健康是指躯体的结构完好，功能正常。

（2）心理健康。心理健康又称精神健康，是指人的心理处于完好状态，包括能正确地认识自我、正确地认识环境、及时适应环境等。

(3) 社会适应能力良好。社会适应能力良好是指个人的能力在社会系统内得到充分发挥，个体能够有效地扮演与其身份相对应的角色，个人的行为与社会规范和谐一致。

1989 年，世界卫生组织对健康的概念又进行了重新定义，提出健康应包括躯体健康、心理健康、社会适应良好和道德健康，这就是所谓的四维健康观念，如图 2-1 所示。

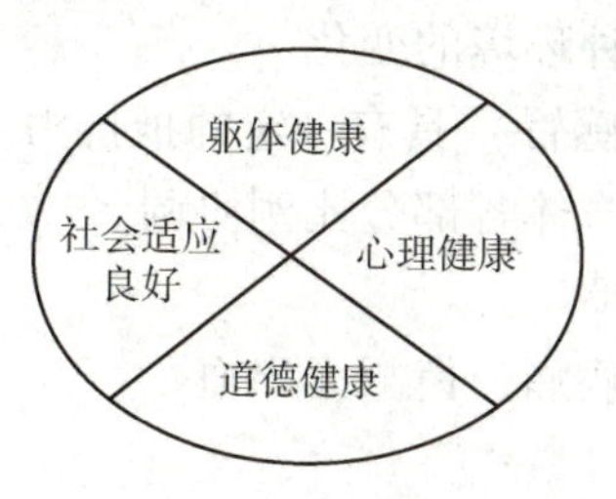

图 2-1　四维健康观念

（二）美利坚大学的国家健康中心对健康的定义

继四维健康观之后，美利坚大学的国家健康中心提出了一个与其类似的健康定义，健康是人在适应环境后所达到的一种生命质量，个体只有在身体情绪、智力、精神和社会各方面达到完美状态时，才称得上真正的健康，这种健康观又称为健康五要素。这种观念将人们对健康的认识提到了一个新的高度，并为世界各国学者广泛接受。

(1) 身体健康。身体健康不仅包括无病，而且包括体能良好。体能是一种能满足生活需要和有足够能量完成各种活动的能力，具备这种能力，可以预防疾病，提高生活质量。

(2) 情绪健康。情绪涉及我们对自己和他人的感受，情绪健康的主要标志是情绪稳定。所谓稳定是指个体应对日常生活中人际关系和环境压力保持平衡的心理状态，无太大情绪波动。当然，生活中偶尔有情绪波动是正常的，关键是生活中的大部分时间要保持情绪稳定。

(3) 智力健康。智力健康是指具有认识、理解客观事物并运用知识、经验等解决问题的能力，包括记忆观察、想象、思考、判断等。

(4) 精神健康。精神健康是指能够认识自己的潜力，应对正常生活压力，以及关心和尊重所有生命。对于不同宗教、文化和国家的人来说，精神健康的内容也有所不同。

(5) 社会健康。社会健康是指个体能与他人及社会环境相互作用，形成和谐的人际关系和社会角色。社会健康使人们在人际交往中充满自信和安全感，进而减少烦恼，保持心情愉快。

值得注意的是，健康的五个要素相互联系，相互影响。例如，身体不健康会导致情绪不健康，心理不健康会导致身体、情绪和智力不健康。因此，只有每一个健康要素平衡地发展，人们才能真正健康、幸福地生活。

二、衡量健康的标准

世界卫生组织在给健康下定义时并未给出量化的标准，由于发展时期、地域、种族、年龄、性别、职业等因素的不同，衡量健康的具体标准也会有所不同。所以说，健康没有确切的概念和具体的指标，只是对个体在不同时间和空间的状态的描述。由此可见，衡量健康的标准是很广泛的。

近年来，为了便于普及健康知识，世界卫生组织提出了衡量人体健康的10条标准。

（1）精力充沛，能从容应对日常生活和工作。

（2）处事乐观，态度积极，乐于承担责任。

（3）善于休息，睡眠质量好。

（4）应变能力强，能适应各种环境的变化。

（5）对一般传染性疾病（如感冒）具有一定的抵抗力。

（6）体型匀称，体重适当，身体各部分比例协调。

（7）眼睛明亮，思维反应敏捷。

（8）牙齿清洁，无损伤，无病痛，齿龈无出血。

（9）头发有光泽，无头屑。

（10）走路轻松，肌肉、皮肤富有弹性。

人们在日常生活中也形成了一些关于健康的标准，实际上这些标准是对世界卫生组织提出的标准的延伸。

（1）胃口好，进餐适量，不挑剔食物。

（2）排泄顺畅，肠胃功能良好。

（3）能很快入睡，且睡眠程度深，醒后精神饱满，头脑清醒。

（4）语言表达正确，说话流利。

（5）行动自如、敏捷，精力充沛。

（6）性格温和，意志坚强，感情丰富，具有坦荡的胸怀与达观的心境。

（7）具有良好的处世能力，看问题客观、理性，具有自我控制能力。

（8）能适应复杂的社会环境，对事物的变化保持良好的情绪，保持社会外环境与机体内环境的平衡。

（9）具有良好的人际关系，待人接物大度、和善，不过分计较，助人为乐，与人为善。

现代健康观揭示了人体的整体性以及人体与自然环境和社会环境的统一。人类对疾病的预测从对个体的诊断延伸到对群体乃至整个社会的健康评价，而对健康的评价标准由单纯的生物标准扩展到心理、社会标准。

三、影响健康的因素

20世纪70年代，加拿大学者从预防医学的角度提出了影响健康的四大主要因素，即行为与生活方式、生活环境、生物学和医疗卫生服务。

（一）行为与生活方式因素

行为与生活方式因素是指人们自身的行为和生活方式给个人、群体乃至社会的健康带来直接或接的影响，这种影响具有性、累积性和广泛性。

国内外大量研究表明，在现代社会里，不良的生活方式和有害健康的行为习惯已经成为危害人们健康、导致疾病的主要原因，包括抽烟、酗酒、暴饮暴食、过多摄入脂肪和糖分等不健康的饮食生活方式，娱乐活动不规律、睡眠不足、电子游戏成瘾等不健康的休闲方式，缺乏运动或不运动，以自我为中心、孤独、抑郁和自私等不健康的心理状态，等等。这些不

良生活方式和有害健康的行为习惯是致使高血压、冠心病、糖尿病等“现代生活方式病”的病率不断增高的主要原因。1992 年，世界卫生组织在《维多利亚宣言》中指出，健康的四大基石是合理膳食、适量运动、戒烟或限制饮酒、心理健康。

（二）生活环境因素

生活环境因素可分为物理性因素（如环境气候和空气质量等）和社会性因素（如科技发展、家庭环境、工作环境、人际关系和经济收入等），它们从不同的角度影响着健康。

现代建筑不断向高空发展，人们居住在这些与新鲜空气和阳光隔绝的建筑物中，与大自然的距离越来越远，加上城市工业化导致淡水污染、空气中的二氧化碳和二氧化硫等有害物质不断增长、植被减少，以及酸雨、黑风暴、沙尘暴频繁发生，致使生活环境日益恶化，严重危害了人类的健康，城市交通、通信联络工具的现代化方便了人们的生活，但也减少了人们走路锻炼的机会。先进的电器化设备代替了传统的家务劳动。由于饮食构成的改善，脂肪和肉类的摄入量增加，人们从食物中提取的热量越来越多。此外，整个社会生活的节奏大大加快，人们经常处于紧张状态之中，精神上承受着很大的压力。生活环境和生活方式的急剧变化，造成了现代人的机体结构和机能与生活环境之间产生不平衡。

（三）生物学因素

生物学因素包括生物遗传因素和细菌、寄生虫等病原微生物因素。

遗传是指自然生物通过一定的生殖方式，将遗传物质从上一代传给下一代的生物现象。在遗传物质传给后代的同时，也使亲代的许多隐性或显性的疾病传给了后代。生物遗传因素直接影响人类健康，它对人类诸多疾病的发生、发展及分布具有决定性影响。

近期的研究表明，遗传倾向不仅在普遍认为的先天性缺陷或遗传性疾病中起着重要作用，而且在后天的常见病（如冠心病、高血压、糖尿病）中也起着重要作用，遗传因素可能会使这些疾病提前发生，例如，最常见的阿尔茨海默病，就是在家族中遗传的。

病原微生物是引起传染病发生的首要条件。由于微生物学、生物化学及相关学科的不断发展，人们普遍认为一些传染病已经被消灭，而余下的传染病也可通过免疫和抗生素得到控制。但 20 世纪末，人们惊讶地发现，病原微生物显示出明显的抗药能力和适应环境变化的能力，传染病再度成为人类健康的主要危害。

（四）医疗卫生服务因素

医疗卫生服务是卫生医疗机构和专业人员为了达到预防疾病、促进健康的目的，运用卫生医疗手段向个人群体和社会提供必要服务的过程，医疗卫生服务因素是指医疗卫生系统中影响健康的因素，涉及预防、医疗及康复等方面，包括医疗水平低、误诊、漏诊、医务人员数量少、质量差、初级卫生保健网不健全、重治疗轻预防、医疗资源分布不均、康复机构缺乏和医患关系不良等。

四、关于亚健康状态

世界卫生组织认为，亚健康状态是健康与疾病之间的临界状态，又叫第三种状态或灰色状态，是指机体在内外环境不良刺激下引起心理生理发生异常变化，但尚未表现出明显的病理反应的状态。

从生理学角度来讲，亚健康状态是指人体各器官功能稳定性失调，但没有引起器质性损伤，医学检查时各项指标均无明显异常，医生无法做出明确诊断。在这种状态下，人体机能和免疫功能已经有所下降，容易患病，但若及时调控，则可恢复健康状态。

（一）亚健康的症状

亚健康在临床常被诊断为疲劳综合征、内分泌失调、神经衰弱和更年期综合征等。在心理上的表现为精神不振、情绪低落、反应迟钝、注意力不集中、记忆力减退、遇事紧张、失眠、烦躁、焦虑和易惊等，在生理上的表现为疲劳乏力，胸闷气短，活动时气短、出汗多和腰酸腿疼等。

此外，亚健康状态基本上是由机体组织结构退化（老化）及生理功能减退所致，因此，目前也将人体衰老表现列入亚健康状态。

那么，造成亚健康的原因是什么呢？

（1）过度疲劳。过度疲劳造成的精力和体力透支，形成疲劳综合征，同时也可能导致内分泌失调，随着生活和工作节奏的加快，各种竞争日益激烈使人们用脑过度，身心长期处于超负荷紧张状态，造成人体内脏功能过度损耗、机能下降，从而出现亚健康状态。

（2）人的自然衰老。人体成熟以后，大约从 30 岁开始衰老，女性更年期就是衰老的表现之一，这时人体器官逐渐老化，人体虽然没有病变，但已经不完全健康了，这种状态也属于亚健康状态。

（3）重病恢复及慢性病发病前期，疾病愈后的恢复期和慢性疾病发病前期，虽然理论上并未生病，实际上机体仍处在或已经处在病变状态，因此很可能处于亚健康状态。

（4）人体生物周期中的低潮时期。人的体力、精力、情绪都有一定的生物规律，即使是一个健康的人，也会规律性地出现高潮期与低潮期。在低潮时，人体很可能会处于亚健康状态。

（二）亚健康状态自测

由于亚健康状态是介于健康状态和疾病状态之间的一种游离状态，所以对于亚健康状态的诊断很难界定。

对此，有专家罗列出 30 种亚健康状态的症状以供人们自我检测。如果在以下 30 项症状中，有 6 项或 6 项以上状况符合，则可视为亚健康：精神焦虑，紧张不安；忧郁孤独，自卑郁闷；注意力分散，思维肤浅；遇事激动，无事自烦；健忘多疑，熟人忘名；兴趣变淡，欲望骤减；懒于交际，情绪低落；常感疲劳，头晕眼胀；精力下降，动作迟缓；头昏脑涨，不易复原；久站头晕，眼花目眩；肢体酥软，力不从心；体重减轻，体虚力弱；不易入眠，多梦易醒；晨不愿起，昼常打盹；局部麻木，手脚易冷；掌腋多汗，口干舌燥；自感低烧，夜常盗汗；腰酸背痛，此起彼伏；舌生白苔，口臭自生；口舌溃疡，反复发生；味觉不灵，食欲不振；反酸嗝气，消化不良；便稀便秘，腹部饱胀；易患感冒，唇起疱疹；鼻塞流涕，咽喉疼痛；憋气气急，呼吸紧迫；胸痛胸闷，有压迫感；心悸心慌，心律不齐；耳鸣耳背，晕车晕船。

第二节　体育锻炼与健康促进

体育与健康是两个不同的概念，但它们之间存在着内在的必然联系。我们可以从体育与健康各个要素的关系，来思考体育与健康的关系。

一、体育锻炼促进身体健康

良好的体质是促进身体健康的有效保证。体质是指有机体在遗传变异和后天获得的基础上所表现出来的综合的、相对稳定的特征，是人的运动能力、劳动工作能力乃至全部生命活动的物质基础，而体育锻炼是增强体质最直接、最有效的手段。

（一）体育锻炼对身体形态结构的作用

身体形态结构主要由先天遗传因素决定，但是后天因素对形态结构的影响也是不容忽视的。我们可以将人体生命的全部过程大致分为四个时期，即婴幼儿时期、童年时期、青少年时期和中老年时期。不同时期生长发育的速度不同，而且每个人在相同时期的发育速度也是不同的。也就是说，虽然总的发育规律不可改变，但变化的速度却可以控制。

青少年时期是人体生长发育的最佳时期，也是人的体型、体力和健康奠定的关键时期。此时，后天因素对机体的影响比任何时期都大。实践证明，经常参加体育锻炼对身高、体重、围度（如胸围、大小腿围等）等指标的可塑程度为50%~70%。

（二）体育锻炼对生理机能的作用

人体是一个完整、统一的有机体，由不同的器官构成，按功能可分为神经系统、呼吸系统、血液循环系统、消化系统和运动系统等。体育锻炼可对人体各个系统产生影响，促进机体全面发展。

1. 体育锻炼对神经系统的作用

神经系统由中枢神经系统和周围神经系统组成，体育锻炼可以改善神经系统的功能。

（1）体育锻炼可以提高人体对刺激的反应速度。体育锻炼的项目种类繁多、技术复杂，越是对抗性和技术性强的运动越能有效地强化细胞的生理功能，使神经细胞的兴奋强度、反应速度、兴奋抑制转换的灵活度及均衡度得到提高。

（2）体育锻炼有助于增强记忆力，提高大脑工作效率。经过长时间的思考学习，专管学习的神经细胞群会产生疲劳感，进而由兴奋转为抑制。在此时进行体育锻炼，专管运动的神经细胞开始兴奋，而其他细胞群可以得到良好的休息，使头脑更清醒，思维更敏捷。

（3）体育锻炼可以帮助改善神经衰弱。经常从事体育锻炼可以使大脑皮质兴奋增强、抑制加深，且兴奋和抑制都更加集中，进而使大脑的兴奋与抑制两种功能保持平衡。

2. 体育锻炼对呼吸系统的作用

呼吸系统包括鼻、咽、喉、气管、支气管和肺等。其中，肺是气体交换的场所，其他器官是气体交换的通道。

在安静状态下，呼吸系统的各个器官只需要很小的工作强度就能完成呼吸过程。长此以往，很可能导致相关器官的萎缩，使呼吸系统功能降低。体育锻炼时，人体对氧的需求量增加，呼吸频率加快，从而使呼吸系统的各个器官逐渐改善自身机能。坚持锻炼，可以使呼吸肌逐渐发达有力、耐久，可以提高呼吸深度，增大肺活量。

3. 体育锻炼对血液循环系统的作用

血液循环系统又称心血管系统，是由心脏和血管组成的闭锁的管道系统，心脏相当于全部生命的“发动机”，推动血液在血管中不断地流动，以便把氧气和营养物质运送到身体各处，同时把细胞代谢过程中产生的废物和二氧化碳运到体外。

（1）体育锻炼可以使心脏组织结构增强，心脏工作寿命延长。体育锻炼时，血液循环加速，进而改善心肌的供血机能。心肌得到更多的营养物质，心壁增厚，心脏容量增加，使外形更加圆满，搏动更加有力。长期运动的人在正常状态下的心跳频率比一般人每分钟减少20次左右。由于总体上减少了心脏的搏动次数，因此延长了心脏的工作寿命。

（2）体育锻炼可以使血管功能变强，血红蛋白增多，血液微循环强化。体育锻炼使血液循环加快，血流量变大，血管经常收缩或扩张从而使血管壁弹性增强、血管表面积增大、血管对血液的运输功能增强。经常锻炼也可使血液中的白细胞、红细胞和血红蛋白含量增多，结合氧的含量增大，代谢和耐缺氧的能力提高，从而改善血液循环系统的功能。

4. 体育锻炼对消化系统的作用

消化系统由口腔、咽、食道、胃肠、胰腺、肝脏和肛门等器官组成。

（1）体育锻炼可以促进食物的消化和营养物质的吸收。经常参加体育锻炼使消化腺分泌的消化液增多，消化管道的蠕动加强，胃肠的血液循环得到改善，从而使食物的消化和营养物质的吸收更加充分和顺利。

（2）体育锻炼可以促进肝脏健康。体育锻炼使体内糖分的消耗增加，因此肝脏需要将储备的糖原及时向外输送，肝脏工作量的增加使其机能受到锻炼和提高。

5. 体育锻炼对运动系统的作用

运动系统是使人们做出各种动作的器官，由骨、关节和肌肉三部分组成。体育运动是在运动系统的协调工作下完成的，并在完成运动的同时使运动系统的各个部分更加坚固、灵活、结实且粗壮有力。

（1）体育锻炼可以使骨性能、形态发生良好变化。长期的体育锻炼使骨变得粗壮、坚固，增强其抗折、抗弯、抗压缩和抗扭转等方面的机械性能。

（2）体育锻炼可以提高关节的稳固性和灵活性。经常从事体育锻炼可使关节囊、肌腱和韧带增厚，关节的稳固性、延展性增强，关节的弹性、灵活性和柔韧性提高。

（3）体育锻炼可以提高肌肉性能。运动过程中，肌肉工作加强，蛋白质等营养物质的吸收、存储能力增强，使肌纤维增粗，肌肉体积增大，从而使肌肉结实有力。

（三）体育锻炼时身体素质的作用

人体的基本活动能力是通过身体素质来描述的。体育锻炼可以提高身体素质，增强基本活动能力。身体素质表现在速度、力量、耐力、灵敏和柔韧等多个方面。

1. 速度素质

速度素质是指人体快速运动的能力，是人体身体素质中最基本的素质之一。体育锻炼可

使人体对外界的反应速度加快，并使人在较短的时间内完成指定动作。

2. 力量素质

力量素质是指人的机体或机体的某一部分肌肉工作（收缩和舒张）时克服外界阻力的能力。力量素质在体育运动中最为重要，没有力量素质作为基础，任何体育运动都不可能完成。日常的体育锻炼和专门的练习可以显著提高肌肉力量，有利于更好地学习、生活和娱乐。

常用的发展肌肉力量的运动有俯卧撑、引体向上、仰卧起坐、收腹举腿，以及杠铃、哑铃。俯卧撑主要发展三角肌的前部、胸大肌和三头肌等上肢肌肉的力量；引体向上主要发展胸大肌、背肌和肘关节屈肌力量；仰卧起坐主要发展腹肌和髋腰肌力量；收腹举腿主要发展腹肌和关节屈肌群力量；杠铃、哑铃，前者发展大肌肉群力量，后者发展小肌肉群力量。

3. 耐力素质

耐力素质是指人体长时间活动或对抗疲劳的能力，是反映人体健康水平或体质强弱的一个重要标志，进行体育锻炼可发展肌肉耐力和全身耐力，促进心肺功能的提高。

4. 灵敏素质

灵敏素质是指在外界刺激突然变换的条件下，人体能迅速、准确、协调地改变身体运动方向和位置的能力。它是人的运动技能、神经反应和各种身体素质的综合表现，进行体育锻炼可以较好地发展灵敏素质，体操、武术、冰球类运动等都是发展灵敏素质的有效项目。

5. 柔韧素质

柔韧素质是指人体在运动时各关节的活动幅度和范围，以及肌肉和韧带的伸展能力。

柔韧素质由三个因素决定，即关节的骨结构，关节周围组织的体积大小，关节的韧带、肌腱、肌肉和皮肤的伸展性。体操、武术、跳水和田径运动等项目，可较好地发展人体的柔韧素质。

二、体育锻炼促进心理健康

体育锻炼既是一种身体活动，也是一种心理活动，不仅有助于身体健康，而且对心理健康也有积极的作用。大量研究表明，体育锻炼是一种低风险和低副作用的有效促进心理健康的方法，其作用主要表现在以下几个方面：

（一）体育锻炼有助于改善情绪体验

情绪状态的调控能力是衡量体育锻炼对心理健康影响的最主要指标。个体在复杂多变的社会环境中，常常产生紧张、压抑、忧虑等不良情绪反应，体育锻炼可以使个体摆脱烦恼和痛苦。

体育锻炼之所以能够改善情绪体验，是因为体育锻炼的参加者能体验到运动带来的快感。

心理学家认为，适度负荷的体育锻炼能够促进人体释放一种多肽物质——内啡肽。它能使人体获得愉快、兴奋的情绪体验。因此，参加体育锻炼，尤其是参加那些自己喜爱和擅长的体育锻炼，可以使人从中得到乐趣，从而产生良好的情绪。

（二）体育锻炼有助于提高智力

正常的智力是正确感知和认识世界的前提，是心理健康的基础，经常参加体育锻炼不仅使锻炼者的注意力、记忆力、反应力、思维力、想象力等得到提高和改善，还可以让人情绪稳定、性格开朗，而这些非智力因素对人的智力具有促进作用。

（三）体育锻炼有助于形成和谐的人际关系

随着现代社会生活节奏的加快，人们越来越趋向封闭的状态，人与人之间缺乏感情交流，人际关系渐渐疏远。体育锻炼可以打破这种封闭状态，让不同年龄文化素质的人聚集在运动场上，进行平等、友好、和谐的交往，使人与人之间产生信任感，从而有效地进行情感和信息的交流。

（四）体育锻炼有助于培养坚强的意志品质

意志品质是指一个人的果断性、坚忍性、自制力、主动性及独立性等，它是在克服困难的过程中表现和培养出来的。参加体育锻炼可以使人不断克服主观和客观上的各种困难，如懒惰、胆怯、疲劳、损伤等，从而培养人的优秀意志品质。

（五）体育锻炼有助于治疗心理疾病

社会竞争的日益激烈和生活压力的加大会使人产生焦虑、忧愁、烦恼、悲观等情绪，这些不良情绪容易导致心理障碍。适当的体育锻炼能使有心理障碍的个体获得心理满足，产生成就感，从而摆脱不良情绪，消除心理障碍。

（六）大学生心理健康的标准

由于社会风俗习惯的不同，人们对心理健康的理解存在一定的差异。综合国内外专家的观点，大学生心理健康的标准主要包括以下几个方面：

（1）具有适当的情绪控制能力。

（2）智力正常。

（3）能保持良好的人际关系。

（4）能对自己做出适当的评价。

（5）心理行为符合年龄特征。

三、体育促进社会适应

体育锻炼是一种具有很强的社会价值取向的活动，可将个体置于群体之中，通过身体运动的非语言接触和语言激励间的互动，改善不同个性人群的相互关系，提高其社会适应能力。体育锻炼对于社会适应的培养，主要体现在以下两方面：

（一）培养适应社会的参与意识

积极参加体育活动的人能够逐渐成为集体中的一分子，培养了参与意识；同时，参与者也可通过体育活动加强社会交往，扩大自己的生活领域，达到促进个体社会化的目的。

（二）培养适应社会的个性特征

集体体育活动需要个体的协调与配合，在集体利益与个体利益面前，必须增强个性的自我约束，不断提高集体荣誉感，使个体服从于集体。在这种个体利益服从集体利益的过程中，必须不断调整个性特征，以满足集体需要，最终在行动上达到与同伴合作的目的，从而培养参与者适应社会的个性特征。

第三节　体育锻炼的科学安排

一、体育锻炼的一般原则

体育锻炼虽然简单易学，但若要科学地安排好体育锻炼，增强锻炼效果，避免伤病事故，则必须遵循体育锻炼的基本原则。

（一）循序渐进原则

学习体育技能和安排运动量时，要由小到大、由易到难、由简到繁，逐渐进行。不少锻炼者在开始进行体育锻炼时，兴趣很大，活动量也很大，但坚持不了几天，就失去了锻炼热情，出现各种不良反应。产生这种现象的原因主要是：开始活动量太大，机体无法很快适应，身体疲劳反应也大，甚至造成运动损伤，受不了“苦”而放弃锻炼。对体育锻炼的期望值过高，认为只要进行体育锻炼就会收到立竿见影的效果，结果锻炼几天后，未见身体机能明显变化，就对体育锻炼大失所望而放弃。

体育锻炼必须遵循人体生理机能的活动规律，因为增强体质是一个不断积累且逐步提高的过程，体育锻炼带给人的好处不能长期储存或保留，必须不停锻炼才能促进人体的发展。所以在安排运动量负荷、时间和难度、内容和方法等时要有计划、有步骤地逐步进行，运动量要由小到大，锻炼内容要由易到难逐步增加。

体育锻炼要想取得良好的效果，必须有一定的运动负荷量，若负荷过小，则不能使机体产生积极的影响，机体能力提高不大。若负荷过大，超过了机体的负荷极限，又有损身体。只有负荷适宜的超过机体原先已经适应的水平，才能取得良好的效果。适宜的负荷量一般采用心率法（有氧锻炼以本人最高心率强度的70%~80%强度为标准）。

（二）全面发展原则

对大多数锻炼者来说，进行体育锻炼并非为了单纯发展某一运动能力或身体某一器官的生理机能，而是希望通过体育锻炼，整体机能全面、协调发展。所以，在进行体育锻炼时，应注意两方面内容：一是锻炼项目要丰富多样，避免单一的体育锻炼造成身体的畸形发展，因为不同项目对身体机能的影响不同；二是如果由于体育锻炼兴趣和条件的限制，不可能选择较多的运动项目，那么在确定体育活动内容时，就应选择一种能使较多器官或部位得到锻炼的运动形式，以保证可以对整体机能产生全面的影响。

体育锻炼的主要目的之一是促进人体的身体形态、机能、各器官系统机能得到全面的发展，并使各种身体素质及基本活动能力得到全面发展。如锻炼时不注意对身体各部位、各系统的全面发展，就会导致身体发展的不平衡和不协调。因此，进行体育锻炼要注意内容和手段的多样化。全面发展身体不等于没有重点地发展，而是要根据自身的需要在全面发展的基础上重点发展。

（三）区别对待原则

进行体育锻炼时，要根据每个锻炼者的年龄、性别、爱好、身体条件、职业特点、锻炼基础等不同情况而区别对待，使其更具有针对性。

（四）经常性原则

体质的增强是一个长期积累的过程，若没有自觉性则难以坚持，要提高自觉性和积极性。首先，要明确目的和动机，并以此激发积极性。体育锻炼的目的是增强体质，不同的人有不同的具体要求，而且体育锻炼的作用和科学锻炼的必要知识有利于调动锻炼者的积极性和培养兴趣，从而使体育锻炼的兴趣得以加强，积极性得以提高。

经常参加体育锻炼，其效果才明显、持久，所以，体育锻炼要经常化。虽然短时间的体育锻炼也能对身体机能产生一定的良好影响，但一旦停止，这种良好的影响会很快消失。所以，若要保持旺盛的体力和精力，则必须坚持参加体育锻炼。如以提高人体免疫力和减肥为目的而进行的体育锻炼，更应经常进行。

（五）安全性原则

从事任何形式的体育活动都要注意安全，如果体育锻炼安排得不合理，违背科学规律，则很可能出现伤害事故。所以，在锻炼前要做好充分的准备活动；在锻炼过程中要全身心地投入；跑步锻炼时，最好不在沥青马路和水泥地面上进行，以防出现各种劳损症状；特殊人群参加体育锻炼更应注意合理安排量和强度，并注意在医务人员的监督下进行，以免发生意外事故。

体育锻炼的一个重要目的是使人体适应外界环境，但同时也应该认识到恶劣的气候变化和环境因素对人体健康的不良影响，要调整锻炼时间、项目、负荷量，以免损伤机体或引起疾病。

二、体育锻炼的内容和方法

体育锻炼的内容一般可分为：全面发展身体素质和提高身体基本活动能力的锻炼；健身健美和矫正形体形态的锻炼；娱乐性体育锻炼、医疗康复性体育锻炼；利用自然条件的体育锻炼等。各种体育锻炼的基本内容都是提高身体素质。身体素质是指人体在运动、生产劳动和日常生活中表现出来的力量、耐力、速度、灵敏及柔韧等活动能力。身体素质的好坏（特别是力量和耐力）是衡量体质强弱和体育活动能力好坏的重要标志之一。

（一）发展力量素质

力量素质是指肌肉克服工作阻力的能力。按肌肉收缩的特点可分为静力性力量和动力性力量，按衡量肌肉力量的大小可分为绝对力量和相对力量；按其表现形式又可分为最大力

量、速度力量和力量耐力。

（1）静力性力量的练习方法：推蹬固定物体、支撑、平衡、悬垂等，负重深蹲慢起等。

（2）动力性力量的练习方法：推、拉、蹬伸、摆动、跑、跳、投掷等。发展最大力量的方法主要采用克服大阻力、重复次数少的练习；速度力量的锻炼是适当减少阻力，用最快的速度完成动作；发展力量耐力要求既能克服一定的阻力，又能坚持较长的练习时间。

（3）发展力量练习应注意的几个问题：

①力量练习前要充分做好准备活动。

②力量练习以隔天一次练习为宜，锻炼过程要在适应原负荷的基础上逐渐增加负荷。

③完成力量练习要注意呼吸。

④力量练习要先练大肌群，后练小肌群。

（二）发展耐力素质

耐力是指人体长时间进行肌肉活动和抵抗疲劳的能力，耐力素质可分为有氧耐力和无氧耐力。

（1）有氧耐力锻炼。发展有氧耐力主要是提高心肺功能水平，有氧耐力的主要指标是最大摄氧量。其主要方法有慢速跑步、越野跑、骑自行车、游泳、划船等周期性运动项目。

（2）无氧耐力锻炼。主要采用尽可能快的动作或用平均速度以间歇练习法来完成。对运动员常采用缺氧训练或高原训练等方法。

（三）发展速度素质

速度素质是指人体快速反应的能力，通常可分为反应速度、动作速度和位移速度。发展反应速度常用各种声、光等突发信号的方法进行训练；发展动作速度的方法有减少练习难度、助力法、限时法等；发展位移速度通常使用快速跑，增加动作频率的练习，发展下肢的爆发力等方法。

（四）发展灵敏和柔韧素质

灵敏素质是指迅速改变体位，转换动作和随机应变能力。可采用体操、球类、武术对练等对抗性强、快速移位多的项目进行锻炼。

柔韧素质是指人体各关节的活动幅度，肌肉和韧带的伸展程度，发展柔韧素质常用静力性和动力性拉长肌肉、肌腱和韧带的方法。

三、长期体育锻炼的科学安排

只有持之以恒，体育锻炼才能使人们获得理想的健身效果。因此，锻炼者在体育锻炼前应根据自身的条件、健身目的，制订出一个长期稳定而又切合实际的锻炼计划。在制订长期锻炼计划时，至少应考虑锻炼者的健身目的、年龄和季节等多方面的因素。

（一）根据健身目的科学安排体育锻炼

在进行体育锻炼前，每个人都要有较明确的健身目的，这是人们科学安排体育锻炼的重要依据。如果是为了增强体质，提高健康水平，那么安排体育锻炼的内容和时间就比较灵活；如果是为了提高肌肉力量，发展肌肉，那么应以力量练习为主；如果以减肥为主要目的，那么应以有氧运动为主，运动时间相应要长。

（二）根据季节科学安排体育锻炼

不同季节的气候条件对体育锻炼也有影响，要根据季节气候的变化规律安排体育锻炼，并注意季节交替时体育锻炼的内容衔接。

1. 春季锻炼

在春季进行体育锻炼时，要做好准备活动，充分伸展僵硬的韧带，以减少运动损伤。同时，要注意脱、穿衣物，防止感冒。

2. 夏季锻炼

夏季天气炎热，最好是在清晨或傍晚进行锻炼，锻炼后要注意补充水分，以防身体脱水和中暑。夏季最理想的运动是游泳，但并非所有人都有条件或适合游泳，那么可供选择的其他较合适的项目还有慢跑、散步、打太极拳、打羽毛球等。

3. 秋季锻炼

秋季天气变化无常，早晚气温较低，要注意增减衣服。另外，秋季天气干燥，锻炼前后要注意补充水分，以促使黏膜能够正常分泌黏液来保持呼吸道的湿润。

4. 冬季锻炼

冬季参加体育锻炼，不仅可以提高身体的健康水平，更重要的是可以提高身体的抗寒能力，预防各种疾病的发生。冬季锻炼时身体生理机能惰性较大，肌肉组织易受伤，所以要做好准备活动。运动最好采用口鼻呼吸方式，吸气时口不要张得太大，防止冷空气直接刺激口腔黏膜。

（三）根据年龄科学安排运动量

体育锻炼时，运动量是影响锻炼效果的重要因素。运动量过小，锻炼效果不明显；运动量过大，会对机体产生不利的影响，并且不同年龄的人，由于身体状况不同，体育锻炼的运动量也不同。

四、单次体育锻炼的科学安排

体育锻炼参加者应学会科学地安排每次锻炼，以获得理想的健身效果。

（一）充分的准备活动

准备活动不仅可以增强锻炼效果，还可以减少损伤。通过准备活动不仅要使身体机能进入最佳状态，而且要使心理活动达到最佳水平，准备活动结束时，应保证全身心地投入。

（二）运动强度逐渐增加

在进行每次锻炼时，不要一开始就强度过大，这样会使身体出现一系列不适反应。这是因为人体中的各器官都有一定的惰性，通过准备活动，肌肉已经能够进行大强度的活动，但内脏器官的活动并不能立即进入最佳状态，从而造成内脏器官与运动器官的不协调，出现各种不适症状。因此，活动开始后，运动强度要逐渐增加。

（三）足够的锻炼时间

以健身为目的的体育锻炼，应以有氧运动为主，因此，运动强度不要过大，但要保证足够的锻炼时间。为了保证锻炼效果，每天的锻炼时间至少要在 30 分钟以上。在运动强度与时间发生矛盾时，应首先考虑运动时间，如果每天锻炼不能保证 30 分钟，即使增加强度，健身效果也不明显。关于锻炼时间，可以采取化整为零的办法，尤其是对于那些刚开始锻炼不能坚持到 30 分钟或工作、学习繁忙的人。当然，并不是锻炼时间越长越好，每天锻炼 1 小时效果最好，身体机能好的人锻炼时间可适当延长一些，但即使是散步这种强度小的锻炼，时间也不要超过 2 小时。

（四）身体疲劳与恢复

锻炼一段时间后，必然会产生疲劳。疲劳是一种生理现象，人体只有通过体育锻炼产生疲劳，才会出现身体机能的超量恢复。另外，疲劳的不断积累也可能造成身体的疲劳过度，从而对身体产生不利影响。了解锻炼时疲劳产生的原因，掌握诊断和消除疲劳的方法，对提高锻炼效果具有重要的意义。

1. 疲劳产生的原因

运动性疲劳是一个复杂的问题，由于体育锻炼的形式不同，产生疲劳的原因也不同。疲劳产生的原因主要有以下几种：

（1）能量大量消耗：能量大量消耗将导致体内能量物质供应不足，从而造成身体机能下降。

（2）代谢产物堆积：在体育锻炼过程中，随着能量物质的大量消耗，体内代谢产物也急剧增加，代谢产物的堆积可造成体内代谢紊乱。在所有代谢产物中，乳酸是引起身体疲劳的主要物质，它是糖原在缺氧状态下的分解产物，它的堆积可使肌肉 pH 值下降，引起脑和肌肉工作能力下降。此外，脂肪代谢产生的酮以及蛋白质代谢产生的氨类物质在体内的堆积都可使身体疲劳。

（3）水盐代谢紊乱：大量排汗、不注意补水或者补水方法不科学，都可能造成体内水盐代谢紊乱，使渗透压改变，引起细胞内外水平衡失调，导致身体机能下降。

2. 疲劳的判断

及时判断疲劳是否已经出现是防止过度疲劳、提高锻炼效果的重要保障，下面介绍几种判断疲劳的方法：

（1）简易的生理指标测定法：肌力是常用的生理指标之一，若体育锻炼后肌肉力量不增加，反而下降，则说明身体产生疲劳。心率是判断疲劳最简单的生理指标，体育锻炼后心率恢复时间延长，或第二天清晨安静心率较以前明显增加，表示身体产生疲劳。

（2）主观感觉：如果锻炼后感到头昏、恶心、胸闷、食欲减退，甚至厌恶体育锻炼，则说明身体疲劳程度较严重，应及时调整运动量。

第三章 大学生体质健康测试标准

知识目标

1. 了解大学生体质健康评价指标；
2. 了解《国家学生体质健康标准》实施办法。

素养目标

1. 培养健康第一的理念；
2. 养成良好的锻炼习惯。

第一节 《国家学生体质健康标准》说明

大学生体质健康评价是高等学校体育工作的重要环节，也是学校教育评价体系的重要组成部分。建立全面科学的学生体质健康的评价体系，可使学生自身、家长、学校、社会等各方面及时了解学生的身体健康状况，从而促使学生调整自己的学习和锻炼目标，并为学校和教育管理部门制定和调整体育教育政策提供科学的依据。

为贯彻落实健康第一的指导思想，切实加强学校体育工作，促进学生积极参加体育锻炼，养成良好的锻炼习惯，提高体质健康水平，教育部和国家体育总局于 2014 年 7 月正式发布了《国家学生体质健康标准（2014 年修订）》（以下简称《标准》）和实施办法。与以前的标准相比，《标准》重在激励学生积极进行身体锻炼，而不是为了测试而锻炼。它采用个体评价标准，能够清晰地看出学生个体差异与学生某些方面的不足，这有利于通过测试促进学生积极参加体育锻炼，通过锻炼改善健康状况，弥补差距，从而促进身体健康全面发展。

此外，《标准》还突出了对改善学生健康有直接影响且关系密切的身体成分、心肺循环系统功能、肌肉力量和耐力及肌肉韧性等指标，体现了现代社会对健康的具体要求，实现了测试指标由"运动技术指标"向"健康指标"的过渡。

下面结合《标准》，简要介绍大学生体质健康评价的要点与方法：

（1）《标准》是国家学校教育工作的基础性指导文件和教育质量基本标准，是评价学生综合素质、评估学校工作和衡量各地教育发展的重要依据，是《国家体育锻炼标准》在学校的具体实施，适用于全日制普通小学、初中、普通高中、中等职业学校、普通高等学校的学生。

（2）《标准》的修订坚持健康第一，落实相关文件有关要求，着重提高《标准》应用

的信度、效度和区分度，着重强化其教育激励、反馈调整和引导锻炼的功能，着重提高其教育监测和绩效评价的支撑能力。

（3）《标准》从身体形态、身体机能和身体素质等方面综合评定学生的体质健康水平，是促进学生体质健康发展、激励学生积极进行身体锻炼的教育手段，是国家学生发展核心素养体系和学业质量标准的重要组成部分，是学生体质健康的个体评价标准。

（4）《标准》将适用对象划分为以下组别：小学、初中、高中按每个年级为一组，其中小学为6组，初中为3组，高中为3组；大学一、二年级为一组，三、四年级为一组。

（5）小学、初中、高中、大学各组别的测试指标均为必测指标。其中，身体形态类中的身高、体重，身体机能类中的肺活量，以及身体素质类中的50米跑、坐位体前屈为各年级学生共性指标。

（6）《标准》的学年总分由标准分与附加分之和构成，满分为120分。标准分由各单项指标得分与权重乘积之和组成，满分为100分。附加分根据实测成绩确定，即对成绩超过100分的加分指标进行加分，满分为20分；小学的加分指标为1分钟跳绳，加分幅度为20分；初中、高中和大学的加分指标为男生引体向上和1000米跑，女生1分钟仰卧起坐和800米跑，各指标加分幅度均为10分。

（7）根据学生学年总分评定等级：90.0分及以上为优秀，80.0~89.9分为良好，60.0~79.9分为及格，59.9分及以下为不及格。

第二节　体质健康达标的要求与规定

一、大学生体质健康评价指标

《标准》中的大学生体质健康单项指标与权重如表3-1所示。

表3-1　大学生体质健康单项指标与权重

单项指标	权重/%
体重指数（BMI）	15
肺活量	15
50米跑	20
坐位体前屈	10
立定跳远	10
引体向上（男）/1分钟仰卧起坐（女）	10
1000米跑（男）/800米跑（女）	20

注：体重指数(BMI)＝体重(千克)/身高^2(米^2)。

（一）单项指标评分表

大学一年级至四年级男生和女生体重指数（BMI）单项评分如表3-2所示，大学生肺活量单项评分如表 3-3 所示，大学生 50 米跑单项评分如表 3-4 所示，大学生坐位体前屈单项评分如表 3-5 所示，大学生立定跳远单项评分如表 3-6 所示，男生引体向上、女生 1 分钟仰卧起坐单项评分如表 3-7 所示，大学生耐力跑单项评分如表 3-8 所示。

表 3-2 大学生体重指数（BMI）单项评分 （单位：千克/米²）

等级	单项得分	男生评分标准	女生评分标准
正常	100	17.9~23.9	17.2~23.9
低体重	80	≤17.8	≤17.1
超重		24.0~27.9	24.0~27.9
肥胖	60	≥28.0	≥28.0

表 3-3 大学生肺活量单项评分 （单位：毫升）

等级	单项得分	男生评分标准		女生评分标准	
		大一/大二	大三/大四	大一/大二	大三/大四
优秀	100	5040	5140	3400	3450
	95	4920	5020	3350	3400
	90	4800	4900	3300	3350
良好	85	4550	4650	3150	3200
	80	4300	4400	3000	3050
及格	78	4180	4280	2900	2950
	76	4060	4160	2800	2850
	74	3940	4040	2700	2750
	72	3820	3920	2600	2650
	70	3700	3800	2500	2550
	68	3580	3680	2400	2450
	66	3460	3560	2300	2350
	64	3340	3440	2200	2250
	62	3220	3320	2100	2150
	60	3100	3200	2000	2050
不及格	50	2940	3030	1960	2010
	40	2780	2860	1920	1970
	30	2620	2690	1880	1930
	20	2460	2520	1840	1890
	10	2300	2350	1800	1850

表 3-4　大学生 50 米跑单项评分　（单位：秒）

等级	单项得分	男生评分标准		女生评分标准	
		大一/大二	大三/大四	大一/大二	大三/大四
优秀	100	6.7	6.6	7.5	7.4
	95	6.8	6.7	7.6	7.5
	90	6.9	6.8	7.7	7.6
良好	85	7.0	6.9	8.0	7.9
	80	7.1	7.0	8.3	8.2
及格	78	7.3	7.2	8.5	8.4
	76	7.5	7.4	8.7	8.6
	74	7.7	7.6	8.9	8.8
	72	7.9	7.8	9.1	9.0
	70	8.1	8.0	9.3	9.2
	68	8.3	8.2	9.5	9.4
	66	8.5	8.4	9.7	9.6
	64	8.7	8.6	9.9	9.8
	62	8.9	8.8	10.1	10.0
	60	9.1	9.0	10.3	10.2
不及格	50	9.3	9.2	10.5	10.4
	40	9.5	9.4	10.7	10.6
	30	9.7	9.6	10.9	10.8
	20	9.9	9.8	11.1	11.0
	10	10.1	10.0	11.3	11.2

表 3-5　大学生坐位体前屈单项评分　（单位：厘米）

等级	单项得分	男生评分标准		女生评分标准	
		大一/大二	大三/大四	大一/大二	大三/大四
优秀	100	24.9	25.1	25.8	26.3
	95	23.1	23.3	24.0	24.4
	90	21.3	21.5	22.2	22.4
良好	85	19.5	19.9	20.6	21.0
	80	17.7	18.2	19.0	19.5

续表

等级	单项得分	男生评分标准		女生评分标准	
		大一/大二	大三/大四	大一/大二	大三/大四
及格	78	16.3	16.8	17.7	18.2
	76	14.9	15.4	16.4	16.9
	74	13.5	14.0	15.1	15.6
	72	12.1	12.6	13.8	14.3
	70	10.7	11.2	12.5	13.0
	68	9.3	9.8	11.2	11.7
	66	7.9	8.4	9.9	10.4
	64	6.5	7.0	8.6	9.1
	62	5.1	5.6	7.3	7.8
	60	3.7	4.2	6.0	6.5
不及格	50	2.7	3.2	5.2	5.7
	40	1.7	2.2	4.4	4.9
	30	0.7	1.2	3.6	4.1
	20	-0.3	0.2	2.8	3.3
	10	-1.3	-0.8	2.0	2.5

表 3-6 大学生立定跳远单项评分 （单位：厘米）

等级	单项得分	男生评分标准		女生评分标准	
		大一/大二	大三/大四	大一/大二	大三/大四
优秀	100	273	275	207	208
	95	268	270	201	202
	90	263	265	195	196
良好	85	256	258	188	189
	80	248	250	181	182
及格	78	244	246	178	179
	76	240	242	175	176
	74	236	238	172	173
	72	232	234	169	170
	70	228	230	166	167
	68	224	226	163	164
	66	220	222	160	161
	64	216	218	157	158
	62	212	214	154	155
	60	208	210	151	152

续表

等级	单项得分	男生评分标准		女生评分标准	
		大一/大二	大三/大四	大一/大二	大三/大四
不及格	50	203	205	146	147
	40	198	200	141	142
	30	193	195	136	137
	20	188	190	131	132
	10	183	185	126	127

表 3-7　男生引体向上、女生 1 分钟仰卧起坐单项评分　（单位：次）

等级	单项得分	男生引体向上评分标准		女生 1 分钟仰卧起坐评分标准	
		大一/大二	大三/大四	大一/大二	大三/大四
优秀	100	19	20	56	57
	95	18	19	54	55
	90	17	18	52	53
良好	85	16	17	49	50
	80	15	16	46	47
及格	78			44	45
	76	14	15	42	43
	74			40	41
	72	13	14	38	39
	70			36	37
	68	12	13	34	35
	66			32	33
	64	11	12	30	31
	62			28	29
	60	10	11	26	27
不及格	50	9	10	24	25
	40	8	9	22	23
	30	7	8	20	21
	20	6	7	18	19
	10	5	6	16	17

表 3-8 大学生耐力跑单项评分 （单位：分·秒）

等级	单项得分	男生 1000 米评分标准		女生 800 米评分标准	
		大一/大二	大三/大四	大一/大二	大三/大四
优秀	100	3′17″	3′15″	3′18″	3′16″
	95	3′22″	3′20″	3′24″	3′22″
	90	3′27″	3′25″	3′30″	3′28″
良好	85	3′34″	3′32″	3′37″	3′35″
	80	3′42″	3′40″	3′44″	3′42″
及格	78	3′47″	3′45″	3′49″	3′47″
	76	3′52″	3′50″	3′54″	3′52″
	74	3′57″	3′55″	3′59″	3′57″
	72	4′02″	4′00″	4′04″	4′02″
	70	4′07″	4′05″	4′09″	4′07″
	68	4′12″	4′10″	4′14″	4′12″
	66	4′17″	4′15″	4′19″	4′17″
	64	4′22″	4′20″	4′24″	4′22″
	62	4′27″	4′25″	4′29″	4′27″
	60	4′32″	4′30″	4′34″	4′32″
不及格	50	4′52″	4′50″	4′44″	4′42″
	40	5′12″	5′10″	4′54″	4′52″
	30	5′32″	5′30″	5′04″	5′02″
	20	5′52″	5′50″	5′14″	5′12″
	10	6′12″	6′10″	5′24″	5′22″

注：′代表单位分；″代表单位秒。

（二）加分指标评分表

大学生加分指标评分表如表 3-9、表 3-10 所示。

表 3-9 男生引体向上、女生 1 分钟仰卧起坐评分标准 （单位：次）

加分	男生引体向上评分		女生 1 分钟仰卧起坐评分	
	大一/大二	大三/大四	大一/大二	大三/大四
10	10	10	13	13
9	9	9	12	12
8	8	8	11	11
7	7	7	10	10

续表

加分	男生引体向上评分		女生 1 分钟仰卧起坐评分	
	大一/大二	大三/大四	大一/大二	大三/大四
6	6	6	9	9
5	5	5	8	8
4	4	4	7	7
3	3	3	6	6
2	2	2	4	4
1	1	1	2	2

注：引体向上、1 分钟仰卧起坐均为高优指标，学生成绩超过单项评分 100 分后，以超过的次数所对应的分数进行加分。

表 3-10 男生 1000 米、女生 800 米跑评分标准 （单位：分 · 秒）

加分	男生 1000 米跑评分标准		女生 800 米跑评分标准	
	大一/大二	大三/大四	大一/大二	大三/大四
10	-35″	-35″	-50″	-50″
9	-32″	-32″	-45″	-45″
8	-29″	-29″	-40″	-40″
7	-26″	-26″	-35″	-35″
6	-23″	-23″	-30″	-30″
5	-20″	-20″	-25″	-25″
4	-16″	-16″	-20″	-20″
3	-12″	-12″	-15″	-15″
2	-8″	-8″	-10″	-10″
1	-4″	-4″	-5″	-5″

注：1000 米跑、800 米跑均为低优指标，学生成绩低于单项评分 100 分后，以减少的秒数所对应的分数进行加分。

二、《国家学生体质健康标准》实施办法

为了落实《国家学生体质健康标准》，教育部、国家体育总局还制定了相应的实施办法，其要点如下：

（1）每个学生每学年评定一次，记入《〈国家学生体质健康标准〉登记卡》。特殊学制的学校，在填写登记卡时可以按规定和需求相应地增减栏目。学生毕业时的成绩和等级，按毕业当年学年总分的 50% 与其他学年总分平均得分的 50% 之和进行评定。

（2）学生测试成绩评定达到良好及以上者，方可参加评优与评奖；成绩达到优秀者方可获体育奖学分。测试成绩评定不及格者，在本学年度准予补测一次，补测仍不及格则学年

成绩评定为不及格。普通高中、中等职业学校和普通高等学校学生毕业时，《标准》测试的成绩达不到 50 分者按结业或肄业处理。

（3）学生因病或残疾可向学校提交暂缓或免于执行《标准》的申请，经医疗单位证明，体育教学部门核准，可暂缓或免于执行《标准》，并填写“免于执行《国家学生体质健康标准》申请表”，存入学生档案。确实丧失运动能力、被免于执行《标准》的残疾学生，仍可参加评优与评奖，毕业时《标准》成绩须注明免测。

（4）各学校每学年开展覆盖本校各年级学生的《标准》测试工作，《标准》测试数据经当地教育行政部门按要求审核后，通过“中国学生体质健康网”上传至“国家学生体质健康标准数据管理系统”。测试和数据上传时间，由教育行政部门确定。

第四章　体育运动与营养

知识目标

1. 了解运动时能量的来源；
2. 了解平衡膳食的概念及原则；

素养目标

培养良好的饮食习惯，保证身体健康发展。

第一节　运动中的能量代谢

一、运动时能量的来源

人体运动时，需要有能量供应，人体活动的直接能量来源于三磷酸腺苷（ATP）的分解，而最终的能量来源于糖、脂肪和蛋白质的氧化分解。

（一）糖

糖是人体内最主要的能量物质，主要以血糖和肝糖原形式存在，机体60%的热能都是由糖来提供的。短时间、大强度运动时，机体所需能量的绝大部分是由糖氧化供给的；长时间、低强度运动时，是由糖逐渐变成脂肪供给的。糖还有调节脂肪代谢和节约蛋白质供能的作用。脂肪在体内的完全氧化，必须有糖的参与才能完成。而在糖代谢受阻的情况下，由于脂肪大量分解以保证供能，会引起脂肪分解的中间产物（酮体）的大量堆积，严重时将导致中毒。所以，糖代谢正常时，可减少脂肪的分解；糖供应充足时，可减少蛋白质的分解供能。

（二）脂肪

脂肪是含能量最多的物质。人体内脂肪储量很大，脂肪最主要的功能就是氧化供能，也是长时间肌肉运动的主要能源。脂肪所提供的不饱和脂肪酸是细胞膜、酶、线粒体及脂蛋白的重要组成部分。另外，它还有促进脂溶性维生素吸收和利用的作用。脂肪是脂溶性维生素A、D、E、K及胡萝卜素的溶剂。缺少食物脂肪的摄入会降低体内脂溶性维生素的含量，有可能导致此类维生素缺乏症。分布于皮下组织和内脏周围的脂肪起着热垫和保护垫的作用，既能防止散热，又能缓冲机械撞击，防止内脏和肌肉损伤。

（三）蛋白质

蛋白质是生命的基础，是修补、建造和再生组织的主要材料。一切酶都是由蛋白质组成的。肌肉收缩、神经系统的兴奋传递等都与蛋白质有关。蛋白质参与各种生理和机能的调节，分解时产生能量，是体内能量的来源之一。

二、人体运动时的三大供能系统

（一）磷酸原系统（ATP-CP 系统）

磷酸原系统是由 ATP 和磷酸肌酸（CP）组成的供能系统。ATP 在肌肉内的储量很少，若以最大功率输出仅能维持 2 秒左右。肌肉中 CP 储量为 ATP 的 3~5 倍。CP 能以 ATP 分解的速度最直接地使之再合成。剧烈运动时，肌肉内的 CP 含量迅速减少，而 ATP 含量变化不大。ATP-CP 系统供能总量少，持续时间短，功率输出快，不需氧，不产生乳酸等物质。磷酸原系统是一切高功率输出运动项目的供能基础。数秒钟内要发挥最大能量输出的运动项目只能依靠 ATP-CP 系统。

（二）乳酸能系统

乳酸能系统是指糖原或葡萄糖在细胞质内无氧分解生成乳酸过程中，再合成 ATP 的能量系统。由于该系统产生乳酸，并扩散进入血液，所以血乳酸水平是衡量乳酸能系统供能能力的最常见指标。乳酸是一种强酸，在体内聚积过多，超过了机体缓冲及耐受能力时，会破坏机体内环境酸碱度的稳定，也会限制糖的无氧酵解，直接影响 ATP 的再合成，导致机体疲劳。乳酸能系统供能的意义在于保证磷酸原系统最大供能后仍能维持数十秒快速供能，以应付机体的需要。该系统是 1 分钟以内要求高功率输出运动的供能基础。

（三）有氧氧化系统

有氧氧化系统是指糖、脂肪和蛋白质在细胞内彻底氧化成水和二氧化碳的过程中，再合成 ATP 的能量系统。该系统是通过逐步氧化，逐步放能再合成 ATP 的。其特点是 ATP 生成总量很大，但速率很慢，需要氧的参与，不产生乳酸类的副产品。有氧氧化系统是进行长时间耐力活动的物质基础。

三、运动时对糖和水的补充

（一）糖的补充

运动时能量消耗多，运动前应以糖类食品作为膳食的主要成分。运动前 1.5~2 小时服糖的效果良好。因为这种服糖方式，在运动开始前已完成肝糖原合成过程，在运动开始后，

肝糖原被动员进入血糖，供给需要，保持较高的血糖水平。在长时间的运动中饮用低糖度的饮料对运动有利。

（二）水的补充

水主要储存在肌肉、皮肤、肝脏、脾脏等组织器官中。人在运动时会大量排汗，水就从这些组织器官中进入血液，保持水的平衡。但必须注意，运动员不能因有渴的感觉而暴饮，这样会对心脏造成有害的影响。在运动时，水的补充量要大于平常的饮用量，并且还要在补充水中加入适量的盐和无机盐等，以维持体内的多种平衡，维持人体正常的生理机能。

第二节　平衡膳食

饮食是人最重要、最经常的一种行为，但有相当部分的学生缺乏科学的饮食方法。一部分学生对饮食不甚关注，抱着无所谓的态度；另一部分学生则过分讲究，片面理解一些格言，听信广告，结果顾此失彼，事与愿违；还有一部分学生经常纵欲进食，造成消化系统功能紊乱，影响了身体的正常生长发育。因此，要保证身体健康发展，必须培养良好的饮食习惯。

一、平衡膳食的概念及原则

平衡膳食是指膳食中的食物种类齐全、数量适当、营养素之间的比例合理，并且与身体消耗的营养素保持相对的平衡。因此，平衡膳食要求每日膳食中的各种营养素都应品种齐全、比例恰当；所提供的热量和各种营养素符合身体每天的生理、学习、劳动的需要，对于学生还包括生长发育的需要。那么，怎样才能做到平衡膳食要求呢？那就是要根据人体每天的生理、学习、劳动等的需要量，摄入相等数量的热量和蛋白质、脂肪、维生素、矿物质、水等各种营养素。概括来说，平衡膳食应做到以下原则：

（一）保持三大营养成分供热的最佳比例

每日饮食中三大营养成分所提供热量最佳比例为：50%的热量应来自碳水化合物，20%应来自蛋白质，30%应来自脂肪。这条原则简称为 50∶20∶30 最佳热量来源比例原则。

（二）合理安排一日三餐

一日三餐的食物分配应与学习、运动和休息相适应，高蛋白质食物应在学习、运动和工作前摄取，不应在睡眠前摄取，这是因为蛋白质消化比较慢，会影响睡眠。

1. 早餐

热能摄入占全天的 25%~30%，蛋白质、脂肪食物应多一些，以满足上午学习、工作的需要。有些学生早餐分配偏低，仅占全日总热能量的 10%~15%，甚至不吃早餐，这与上午学习、工作的热能消耗是很不适应的，既影响健康，又影响学习效果。

2. 午餐

热能摄入占全天的 40%，糖、蛋白质和脂肪的供给均应增加，因为既补偿饭前的热能消耗，又储备饭后学习、运动和工作的需要，所以在全天各餐中应占热能最多。

3. 晚餐

热能摄入应占全天的 30%～35%，以多供给含糖多的食物为宜。所以晚餐可多吃些谷类、蔬菜和易消化的食物，富有蛋白质、脂肪和较难消化的食物应少吃。大学生晚餐后，仍有晚自习，用脑时间较长，所以晚餐不可减量。

（三）食物要力求多样化

因为任何一种食物都不能包含机体所需要的全部营养物质，为了保证营养充足、均衡，进食食物要力求多样化，绝不能偏食。

（四）节食减肥不可压缩维生素的摄入

为减肥而进行节食，不要压缩含有丰富维生素的食物摄入，如水果和蔬菜。为了促进沉积脂肪燃烧和防止肌肉总量减少，同时还要参加运动锻炼。

（五）大运动量时的饮食

参加耐力性运动的人，当运动量较大时，可适当补充一些碳水化合物食品。一般的健身运动，则只需多加一杯低糖饮料即可。

二、大学生常见的不良饮食习惯

（一）纵欲式的进食方式

有时暴饮暴食，有时忍饥挨饿。饥饿多半是因为睡懒觉，错过了早餐时间空腹去上课，或夜间看书学习过久；暴饮暴食则多发生在亲朋聚会、过生日、野餐等场合。早餐不吃就去上课，随着大脑和其他器官机能活动所需能量的消耗，血糖就会下降。当血糖含量降低到每 100 毫升血液中不到 45 毫克时，就会严重影响脑组织的机能活动，全身乏力，注意力分散。

暴饮暴食会使消化器官的功能发生紊乱，从而使机体代谢功能失去平衡，产生许多疾病。

（二）盲目节食

这种情况女大学生多于男大学生，她们的主要目的是减肥。限制饮食虽然可以使人消瘦但体内的营养物质也随之越来越匮乏，势必出现种种功能障碍或疾病，轻则头昏眼花、四肢乏力，重则出现贫血、低血糖、月经失调等情况。有的学生明知道过分限制饮食对身体有害，但仍乐此不疲，甘愿付出巨大代价。这就不是单纯的缺乏知识，而涉及现代大学生的心态问题。如由于“肥胖恐惧”心理导致的饮食紊乱，其不良后果包括病理性肥胖及危险的体重过低，表现为神经性厌食和饥饿症。这些人对于形体瘦弱，表现为一种病理性的需要，他们摄入的热量仅能维持生存，而不能满足生长需要，还会严重影响其学业，造成终身遗憾。

（三）追求高蛋白、高脂肪饮食

许多学生盲目追求西餐高能量、高蛋白饮食，大量食用牛奶、鸡蛋、面包，向欧美模式靠拢。其实东西方饮食习惯的差异历史已久，东方式饮食所含的能量和蛋白质，虽比西方饮食明显低，但东方人的体形和需求也小，体内酶含量和消化液分泌量已与饮食结构适应。如果我们盲目模仿，很容易造成消化不良和营养素的失衡。现在西方发达国家已经认识到，营养过剩会引起心血管病、结肠癌、糖尿病、胆结石病等许多所谓的“富裕病”。东西方饮食模式各有利弊，彼此可以取长补短，但需根据自身体质状况逐渐适应，并以科学的分析监测来指导，这样才能使饮食科学化、合理化。

（四）偏食

在一部分大学生中片面认定某些食物是高营养食物而长期偏食，导致营养摄取的不平衡和一些营养元素缺乏。如有的学生不肯吃肉，结果身体不能及时补充蛋白质，造成发育迟缓或发育不良；有的学生不吃蔬菜，引起多种维生素和矿物质的缺乏，这给成年后患高血脂、高血压、动脉硬化留下隐患。特别是一些女学生因为怕胖，很多东西都不吃，结果面黄肌瘦，弱不禁风，学习时注意力不能集中，精力不充沛。

（五）偏爱营养补品

听信广告对营养补品作用的夸大，甚至以此代替食品，认为营养补品可以补救一切营养缺乏。其实，营养补品仅仅提供一小部分营养素，而且只能对缺乏某些营养素的人起作用。

至于补药，不是人人皆宜的强化剂，更不能代替食物。

第五章 体育运动与发展体能的方法

知识目标

1. 了解体育运动的基本原则和方法；
2. 了解体育运动计划的内容；
3. 了解运动性疲劳的消除方法。

素养目标

1. 培养主动积极的态度，自觉进行体育锻炼，增强体质；
2. 培养持之以恒的精神。

第一节 体育运动的原则和方法

一、体育运动的基本原则

体育运动的原则主要是体育运动客观规律的反映，是体育练习者从事体育运动实践、达到理想效果所必须遵循的基本原则。在体育运动的过程中，只有正确地理解和运用体育运动的原理，才能使体育运动获得最佳效果。

（一）自觉性原则

自觉性原则是指体育运动者应有明确的锻炼目的，要有“善其身者无过于体育”的思想认识，自觉积极地进行体育运动。

（二）循序渐进原则

循序渐进原则是指体育运动的内容、方法和运动负荷等，必须根据人对事物的认识规律、动作技能形成规律和生理机能的负荷规律，由小到大、由易到难、由简到繁、由低级到高级地逐步进行。在体育运动中，最忌急于求成，甚至还会造成伤害事故或给身体带来某些生理损伤。因此，进行体育运动时，学习动作要由易到难，运动量要由小到大，运动强度

（刺激强度）要由弱到强。同时，还应根据年龄、性别、身体素质水平，因人而异地安排练习的内容，这样才能收到良好的效果。

（三）全面性原则

全面性原则是指身体锻炼应全面发展身体的各个部位、各器官系统的机能、各种身体素质和活动能力，追求身心的和谐发展。

体育运动，不仅应包括不同身体部位的活动，而且更重要的是应该包括多种项目和不同性质的活动，进行全面锻炼。身体各系统都是相互联系、相互制约的，身体某一方面的发展必然会影响其他方面的发展。而全面发展，就能相互促进，共同提高。目前，大学生年龄多处在 17~23 岁，为身体发育逐渐成熟的阶段，具有一定的可塑性。因此，在体育运动中贯彻全面性原则尤为重要。

从体育项目对人体锻炼的作用来看，也是有所侧重的。如短跑主要是发展速度，投掷、举重主要是发展力量，长跑则侧重于发展耐力，球类则以发展灵敏性、协调性为主。

所以，进行全面锻炼才能使身体素质获得全面发展，更快地掌握运动技术和技能，增强体质。

（四）经常性原则

经常性原则是指身体锻炼必须持之以恒，使之成为日常生活中的重要内容。

我们做什么事情都要有恒心，体育运动也是这样。运动技术的形成和提高，人体各组织和系统机能的改善，是肌肉活动反复多次强化的结果。同时，运动技能的形成，人体结构、机能的改善，身体素质的提高，都受着生物界“用进废退”规律的制约。不经常锻炼，已取得的效果也会逐渐消退。俗话说，“拳不离手，曲不离口”，所揭示的就是这个道理。

上述锻炼身体应遵循的几项原则，是互相联系、互相制约的。只有科学地、有目的地、全面地贯彻这些原则，才能不断增强体质，取得预期效果。

二、体育运动的方法

体育运动方法是根据人体发展规律，运用各种身体练习，提高身体素质和基本活动能力的途径和方式，主要有重复锻炼法、间歇锻炼法、连续锻炼法、循环锻炼法、变换锻炼法、负重锻炼法。

（一）重复锻炼法

重复次数的多少不同，对身体的作用不同，重复次数越多，身体对运动反应的负荷量越大。如果重复次数不断地继续增加，可能使身体承受的负荷达到极点，乃至破坏有机体的正常状态，造成伤害。

运用重复锻炼法，关键是掌握好负荷的有效价值范围（最有锻炼价值负荷量下的心率），并据此调节重复次数。在重复锻炼中，对负荷如何控制、怎样去重复才能达到理想的效果的负荷程度，应视实际情况而定。

（二）间歇锻炼法

人们认为体质增强的过程是在运动中实现的，其实体质内部增强过程主要是在间歇中实现的，是在休息过程中取得了超量恢复。间歇对增强体质的作用并不亚于运动本身。自古以来就有以静炼身的经验。在现代科学的基础上，人类更清楚地认识到在间歇时间内有机体的各种变化，认识到了保持同化优势的重要性，所以把间歇作为一种健身的基本方法。

同重复锻炼法一样，间歇的时间也要依据负荷的有效价值标准去调节。一般来说，当负荷反应（心率）指标低于有效价值标准时，应缩短间歇时间；而高于价值标准时，则可延长间歇时间。通过适当的间歇，把负荷量调节到负荷有效价值范围，以追求良好的锻炼效果。实践中，一般心率在 130 次/分左右时，就应再次开始锻炼。间歇时，不要做静止休息，而应边活动边休息，如慢速走步、放松手脚、伸伸腰腿或做深而慢的呼吸等。因为轻微活动可使肌肉对血管起到按摩作用，帮助血液回流和排除代谢所产生的废物。

（三）连续锻炼法

从增强体质的良好效果出发，需要间歇就停一会儿，需要连续就一直进行下去，所以不能仅讲究间歇，还要讲究连续。连续、间歇、重复都是在统一锻炼过程中实现的。连续、间歇、重复等因素各有其特有的作用。连续的作用在于持续负荷量不下降，维持在一定的水平上，使身体充分地受到运动的作用。

连续锻炼时间的长短，同样要根据负荷价值有效范围而确定。通常认为在 140 次/分左右心率下连续锻炼 20~30 分钟，可使机体的各个部位都长时间地获得充分的血液和氧的供应，因而能有效地发展有氧代谢能力。实践中，用于连续锻炼的主要是那些比较容易，并已为锻炼者所熟悉的动作，可以是跑步、游泳，也可以是跳迪斯科舞等。

（四）循环锻炼法

循环锻炼法由几个不同的练习点组成。当一个点上的练习一经完成，练习者就迅速转移到下一个点，下一个练习者依次跟上。练习者完成了各个点上的练习，就算完成了一次循环。循环锻炼法对技术的要求不高，且各项目都采用比较轻度的负荷练习，因此练起来既简单有味，又可获得综合锻炼，达到全面发展的良好效果。

（五）变换锻炼法

变换锻炼法可以有效地调节生理负荷，提高兴奋性，强化锻炼意向，克服疲劳和厌倦情绪，以达到提高锻炼效果的目的。如刚参加锻炼时，可多做些诱导性练习和辅助性练习。随着锻炼水平的提高，应加大练习的难度，如用越野跑代替在田径场上的长跑等。由于锻炼条件的变化，可使锻炼者的大脑皮层不断地产生新鲜的刺激，提高兴奋性，激发锻炼的兴趣，从而提高机体对负荷的承受能力，提高锻炼效果。另外，不断对锻炼的内容、时间、动作速率等提出新的要求，可有效地调节生理负荷，使机体不断产生适应性变化，更好地达到锻炼身体的目的。

（六）负重锻炼法

负重锻炼法是使用杠铃、哑铃、沙袋等重物进行身体运动来锻炼身体、增强体力的方

法。负重的方法，既用于普通人为增强体质锻炼身体，又用于各项运动员进行身体训练，还可用于解决身体疾患的康复。一般情况下，人为了增强体质进行负重锻炼时，应该采用最大摄氧量和最大心输出量以下的负荷。

第二节　体育运动计划的制订与实施

制订体育运动计划，目的在于使自己的学习工作和锻炼有一个科学合理的安排，做到德、智、体全面发展，避免盲目性和片面性，同时也便于检查锻炼效果和总结锻炼经验。

一、制订体育运动计划的依据

第一，从实际出发。在制订计划时，要考虑主观因素和客观因素。如年龄、性别、体质、基础、场地、器材、气候、时间等因素，制订切实可行的计划。通过反复实践，不断修改充实，使计划更科学、更完善。

第二，全面锻炼、循序渐进。在制订计划时，必须根据自己的体质条件、素质水平和爱好等。既要注意全面发展，又要注意自己的特点和弱点；既要考虑自己的爱好，又要注意锻炼的效果。在整个计划的内容安排上应遵循由简到繁、由易到难的原则；在运动量的安排上应遵循从小到大、逐步增加的原则。锻炼计划要做到既科学又全面，既要达到增强体质的目的，又不能影响一天的学习与工作。

第三，达标与体育课学习相结合。锻炼内容要与“国家体育运动标准”和体育课内容相结合。这样既能通过一段时间的锻炼，达到“国家体育运动标准”，又能使体育课所学内容得以复习、巩固和提高。

第四，自我监督和医务监督。在制订和执行锻炼计划时，要注意自我监督和医务监督。最好能写锻炼日记，以便及时发现问题，及时加以调整，使锻炼计划不断完善，锻炼效果不断提高。

二、体育运动计划的内容

体育运动计划一般可分为长远计划、阶段计划、每周计划和每次计划。对学生来讲，做到阶段计划、每周计划和每次计划就可以了。

（一）阶段计划内容

（1）确定阶段计划的时间。对学生来讲，最好以一个学期为一个阶段，这样便于安排和检查。

（2）任务和要求。根据每个人的情况，确定每个阶段的锻炼任务，如田径项目中的短跑、球类项目中的足球等，并明确要求，便于检查。

（3）内容和办法。根据自己的爱好和特长，结合季节的气候特点，逐项进行安排，并提出具体的实施办法。

（4）锻炼时间。根据课表安排，确定在什么时间锻炼，并切实落实。

（5）检查措施。要制定出切实可行的检查措施及成绩考核办法。

（二）每周计划内容

（1）本周锻炼的任务和要求。确定本周以发展某项身体素质为主及学习有关基本知识等。

（2）锻炼时间。确定早操与课外体育活动的次数及每次锻炼的时间。

（3）检查措施。星期六下午安排一定时间写锻炼日记。

（三）每次计划内容

（1）确定内容。根据每周计划确定每次的锻炼项目，拟订练习的具体动作和方法、练习的时间和重复次数等。

（2）科学分配和安排。在具体安排练习时，一般先安排重点项目。就身体素质而言，先练提高速度和灵敏性的项目；就运动量而言，先小后大；就技术而言，应先易后难；就锻炼部位而言，应当上下肢搭配；如有类似项目，应当间隔练习。

（3）写出实施办法。主要是写出每次锻炼计划表，包括准备活动、主要内容和整理活动三个方面，并在时间分配上做合理安排。身体锻炼得持久，体质也会逐步增强。因此，在主要锻炼内容的负荷安排上，也应逐渐增加，不能总停留在同一运动负荷上。

三、体育运动计划的实施

体育运动计划的制订是在不断实施的过程中加以完善的。制订锻炼计划时，确定锻炼内容以后，应通过具体办法加以实施，然后根据实施情况加以修订，如此循环，以达到最理想的锻炼效果。

在对体育运动计划具体实施过程中应注意运动负荷的安排，应逐渐增加，不能总停留在同一运动负荷上。另外，准备活动应做充分，尤其在冬季室外温度较低的情况下，一定要充分地做准备活动，避免身体受伤。每一次锻炼即将结束时，还应该安排一定内容的整理活动。整理活动的时间一般为 5 分钟。最后，在体育运动实施过程中，锻炼者还应注意自我监督和保护。

第三节　运动性疲劳的产生与消除

运动性疲劳，是指人体由于长时间或大强度运动后出现的一种组织器官甚至整个机体的工作能力暂时降低的现象。具体地说，就是机体生理过程不能在特定水平上持续其机能或机能不能维持预定的强度（以下简称“疲劳”）。这是一种运动训练过程中正常的普遍存在的生理现象，但如果不采取有效的方法尽快消除疲劳，就会影响训练效果，且易造成伤害事故，也会给运动员的学习和生活等带来不利影响。因此，了解疲劳产生的机制，并适时运用有效的方法，尽快消除疲劳，就显得非常重要了。

一、运动性疲劳产生的生理机制

运动性疲劳产生的机制是一个极其复杂的问题，运动医学界对此进行了广泛而深入的研究。但对引起疲劳的原因和机理，在运动生理学上目前还没有取得一致的看法，仍众说纷纭。一般认为，生理和心理负担过重，必能引起体内机能的变化。开始是某些生理常数的变化，如呼吸、心率、血压等复杂的生理变化。一旦这些变化不能及时恢复正常，最终将导致训练过度而产生疲劳。

自从 19 世纪 80 年代以来，各国学者对于运动性疲劳的生理机制提出过几种假说。“衰竭”学说理论认为：运动性疲劳的原因是体内能源物质的耗尽。最有力的证据是长时间运动中工作能力下降的同时常伴随血糖浓度的降低，补充糖后有一定程度的提高。“堵塞”学说理论认为：运动性疲劳是由于某些代谢产物在肌肉组织中堆积造成的。19 世纪，兰克发现肌肉收缩期产生的某些物质的堆积使肌肉收缩能力下降。这些堆积物被判明是乳酸等。弗莱彻和霍普金斯发现肌肉疲劳的同时，血乳酸浓度升高。

“内环境稳定性失调”学说理论认为：血液 pH 值下降，细胞外液的水分及离子浓度发生变化，血浆渗透压改变等都可引起疲劳。如哈佛大学疲劳研究所研究人员发现，高温作业工人因出汗过多，迅速达到不能继续坚持劳动的严重程度，且给予饮水也不能缓解，必须饮用适当浓度的氯化钠水溶液。

“保护性抑制”学说理论认为：按照巴甫洛夫学派的意见，无论是体力还是脑力的疲劳，都是大脑皮质保护性作用的结果。

二、运动性疲劳的分类

有关运动性疲劳的分类，目前尚无统一的标准。一般认为，运动性疲劳在人体中可分为躯体性疲劳和心理性疲劳。目前在躯体性疲劳方面研究成果较多，但能被人们接受的有以下几种区分方法：根据疲劳产生的部位不同，将其划分为阶段中枢疲劳、神经-肌肉接点疲劳和外周疲劳；根据疲劳发生时间的长短不同，将其划分为急性疲劳和慢性疲劳；根据疲劳发生性质的不同，将其划分为生理性疲劳和病理性疲劳；根据疲劳发生部位的大小，将其划分为全身性疲劳和局部性疲劳。

三、运动性疲劳的消除

由于导致运动性疲劳的原因多种多样，其消除方法与恢复手段也因人而异。常用的有以下几种方法：

充足睡眠：睡眠是消除疲劳的最好方法之一。运动者应保证充足的睡眠时间，并安排一定时间的午睡。

积极性休息：散步、听音乐、观看演出、下棋等积极性休息对肌肉、精神的疲劳有良好的缓解作用。

水浴解乏：淋浴和局部热敷是一种简易的消除疲劳的方法。研究表明，洗澡能增加血液

循环，使人大脑得到镇静，肌肉得到放松。水浴可降低血液中的乳酸浓度。此外，水浴对副交感神经有所刺激，可以起到镇痛作用，以缓解因疲劳而引起的肌肉酸痛。淋浴时，水温不能过高，以温水浴（水温 40 ℃左右）、时间在 15~20 分钟为宜。它有良好的镇静作用，能促进血液循环，放松肌肉。热敷能减少肌肉中酸性代谢产物的堆积，消除肌肉酸痛。其温度以 47~48 ℃为宜，时间约为 10 分钟。

推拿按摩：按摩是一种简单易行的消除疲劳的方法。当运动极度疲劳时也可以进行全身按摩，但要按一定顺序进行。有条件的还可用机械按摩，对放松肌肉、消除肌肉酸痛有较好效果。

饮食营养：运动后，应补充足够的蛋白质、维生素、无机盐。但有不少人常常采取加餐的方法，大量吃鸡鸭鱼肉，企图以此来加强营养、补养身体、解除疲劳。殊不知结果却适得其反。因为人们在运动过程中，体内的糖、脂肪、蛋白质大量分解，在释放能量的同时产生乳酸、磷酸等酸性代谢物质。这些酸性物质使人感到肌肉、关节酸痛和精神疲乏，人们需要把这些代谢的废物排出体外。仅单纯地食用肉类，会使人体血液更加酸性化，等于“火上加油”，对解除疲劳不利。专家指出，人在疲劳的时候，从食疗角度看，应该适当多吃一些碱性的食物，如海带、紫菜、各种新鲜蔬菜、各种水果、豆制品、乳类和含有丰富蛋白质与维生素的动物肝脏等。这些食物经过人体消化吸收后，可以迅速地使血液酸度降低，中和平衡达到弱碱性，使疲劳消除。

第六章　体育运动损伤与预防

知识目标

1. 了解运动中最常见的运动损伤及处理方法；
2. 掌握运动损伤中最常见的急救技术。

素养目标

1. 增强安全意识，科学安排锻炼计划；
2. 熟悉运动环境，提高自我保护能力。

第一节　常见运动损伤

运动损伤是指在体育运动过程中人体组织或器官在解剖上的破坏或生理上的紊乱所造成的损伤。与日常生活所发生的损伤不同的是，运动损伤与运动项目、训练安排、运动环境、运动者的自身条件以及技术动作有密切的关系。其损伤部位与运动项目以及专项技术特点有关，如体操运动员受伤部位多是腕、肩及腰部，与体操动作中的支撑、转肩、跳跃、翻腾等技术有关，网球肘多发生于网球运动员与标枪运动员。它是人们在参加体育活动中经常遇到的问题，并且由于运动项目很多，运动损伤种类也很多，运动损伤的特点和防治重点，也因运动项目和部位的不同而不同。损伤的主要原因有：训练水平不够，身体素质差，动作不正确，缺乏自我保护能力；运动前不做准备活动或准备活动不充分，身体状态不佳，缺乏适应环境的训练，以及教学、竞赛工作组织不当，但总的来说，小损伤多、慢性损伤多，严重及急性损伤少。这些慢性小损伤，有的是一次急性损伤后处理不当，训练过早而变成慢性损伤，而更多的是由于运动量安排不当或由许多细微损伤逐渐积累而成的，常用的治疗运动损伤的方法有按摩、针灸、理疗、针对性的功能锻炼、保护支持带、使用中药等，对细微损伤应重视治疗，避免反复损伤，使受伤的组织有一个安静的修复过程和条件。

一、运动损伤的分类

运动损伤可能由单纯的暴力造成，如投掷实心球时，若用力过猛，则上臂有附加扭转动作可造成肱骨骨折，小翻卷曲造成腕部舟状骨骨折等；也可由劳损加爆发力所致，如在跳跃时由于动作不正确，两脚掌不是同时落地，使地面的反作用力不是均匀承担在两个跟腱上，久而久之就会造成单侧跟腱劳损变形，当突然受到外加较大的爆发力时，跟腱就会损伤，运动损伤的分类方法很多，可按损伤的性质、损伤的程度或损伤的组织等进行分类。

（1）按运动损伤的性质分：慢性损伤和急性损伤。

（2）按运动损伤的表现形式分：开放性损伤和闭合性损伤。

（3）按运动损伤的程度分：轻度损伤、中度损伤和重伤。

（4）按运动损伤组织结构分：皮肤、肌肉、肌腱韧带损伤，关节损伤，骨组织损伤，骨髓损伤，神经和血管损伤，关节滑囊和滑膜损伤等。

（5）按运动损伤时间分：新伤和旧伤。

二、运动中最常见的运动损伤

（一）软组织损伤

软组织损伤可分为开放性和闭合性损伤两类。前者有擦伤、刺伤和切伤，后者有挫伤、肌肉拉伤和肌腱腱鞘炎等。

1. 闭合性软组织损伤

受损伤的局部无创口者，称为闭合性损伤。主要包括关节扭伤、肌肉及韧带拉伤以及局部组织的挫伤等。关节扭伤是由于外力作用使关节活动超出正常生理范围，造成关节周围的韧带拉伤、部分断裂或完全断裂。闭合性软组织损伤早期处理的方法主要有以下几种：

（1）冷敷。冷敷在应急处理过程中效果最为显著，它具有止痛、止血和减轻局部肿胀的作用。受伤后，可尽快用自来水冲淋受伤部位，也可用冷水或冰袋、酒精或白酒冷敷。有条件时可用氯乙烷、冷镇痛气雾剂喷射受伤部位，通常喷射距离约为 10 厘米，喷射时间为 3~5 秒，重复使用时至少间隔半分钟（不宜使用于面部和创口）。冷敷时须防止冻伤，尤其在寒冷季节。如受伤部位已出现肿胀，不要揉搓、推拿和热敷。急性软组织损伤后 1~2 天内，原则上不进行热敷。

（2）加压包扎。加压包扎是处理急性软组织损伤的关键，包扎得当可达到止血、防肿和缩短伤后康复时间的目的，受伤局部刚出现肿胀或肿胀虽不明显（如臀部、大腿部），但疼痛剧烈、活动障碍明显的，应经短时冷敷尽快加压包扎。包扎时注意松紧适度，包扎太松达不到加压的目的，太紧会引起局部血液循环障碍。包扎后要注意观察肢体循环状况，一旦出现青紫、发凉或麻木感，应及时松解重新包扎。加压包扎一般约需 24 小时。

（3）限制活动和抬高患肢。当肢体受伤较重时，为防止伤处继续出血，减轻肿胀和疼痛，一定要限制活动和抬高患肢数日，以促进血液、淋巴液的回流，加快消肿。闭合性软组织损伤又分为急性损伤和慢性损伤。

下面介绍几种常见闭合性软组织急性损伤的原因、症状和处理方法：

（1）肌肉拉伤。

①原因与症状：肌肉拉伤是体育运动中最常见的一种肌肉损伤，通常是指在外力直接或间接作用下，使肌肉过度主动收缩或被动拉长时所致的损伤。在准备活动不充分或运动过

度，动作不协调以及肌肉弹性、伸展性、肌力差者更容易拉伤。肌肉拉伤后，受伤处肿胀、压痛，肌肉紧张或痉挛，触之发硬，出现功能障碍。严重的肌肉拉伤可导致肌肉撕裂。

②处理：肌肉拉伤可根据疼痛程度判断其受伤的轻重，一旦出现痛感应立即停止运动，受伤轻者可立即冷敷，使小血管收缩，减少局部充血和水肿，同时局部加压包扎，抬高患肢。切忌搓揉及热敷，24 小时后方可施行按摩或理疗。肌肉已大部分或完全断裂者，在加压包扎后，应立即送医院进行手术治疗。

（2）肌肉挫伤。

①原因与症状：肌肉挫伤是运动中身体某个部位受到钝性外力直接作用所引起的闭合损伤。运动时身体相互冲撞，或身体某部位碰在器械上，都可能发生局部挫伤。单纯挫伤在损伤处出现红肿，皮下出血，并有疼痛以及功能障碍等。严重挫伤且有并发症时，还可能出现全身症状或特殊症状，若头部挫伤并发脑震荡或胸腹挫伤并发内脏器官损伤时，则出现头晕、脸色苍白、心慌气短、出虚汗、四肢发凉，烦躁不安，甚至休克症状。

②处理：在 24 小时内可冷敷或加压包扎，抬高患肢或外敷中药。24 小时后方可施行按摩或理疗。进入恢复期后可进行一些功能性锻炼。如果怀疑有其他组织器官损伤并出现休克症状，应立即进行抗休克处理，然后送医院急救。肌肉断裂者应及早进行手术治疗。

（3）肩关节扭伤。

①原因与症状：一般因肩关节准备活动不充分、训练过度、用力过猛以及反复劳损所致，也有因技术错误、违反解剖学原理而造成损伤，肩关节扭伤多发生在排球、棒球和田径的投掷等运动项目中。其症状有压痛、疼痛，急性期有肿胀，慢性期三角肌可能出现萎缩，肩关节活动受到限制。

②处理：单纯韧带扭伤，可采用冷敷，再加压包扎，24 小时后可用理疗、按摩和针灸等方法治疗。出现韧带断裂时，应立即送医院缝合和固定处理，当肩关节肿胀和疼痛减轻后，可适当进行功能性锻炼，但不宜过早活动，以防转入慢性病症。

（4）踝关节扭伤。

①原因与症状：踝关节扭伤多发生在赛跑、篮球、足球、跳高、跳远、滑冰、滑雪、跳伞、摔跤等运动中。在运动中因跳起落地时身体失去平衡，使踝关节过度内翻或外翻所造成的损伤。在准备活动不充分、场地不平坦或动作不协调等情况下，更容易造成这类损伤。踝关节扭伤后，伤处肿胀、疼痛，韧带损伤处有明显压痛，皮下淤血。如果疼痛剧烈，不能站立、行走，可能发生了骨折。

②处理：踝关节受伤后，应立即进行冷敷，用绷带固定包扎，并抬高伤肢。24 小时后可根据伤情综合治疗，如外敷伤药、理疗、按摩等，必要时进行封闭治疗，待病情好转后进行功能性练习。严重者，可用石膏固定。

（5）急性腰扭伤。

①原因与症状：急性腰扭伤是体育运动中最常见的一种急性损伤，尤其在举重、跳水、跨栏、投掷、跳高、体操、篮球、排球等运动中容易发生。运动时因腰部受力过重，肌肉收缩不协调，或脊椎运动超过正常生理范围都可能引起腰扭伤。损伤后，腰部疼痛，有时听到瞬间“格格”作响，有时出现腰部肌肉痉挛和运动受到限制的情况。

②处理：腰部急性扭伤后，若轻度损伤，可轻轻按揉；若受伤较为严重，应立即让患者平卧，一般不应随意扶动，并用担架护送到医院治疗。处理后，应睡硬板床或腰后垫一枕

头，使肌肉韧带处于放松状态，先冷敷后热敷，24 小时后可施行按摩；也可用针灸、外敷药治疗。

（6）肌肉痉挛。

①原因与症状：肌肉痉挛俗称抽筋，是指肌肉不自主地强直收缩，变得坚硬，失去活动能力。游泳运动容易发生肌肉痉挛，最容易发生痉挛的肌肉是小腿后面的腓肠肌，其次是足拇长屈肌和趾长屈肌。引起肌肉痉挛的原因是多方面的，如在寒冷的环境中锻炼时，准备活动做得不充分，肌肉受到寒冷刺激后，兴奋性增加，容易引起痉挛；如果运动剧烈且时间较长，由于大量排汗导致盐分丧失过多，破坏了电解质的平衡，导致体内含盐量过低，兴奋性增高而使肌肉发生痉挛；在锻炼中肌肉快速连续收缩，放松时间过短，以致收缩与放松不能协调地交替，也会引起肌肉痉挛。肌肉痉挛时，局部坚硬或隆起，且伴随剧烈疼痛，一时不易缓解。有的人在症状缓解后，仍有不适感并易再次发生痉挛。

②处理：发生肌肉痉挛时，一般可通过慢慢加力、持续牵拉肌肉的方式就可使之得到缓解并消除疼痛。如小腿抽筋时，可伸直膝关节，用力将足尖勾起或用异侧手牵拉前脚掌或用类似方法处理。牵拉时用力适宜，不可突然用力。此外，采用重力按压、推、揉、捏小腿肌肉以及点压委中穴、承山穴、涌泉穴等手法，也可使痉挛缓解。游泳时若发生腓肠肌痉挛，不要惊慌，应尽量漂浮在水面，用异侧手握住前脚掌向身体方向牵拉，即可缓解肌肉痉挛。

2. 开放性软组织损伤

受损伤的局部有创口者，称为开放性损伤。开放性软组织损伤首先要止血。通常毛细血管出血，几分钟内会自行止住。创口出血较多时，现场可用干净的手帕覆盖伤口，再直接压迫或加压包扎止血；手指出血，则可先用力压住指根两侧或扎紧指根部止血。其次，应减少创口污染，保持创口清洁，减少不洁物品接触创口。再次，创口小、边缘对合良好的，可在消毒后直接用胶带牵拉固定一周。创口大或位于面部的创口要缝合，一周后拆线（面部则五天即可）。必要时口服消炎药，以防止感染。对于较深的污染伤口，应在清洁伤口后注射破伤风抗毒素。下面介绍几种常见开放性软组织损伤的原因、症状和处理方法：

（1）擦伤。

①原因与症状：擦伤是皮肤表面受到摩擦后的损伤。在运动中皮肤被擦伤最为常见，多发生在摔倒时，擦伤后皮肤有出血或组织液渗出。

②处理：如擦伤部位较浅，只需涂红药水即可；如擦伤创面较脏或有渗血，应用生理盐水清创后再涂上红药水或紫药水，再用消毒布覆盖，最后用纱布包扎。如果是面部轻微的擦伤可用生理盐水或凉开水洗创伤面，在创口周围用 75%酒精消毒，创伤面涂新洁尔灭溶液或消炎软膏，不需要包扎。在面部不要擦有色药水。关节附近擦伤用消炎软膏包扎较好，这样可以防止关节活动时因创伤面干裂而影响愈合。

（2）撕裂伤。

①原因与症状：在剧烈运动时，突然受到强烈的撞击，造成肌肉撕裂。常见有眉际撕裂和跟腱撕裂等。开放性撕裂伤有出血、周围肿胀等症状，有疼痛感。

②处理：轻度开放性撕裂伤，用红药水涂抹伤口即可；裂口大时，则需要止血和缝合伤口；必要时可注射破伤风抗毒素，以防破伤风症。

（二）骨折

1. 原因与症状

常见骨折分为两种：一种是皮肤不破，没有伤口，断骨不与外界相通的，称为闭合性骨折；另一种是骨头的尖端穿过皮肤，有伤口与外界相通的，称为开放性骨折。前者皮肤完整，较易治疗；后者皮肤破裂，骨折端与外界相通，容易发生感染，较难治疗。运动中发生的骨折多为闭合性骨折，开放性骨折属于严重的损伤之一，比较少见。

发生骨折后，肢体形态常发生改变，患处立即出现肿胀，皮下淤血，肌肉可产生痉挛，有剧烈疼痛，移动时可听到骨的摩擦声，肢体失去正常功能。严重骨折常伴有出血和神经损伤、发烧、口渴甚至休克等全身性症状。

2. 处理

发生骨折后，如有休克症状者，应先让其躺下，将下肢抬高，头部略放低，同时注意保暖，保持呼吸道畅通，并给予止痛药，防止休克。若受伤者昏迷不醒，可用指掐人中、合谷穴使其苏醒。如果发生开放性骨折大出血，应迅速止血并用消毒纱布等对伤口进行初步包扎，此时不可用手回纳，以免引起骨髓炎。骨折后暂勿移动患肢，否则会产生剧烈疼痛或加重损伤，并应用木板、塑料板等固定伤肢。若上肢骨折，可弯曲肘关节固定于躯干上；若下肢骨折，可伸直腿固定于健肢上；若疑似脊柱骨折，应平卧并固定躯体，不能抬起伤者头部，否则会引起其脊髓损伤或发生截瘫；若疑似颈椎骨折时，需固定头颈以避免晃动。对于骨折患者，不要盲目处理，最好是拨打急救电话请急救车送医院治疗。对伤者经过处理后，应选择适当的搬运方法尽快将其送医院治疗。

（三）髌骨劳损

1. 原因与症状

髌骨劳损是膝关节长期局部负担过重或反复损伤累积而成的，也可能是一次直接外力撞击致伤而未及时治疗所致，大多发生在足球、体操、篮球和排球等运动中。髌骨具有保护股骨关节面、维护关节外形、传递股四头肌力量的作用，是维持膝关节正常功能的主要结构。髌骨劳损常有关节疼痛、肿胀等症状，特别是上下楼梯、跑跳用力和半蹲位起跳时疼痛尤为明显，而且常常伴随膝关节发软无力的症状，重者在步行和静止时也能感到疼痛。

2. 处理

髌骨损伤后，可采用中药外敷、针灸和按摩等方法加以治疗。平时也可加强膝关节肌群力量的练习，如采用高位静力半蹲，每次保持 3~5 分钟。病情好转时，可逐渐增加练习时间，每日练习 1~2 次。

（四）关节脱位

1. 原因与症状

关节脱位即脱臼，是因受直接或间接的外力作用，使关节面脱离了正常的解剖位置所致。关节脱位可分完全关节脱位和半关节脱位（或称错位）两种。在发生关节脱位的同时，由于暴力的作用，常常伴有关节囊、周围韧带及软组织损伤，甚至可能伤及神经、血管等。在运动中发生的关节脱位，大都是因间接外力撞击所致。如摔倒时用手撑地，引起肘关节或

肩关节脱位。

关节脱位常出现畸形，与健肢对比不对称，因软组织损伤而出现炎症反应、局部疼痛、压痛和关节肿胀等症状，并失去正常活动功能，甚至发生肌肉痉挛等现象。

2. 处理

一旦发生关节脱位，应叮嘱伤者保持安静，不要乱动，更不可揉搓关节脱位部位，妥善固定处理后送医院治疗。比如用长度和宽度相称的夹板固定伤肢，或者将伤肢固定在自己的躯干、健肢上；也可以先冷敷，扎上绷带，保持关节固定不动。如果是肩关节脱位，可把患者肘部弯成直角，用三角巾等宽带物把前臂和肘部托起，挂在颈上。如果是髋关节脱位，则应立即让患者平卧，并送往医院。必须指出，如果没有把握做整复处理时，切不可随意做整复手术，以免再度增加伤情。

（五）脑震荡

1. 原因与症状

脑震荡是指头部受到外力打击或碰撞到坚硬物体后，使脑神经细胞和神经纤维受到过度震动后所引起的意识和功能的一时性障碍。根据受伤的程度可分为轻度、中度和重度脑震荡，一般可恢复，多无明显的解剖病理改变。在体育运动中，若头部受到重物打击或撞击器械、地面、硬物，都可造成脑震荡。

脑震荡后，由于大脑管理平衡的膜半规管、椭圆囊、球囊等感受器功能失调，伤者会出现神志不清，脉搏徐缓，肌肉松弛，瞳孔稍大但能保持对称，神经反射减弱或消失等症状。清醒后，伤者常有头痛、头晕、恶心、呕吐感。头痛、头晕的症状在伤后数日内较明显，以后逐渐减轻；恶心、呕吐等现象在伤后数天内多可消失。此外，还可能出现情绪烦躁、注意力不易集中、耳鸣、心悸、多汗、失眠、记忆力减退等一系列植物性神经功能紊乱症状。

2. 处理

应让伤者平卧，保持安静，不可坐起或站立，冷敷头部，注意保暖；若出现昏迷，可指压人中、内关、合谷穴；若发生呼吸障碍，应立即进行人工呼吸。上述处理后，出现反复昏迷或昏迷时间超过几分钟以上，两侧瞳孔不对称或耳、鼻、口内出血及眼球青紫，或者伤者清醒后，有剧烈头痛、呕吐以及再度昏迷者，表明损伤较为严重，应立即送医院治疗。在运送途中，伤者要平卧，头部要固定，避免颠簸震动。意识不清的伤者，要保持呼吸道畅通，可使其侧卧，以防止发生窒息。

对于轻度脑震荡者，或者无严重征象、短时间意识丧失后很快恢复的伤者，也应注意休息，应卧床休息至头痛、头晕等症状完全消失。切忌过早地参加体育活动和脑力劳动。在恢复过程中，可定期做脑震荡痊愈平衡试验，以检查病况进展。其方法是闭目、单腿站立、两臂平举，如果能保持平衡，表明脑震荡已基本治愈。这时可适当参加体育锻炼，但要避免翻滚和旋转性动作。

三、运动损伤中最常见的急救技术

急救是指对运动中突然发生的严重损伤进行紧急、初步和临时性处理，以减轻伤者痛苦，预防并发症，为转送医院进一步治疗创造条件。运动损伤的急救是一项极其重要的工作。如果处理不当，轻者加重损伤，甚至感染，增加伤者的痛苦；重者致残，甚至危及生

命。因此，应当及时、准确、合理、有效地进行急救。对运动损伤采用的最常见的急救技术有止血、包扎和人工呼吸等方法。

（一）止血

人体受伤后，如发生大量出血将危及生命，因此应立即进行止血处理。根据出血的性质分为毛细血管出血、静脉出血和动脉出血。如果是静脉出血，血液呈暗红色，危险性较小，一般用加压止血法止血即可；如果是动脉出血，血液呈鲜红色，危险性较大，常用指压止血法和加垫屈肢止血法。根据出血的部位可分为外出血和内出血两种。在开放性损伤中血管因受伤破裂，而使血液从伤口向体外流出称为外出血。此处仅介绍外出血的止血法：

1. 加压包扎止血法

主要用于小的外伤、毛细血管或小静脉出血，流出的血液易于凝结，在伤口部盖上消毒敷料，然后用三角巾或绷带等加压包扎即可。

2. 指压止血法

用手指压迫创口或压迫身体浅部的动脉达到止血的目的。一般用于动脉止血，即用手指将出血动脉的近心脏端用力压向其相对的骨面，以阻断血液来源而达到临时止血的目的。

3. 用止血带止血法

四肢大动脉出血，不易用加压包扎或指压法止血时，可用止血带（橡皮带或其他代用品）缚扎于出血部的近心脏端。注意止血带不能直接压在皮肤上，而先要在用止血带的部位拿三角巾、毛巾等软物包垫好，将伤肢高抬，再扎上止血带，其松紧度以能压住动脉血流为原则，缚后以肢端蜡色为宜；如果呈紫红色则以能压住动脉血流为原则，如系上肢应每隔20~30分钟放松一次，如系下肢应每隔45~60分钟放松一次，并观察伤肢血液循环情况。凡用止血带后的伤者，必须记录用止血带的部位与时间，并应迅速送医院。

4. 加垫屈肢止血法

主要用于前臂或小腿出血时的止血。在肘窝或膝窝放纱布等物品，屈曲关节，用绷带将屈曲的肢体紧紧缠起来，每隔1小时左右松开绷带一次，观察3~5秒，以防止肢体坏死。

（二）包扎

包扎有保护伤口、减少感染机会、压迫止血、固定骨折和减少伤痛的作用，是损伤急救的主要技术之一。包扎常用的材料有绷带、三角巾等。现场如果没有这些材料，亦可用毛巾、衣物等代替。包扎动作应力求熟练、柔软，松紧应适宜。这里介绍以绷带为材料或类似绷带的材料的几种包扎法：

1. 环形包扎法

常用于肢体较小部位的包扎，或用于其他包扎法的开始和终结。包扎时打开绷带卷，把绷带斜放在伤口之上，用手压住，将绷带绕肢体包扎一周后，再将带头和一个小角反折过来，然后继续绕圈包扎，第二圈盖住第一圈，包扎3~4圈即可。

2. 螺旋包扎法

绷带卷斜行缠绕，每卷压着前面的1/2或1/3。此法多用于肢体粗细差别不大的部位。

3. 反折螺旋包扎法

在做螺旋包扎时，用一拇指压住绷带上方，将其反折向下，压住前一圈的1/2或1/3，多用于肢体粗细相差较大的部位。

4. “8”字包扎法

多用于关节部位的包扎。在关节上方开始做环形包扎数圈，然后将绷带斜行缠绕，一圈在关节下缠绕，两圈在关节凹面交叉，反复进行，每圈压过前一圈 1/2 或 1/3。

（三）人工呼吸

人工呼吸的方法有举臂压胸法、仰卧心脏胸外挤压法、俯卧压背法、口对口呼吸法等，其中以口对口呼吸法和仰卧心脏胸外挤压法最为有效。

1. 口对口呼吸法（见图 6-1）

首先清除伤者口中的分泌物或呕吐物，松开衣领、裤带和胸腹部衣服，及时将伤者仰卧，头部后仰，急救者一手托起伤者下颌，掌根部轻压环状软骨（即食道管）以防止空气进入胃内，另一只手捏住患者的鼻孔，然后深吸一口气，与伤者的口紧密接触后，将大口气吹入伤者口中，吹气后将捏鼻子的手松开。如此反复进行，吹气频率每分钟 16～18 次，直至患者自主恢复呼吸为止。

2. 心脏胸外挤压法（见图 6-2）

将伤者仰卧在木板或平地上，急救者两手上下重叠，用掌根置于伤者胸骨下半部，肘关节伸直，借助于自身体重和肩臂部力量，均匀而有节律地向下施加压力，将胸壁下压 3～4 厘米，随即松手，胸壁将自然回弹。如此反复进行，每分钟 60～80 次，直至伤者自主恢复心脏跳动为止。

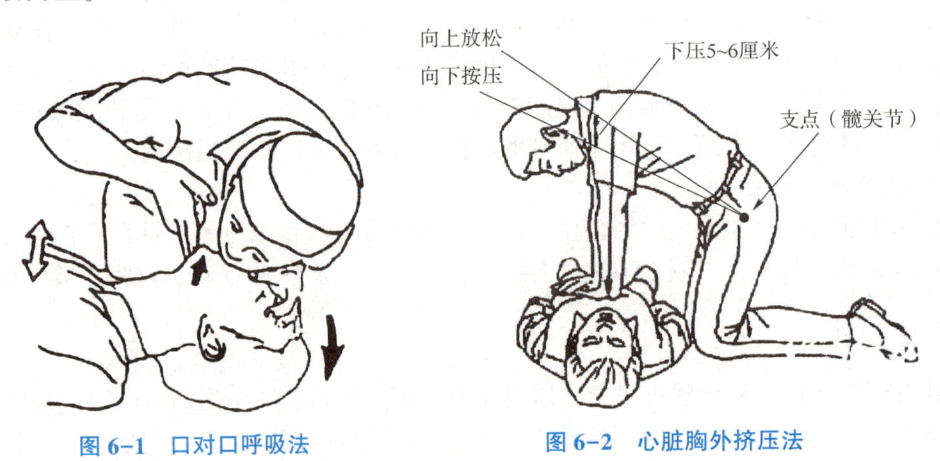

图 6-1　口对口呼吸法

图 6-2　心脏胸外挤压法

必要时口对口呼吸法和心脏胸外挤压法同时进行。急救者之间应密切配合，两者以 1∶4 频率进行。

第二节　常见运动性疾病的预防

一、预防运动损伤的注意事项

大学生大都喜爱运动，并积极参与各项体育活动，但缺乏一定的运动训练知识，受伤后

往往造成不必要的痛苦，严重者甚至导致终生遗憾。为了减少运动损伤的发生，避免伤害事故，保证体育教学、训练和比赛正常进行，首要任务是做好预防工作。其实，只要了解运动损伤发生的原因，掌握一些基本的运动保健知识等，所有伤害都是可以预防和避免的。为此，提出以下预防运动损伤的几点注意事项：

（一）学习预防知识，增强安全意识

学习运动损伤的技术和理论，是防止发生运动损伤的基本要求。加强安全意识，克服麻痹大意思想是防止运动损伤发生的一个重要手段。认真进行体育道德风尚教育，提倡文明、健康的各种形式的体育比赛，也有助于预防运动损伤。

（二）做好准备活动和整理活动

准备活动可以提高中枢神经系统的兴奋性，克服机体机能活动的生理惰性，为正式练习做好准备。准备活动能增加肌肉中毛细血管开放的数量，提高肌肉的力量、弹性和灵活性，同时，还可以提高关节韧带的机能，增强韧带的弹性，使关节腔内的滑液增多，防止肌肉和韧带的损伤。运动前要认真做好准备活动，除进行一般性、专门性的活动外，还要有针对性地对易受伤部位的关节、韧带和肌肉等做好准备活动。在进行准备活动时，既要躯干、肢体的大肌肉群和关节充分活动开，又要注意各个小关节的活动。运动、训练或比赛结束后要充分做好整理活动。

（三）合理安排运动负荷，遵循教学规律

要掌握正确的训练方法和运动技术，科学地增加运动量，避免单调片面的训练方法，防止局部负担量过重。对于不同性别、年龄、水平及健康状况的人，训练时在运动量的安排上应因人而异、循序渐进、遵循教学规律、注意全面地锻炼身体。身体的全面发展对掌握动作，提高技术、战术，尤其是预防运动损伤起着积极、重要的作用。

（四）注意运动间歇的放松

在运动时，为了更快地消除肌肉疲劳，防止由于局部负担过重而出现的运动损伤，每次练习间隙应采取积极性放松的方法。许多锻炼群体对这一问题很不重视，往往采取消极性的休息，这样做并不能加快疲劳的消除，而且再练习时还易出现损伤。另外，放松应根据项目特点来进行。如侧重于上肢练习的项目，在间隙期可做些下肢练习；反之，则可做些上肢的练习。这样可以改善血液供给，使肢体中已疲劳的神经细胞加深抑制，得到休息，对于消除疲劳及防止运动损伤有着积极意义。

（五）防止局部负担过重

锻炼时负荷过于集中，会造成机体局部负担过重而引起运动损伤。如膝关节半蹲起跳动作过多，易引起骨损伤；过多地练习鸭步可引起膝内则副韧带及半月板的损伤。因此，在锻炼中应避免单调的锻炼方法，防止局部负担过重。

（六）认真检查场地、器材，提高自我保护能力

熟悉运动环境，重视运动器材、场地的安全和卫生，掌握运动器材的正确使用方法，加

强对场地器材的维护和检查。在运动中，掌握运动要领，加强自我保护意识。如摔倒时，立即屈肘低头、团身，以肩背着地顺势滚动，不能直臂或肘部撑地；从高处跳下时，要用前脚掌着地，注意屈膝、弯腰，两臂自然张开，以便缓冲和保持身体平衡。另外，不要穿戴不适合运动的鞋、服装和饰品参加运动。

（七）加强易伤部位联系

运动中肌肉、关节囊、韧带等软组织的损伤较为多见。增强股四头肌的力量可以防止膝关节损伤；防止肩关节损伤应加强三角肌、肩胛肌、胸大肌和肱二头肌的锻炼。因此，有意识加强易伤部位的锻炼对预防损伤也具有重要作用。

（八）加强医务监督

加强医务监督，提高自我保健意识，并善于把握自己在运动前后的生理变化，定期进行体格检查，了解身体生长发育和健康状况，结合实际，科学安排锻炼计划，或者在医生和体育老师的指导下进行体育锻炼。

二、常见的生理反应的原因、症状及处理

在实际的运动中，人体生理活动过程的有序性受到暂时性的破坏，因而常常出现某种生理反应。现将这些常见生理反应的原因、症状及处理总结如下：

（一）肌肉酸痛

1. 原因

刚开始或间隔较长时间后再锻炼，由于运动量较大，从而引起局部肌纤维及结缔组织的细微损伤，以及部分肌纤维的痉挛。

2. 症状

局部肌肉疼痛、发胀、发硬。

3. 处理

可对酸痛的肌肉进行热敷，还可进行肌肉按摩。

（二）肌肉痉挛

1. 原因

在体育锻炼时，肌肉受到寒冷的刺激；准备活动不够充分，肌肉猛烈收缩；局部肌肉疲劳，大量出汗，疲劳过度。

2. 症状

肌肉突然变得坚硬和隆起，疼痛难忍，且不易缓解。

3. 处理

立即对痉挛部分进行牵引，还可配合揉捏、扣打等按摩，处理后症状即可缓解和消失。

（三）运动中腹痛

1. 原因

主要是准备活动不充分，运动过于激烈，内脏器官的功能不能满足运动器官的需要，造成脏腑功能失调，引起腹痛。

2. 症状

两肋处有胀痛感或腹部疼痛。

3. 处理

减慢运动速度，加深呼吸，疼痛常可减轻或停止；若无效，应停止运动，口服十滴水或揉按内关、足三里、大肠俞等穴位；若仍无效，则应送医院治疗。

（四）运动性昏厥（休克）

1. 原因

由于剧烈运动或长时间运动使大量血液聚在下肢，回心血量减少，脑供血不足导致昏厥。另外，有人空腹运动，由于血糖含量较低，造成能量供应不足而引起头昏。

2. 症状

全身无力，头昏耳鸣，眼前发黑，脸色苍白，失去知觉，突然昏倒，手足发凉，脉搏慢而弱，血压降低，呼吸缓慢。

3. 处理

应立即使患者平卧，足略高于头，并由小腿向大腿、心脏方向进行按摩，同时手指掐人中、百会、合谷等穴位。

（五）中暑

1. 原因

在高温环境中（温度高、通气差、头部缺保护），被烈日直接照射，因体温调节功能障碍而发生中暑。

2. 症状

轻度中暑时会出现面部潮红、头晕、头痛、胸闷、皮肤灼热、体温升高等症状；严重时将出现恶心、呕吐、脉搏快而细弱、精神失常、虚脱抽搐、血压下降甚至昏迷等症状。

3. 处理

将患者迅速移至通风、阴凉处，冷敷额头，温水抹身，并喝含盐饮料或十滴水，数小时后即可恢复。

（六）极点和第二次呼吸

1. 原因

由于内脏器官的活动跟不上运动器官的需要，能量消耗大，氧气供应量不足，下肢回流血量减少，血液中乳酸大量堆积，引起呼吸循环系统活动失调，而导致动力定型的暂时混乱，从而使动作慢而无力，也不协调。

2. 症状

呼吸困难，胸闷难忍，下肢沉重，动作不协调，甚至有恶心现象，不愿意再继续运动。

3. 处理

适当减慢速度，加深呼吸，坚持运动下去。不需要疑虑和恐惧，这是一种正常的生理现象，随着训练水平的提高，这种生理反应将逐步减轻。

（七）运动性哮喘

1. 原因

可能与体质过敏、冷空气对呼吸道的刺激等因素有关。

2. 症状

一般在剧烈运动后 5~10 分钟发生。表现为面唇发绀、呼吸困难等。

3. 处理

多数患者在 1 小时内可自行缓解。

（八）运动性血尿

1. 原因

由于剧烈运动时肾脏血管收缩，肾血流量减少，氧气暂时供应不足，从而导致肾小管通透性增强而引起。

2. 症状

常在剧烈运动后出现，健康人在运动后出现的一过性血尿，虽经详细检查，未找到其他原因。

3. 处理

这种情况需要立即休息，一般休息一周后可以完全消除。预防的办法是运动量逐渐增大，循序渐进，切忌运动过量。

（九）运动性贫血

1. 原因

一是运动量过大当乳酸浓度增大时，血液中 pH 值下降，造成红细胞被破坏，血红蛋白被分解；二是因剧烈运动出汗过量，使造血原料铁元素大量流失，又不能得到及时补充，引起缺铁性贫血。

2. 症状

剧烈运动之后，出现面色苍白、头晕目眩、心慌气促、四肢无力、精神萎靡等症状，即运动性贫血。

3. 处理

根据自身的体质选择相适应的锻炼项目，饮食要保证足够的蛋白质和铁质供给。

第七章　体育运动与职业适应

知识目标

1. 了解大学体育教育的组织形式；
2. 了解大学生的身心特点；
3. 了解不同岗位权的技能训练要求。

素养目标

1. 养成良好的体育道德好合作精神；
2. 学会正确处理竞争与合作的关系；
3. 具备较好的体育文化素质和欣赏水平。

第一节　大学体育教育的组织形式

根据《学校体育工作条例》规定，学校体育工作是指体育课教学、课外体育活动、课余体育训练和课余体育竞赛。根据教育部新颁布的《全国普通高等学校体育课程教学指导纲要》规定，把有目的、有计划、有组织的课外体育锻炼、校外（社会、野外）活动、运动训练等纳入体育课程，形成课内外、校内外有机联系的课程结构。

体育课堂教学、课外体育活动、课余体育训练和课余体育竞赛是实现我国大学体育目的任务的基本组织形式。

一、大学体育课程

（一）大学体育课程的性质

（1）体育课程是大学生以身体锻炼为主要手段，通过合理的体育教育和科学的体育锻炼过程，以增强体质、增进健康和提高体育素质为主要目标的公共必修课程，是学校课程体系的重要组成部分，是高等职业学校体育工作的中心环节。

（2）体育课是寓促进身心和谐发展，思想品德教育、文化科学教育、生活与体育技能教育于身体活动并有机结合的教育过程，是实施素质教育和培养全面发展人才的重要途径。

（二）大学体育课程的目标

1. 基本目标

基本目标是根据大多数学生的基本要求而确定的，分为五个领域目标。

（1）运动参与目标：积极参与各种体育活动并基本形成自觉锻炼的习惯，基本形成终身体育意识，能够编制可行的个人锻炼计划，具有一定的体育文化欣赏能力。

（2）运动技能目标：熟练掌握两项以上健身运动的基本方法和技能；能科学地进行体育锻炼，提高自己的运动能力；掌握常见运动创伤的处置方法。

（3）身体健康目标：能测试和评价体质健康状况，掌握有效提高身体素质、全面发展体能的知识和方法；能合理选择人体需要的健康营养食品；养成良好的行为习惯，形成健康的生活方式；具有健康的体魄。

（4）心理健康目标：根据自己的能力设置体育学习目标；自觉运用体育活动改善心理状态、克服各种心理障碍，养成积极乐观的生活态度；运用适宜方法调节自己的情绪；在运动中体验运动的乐趣和成功的感觉。

（5）社会适应目标：表现出良好的体育道德和合作精神；正确处理竞争与合作的关系。

2. 发展目标

发展目标是针对部分学有所长有余力的学生确定的，也可作为大多数学生努力的目标。

（1）运动参与目标：形成良好的体育锻炼习惯；能独立制订适用于自身需要的健身运动计划；具有较高的体育文化素质和观赏水平。

（2）运动技能目标：积极提高运动技术水平，发展自己的运动才能，在某个项目上达到或相当于国家等级运动员水平；能参加有挑战性的野外活动和运动竞赛。

（3）身体健康目标：能选择良好的运动环境，全面发展体能，提高自身科学锻炼的能力，练就强健的体魄。

（4）心理健康目标：在具有挑战性的运动环境中表现出勇敢顽强的意志品质。

（5）社会适应目标：形成良好的行为习惯，主动关心、积极参加社区体育事务。

（三）大学体育课程设置

大学一、二年级必须开设体育课程（三个学期共计 104 学时）。修满规定学分、达到基本要求是学生毕业的必要条件之一。高职院校对没有体育课的年级开设体育选修课。

（四）大学体育课程结构

根据《全国普通高等学校体育课程教学指导纲要》规定，应面向全体学生开设多种类型的体育课程，以满足不同层次、不同水平、不同兴趣学生的需求。

1. 理论课与实践课相结合

理论课是指在教室内讲授的体育基础理论知识的课程，内容包括：①体育的基本概念和学校体育的基本知识；②运动生理、心理、保健和卫生常识；③各种运动项目的基本知识、技术、战术理论以及规则与裁判法。实践课是指在运动场、馆内，按照体育教学大纲规定的内容和教学进度，进行以身体练习为主的课程。通过学习种种运动项目的技术、技巧，通过

身体活动和思维活动的紧密结合，在反复的练习过程中，让身体承受一定的运动负荷，掌握运动技能，达到全面提高身体素质、增强体质的目的。

2. 学生主体和教师主导相结合

打破原有体育课程建制，倡导开放式、探究式教学，拓展体育课的时间和空间。在教师的正确指导下，逐步过渡到学生自主选择课程内容、自主选择任课教师以及自主选择上课时间，营造生动、活泼、主动的学习氛围。

3. 注重特殊群体学生的健康

对部分身体异常和病、残、弱等特殊群体的学生，开设以康复、保健为主的体育课程。

二、大学体育教育的组织形式

大学体育教育的目的与目标从本质上讲是通过学校的一切教育活动来共同完成的。其主要途径是学校体育的各种组织形式：体育课堂教学、课外体育活动、课余体育竞赛、课余体育训练、校外与野外体育活动。应使体育课堂教学与课外、校外体育活动有机结合，学校与社会紧密联系，互相促进、共同发展。

（一）体育课堂教学

体育课堂教学是高职院校课程体系的重要组成部分，是实现高职院校体育教育目的与目标的重要组织形式，是保证全体学生学习与掌握体育与健康的知识技能、达到增进健康、增强体质和提高体育素养目标的中心环节；体育课堂教学是寓促进身心和谐发展、个性培养、科学知识教育、生活与体育技能教育于一体的教育过程。目前，我国高等职业院校的体育课程主要有以下几种重要类型：

1. 普通体育课（基础体育课）

普通体育课是为大一学生开设的具有基础性的必修课。这种类型的体育课有利于大学生比较全面地学习与掌握体育的知识与技能。

2. 选项体育课（专项提高课）

选项体育课是根据学生个人的兴趣爱好和水平，选择某一运动项目或某一程度进行学习的必修课。这种类型的体育课有利于根据学生的原有水平，在某一专项中选择不同程度进行修学，提高学生从事某一项目的运动能力，形成一定的体育专长，充分体验体育运动带来的乐趣和成功的喜悦，培养对体育的兴趣和爱好。

3. 保健（康复）体育课

保健体育课是专门为身患残疾或慢性疾病的学生开设的必修体育课。这种类型的体育课有利于根据学生的残疾或疾病选择适宜的运动内容，主要目的是矫正某些身体缺陷，促进身体健康的恢复，调节生理机能。

4. 体育选修课

体育选修课是为大学生开设的由其自由选择修学的体育课程。这种类型的体育课是在学生完成体育必修课的基础上，为了更好地适应社会和个人的需要，根据个人的兴趣、爱好自主选择某些运动项目、同一运动项目的不同水平或体育与保健理论知识内容，进行专门的学习，形成一定的专长，提高专项运动水平，加深和拓宽体育与保健理论知识。

在体育教师的指导下，大学生具有自主选择体育课程内容、教师和时间的自由度，并应充分发挥自己的独立性、创造性，使体育课程真正成为既有很高的教育价值，又深受学生欢迎的课程。

（二）课外体育活动

课外体育活动是高校体育课的延续和补充。《学校体育工作条例》规定：“普通高等学校除安排体育课外，每天应当组织学生开展各种课外体育活动。”根据学校的实际情况和传统特点，因人、因时、因地制宜地开展多种形式的课外体育活动，对巩固和提高体育课的教学效果，增强大学生体质，提高文化学习效率，丰富校园生活，增强集体凝聚力，加快精神文明建设等方面都会起到良好的促进作用。课外体育活动主要有以下形式：

1. 早操

早操是大学生作息制度中的重要组成部分，也是构建科学、文明、健康生活方式的基本因素。大学生坚持早操，是保持合理的生活作息制度，养成良好生活习惯的有效措施。早操可以提高学生大脑皮层的兴奋性，以良好的身心状态进入一天的学习生活，有利于提高学习效率。开展早操，对形成良好的校风、班风、学风，促进校园精神文明建设也有重要意义。根据场地条件和具体情况，早操可以采取集中做操或分散锻炼的形式。分散锻炼可以根据个人的兴趣爱好，每天坚持锻炼 20 ~ 30 分钟，一般选择散步、健身跑、太极拳等锻炼内容，运动量不宜过大。

2. 课外体育锻炼

课外体育锻炼是指体育课程以外的，为了达到锻炼身心、娱乐休闲、丰富课余文化生活的目的，在课前、课间、课后进行的，学生个人、自发小群体、学生体协、学校组织、俱乐部等的内容丰富、形式多样、组织灵活的面向全体学生的体育活动。

（三）课余体育竞赛

课余体育竞赛是在课余时间进行的，有两个或两个以上的个人或团体，依据一定的规则和比赛规程进行的互相竞赛的体育活动。课余体育竞赛是推动大学群众性体育活动开展、丰富课余文化生活、提高课余运动训练水平的重要杠杆。大学的课余体育竞赛包括：校内体育竞赛，即校内各系科、各年级、各班级等之间进行的各种小型多样的、丰富多彩的，并有广泛群众性的竞赛活动，以及全校性的综合性或单项竞赛活动。通过校内体育竞赛，培养学生勇于拼搏、不断进取、团结协作的精神，陶冶学生的情操，锻炼学生的意志品质，提高学生的社会交往能力。校际运动竞赛，即学校组织少数运动员代表学校参加的学校与学校，或学校以上组织的各级各类体育运动竞赛。通过校际运动竞赛有利于促进不同学校之间的交流、沟通、理解与友谊，有利于形成大学生的集体荣誉感和归属感，有利于激发大学生积极向上、敢于和善于竞争的精神，有利于提高学校的知名度。

（四）课余体育训练

课余体育训练是在课余时间对部分体育基础较好，有一定体育运动天赋的学生运动员进行系统的训练。大学的课余运动训练具有两重性：一是作为竞技体育的组成部分，培养竞技体育人才，为提高我国的竞技体育运动水平做出贡献；二是作为学校群众性体育的组成部分，培养群众性体育的骨干，推动群众性体育活动的开展。随着我国教育与体育事业的迅速发展，竞技体育体制改革的深入，“体教结合”体制的进一步确立，以及大学课余体育训练水平的提高，大学作为我国培养高水平竞技体育人才主要途径的作用必将日益显著，地位必将日益提高。

（五）其他体育活动

1. 野外活动

野外活动是指个人或集体靠智慧和能力，在环境复杂的大自然中，从事郊游、远足、野营、登山、涉水、攀岩等活动。此活动本身就具有教育的功能，要求学生掌握多方面知识、技能和技巧。此活动本身还带有浓厚的探险色彩，可以培养学生的创造性思维和科学探险精神，倡导人与人的协作精神以及弘扬团队精神。更重要的意义在于，通过野外生存教育，学生学会遇到挫折或意外时的求助和救生方法，达到挑战自然、挑战自我的目的。

2. 体育节

体育节以其具有的时代特点和独特的表现形式，成为校园文化的重要组成部分。体育节一般是结合有意义的节日或重大国际、国内的体育活动，利用“体育周”或“体育日”的形式，开展专题性的体育主题活动，进行体育教育和锻炼，如体育专题报告、体育讲座、体育知识竞赛、体育表演和体育比赛等。体育节活动能激发学生的体育兴趣，调动他们参与体育锻炼的积极性，对增强学生的体育意识、提高体育素养、扩大知识面等方面都有重要意义。

第二节　大学生的身心特点和体育

一、大学生的生理特点和体育

大学生的年龄大体在17~22岁，这个阶段学生的身体形态、生理机能、身体素质的发展日趋成熟，并且具有明显的年龄阶段性的特点。

（一）身体形态

身高和体重是身体纵向和横向发育的基本标志。我国男大学生平均身高为173厘米，女大学生平均身高为159厘米。一般男生19岁、女生17岁以后，身高的增长已经十分缓慢，此时下肢骨骨化已基本完成，身高的增长仅靠脊柱的缓慢发育而微量增长。身高的发育主要受遗传基因的影响，此外，还受环境因素、生活条件、营养状况和体育活动水平等影响。我国18~25岁的男生体重均值为58.5千克，女生体重均值为51.5千克。一般男生20岁、女生18岁后，体重的增长趋于稳定。大学生的其他形态指标，包括第二性征、胸围、头围、肩宽、骨盆宽等生长指标也基本趋于稳定。

大学生已经处在青春后期，但仍保留青春期的一些特征，即发展的不平衡性和不稳定性，他们的生理可塑性还很强，因此，高职学生必须重视全面的身体锻炼。

（二）生理机能

该年龄阶段，神经系统在生理发育上基本达到成人的水平。第二信号系统迅速发展，第一和第二信号系统的活动相互关系更为完善，第二信号系统逐渐占据主导地位。这个时期，学生神经系统的结构和功能均已达到最佳状态，表现为学生观察能力强、分析与综合能力迅速提高。但是，此年龄段由于内分泌活动活跃，性腺活动增强，神经系统的功能还不够稳定，表现为兴奋性高、容易疲劳、容易激动，但恢复较快。

大学生心血管系统发育日趋完善，形态与功能接近成年人水平。心脏收缩能力提高，心血管功能不断增强，具有较强的代偿能力和适应能力，可以承受较大的运动负荷。随着胸围、胸腔的扩大，肺活量增大，呼吸频率相对减少，高职学生的呼吸系统发育日益完善。一般女生 19 岁、男生 21 岁时肺活量增长趋于稳定。我国男大学生的肺活量一般为 3800~4400 毫升，女生为 2700~3100 毫升，具备了发展耐力的生理基础，可进行有氧耐力的练习，以增强心肺功能。

（三）身体素质

一般来说，到 19 岁以后，无论是男生还是女生，在力量、速度、耐力、灵敏性和柔韧性等方面的素质均已达到或接近人生的顶峰状态。大学生仍应加强身体素质的全面锻炼，使身体各器官的功能在顶峰时期保持较长时间，减缓其因年龄增长而引起的自然下降，使自己拥有强健的体魄和旺盛的精力。

（四）性成熟

性成熟是青春期最重要的生理变化之一，包括生殖器官的形态发育、功能发育和第二性征发育等。

男性的性成熟，主要表现在性器官——睾丸功能发育与成熟。睾丸的功能是产生精子和分泌雄性激素。睾丸发育在 17 岁前后达到正常水平。性功能发育成熟主要表现为遗精。第二性征发育的表现是开始长胡须、体毛多、喉结增大突出，音调变低、变粗，皮下脂肪减少，肌肉显得强健有力和富有弹性。

女性的性成熟，主要表现在性器官——卵巢功能的发育和成熟。卵巢的功能是产生卵子和分泌雌性激素。女性 18 岁左右，子宫等器官迅速发育。随着生殖器官的逐渐成熟，月经逐渐变得规律，通常有着稳定的周期。第二性征的发育表现为，随着乳腺的发育和脂肪的沉积，乳房逐渐隆起，乳头突出，声调变高，皮下脂肪增厚。

男女进入青春期后，虽然有了生殖能力，但身体尚未完全发育成熟，一般要到 25 岁才能发育完善。大学生在这个年龄阶段正处于性成熟时期，根据以上特点适时适度地参加各种体育活动，有助于促进身心健康发展。由于女性生理的特殊性，在经期应选择适宜的体育活动内容和运动量。

二、大学生的心理特点和体育

由于年龄因素，高职学生心理以不成熟、不稳定、不平衡为主要特征，其中，自我意识

的骤然增强是核心问题。围绕这一核心问题，高职学生的认识、情感、意志、个性等主要心理过程和心理特征处在一个动态的调节过程之中，并且由过去的被动性调节变为主动自我调节，因而其心理变化是一生中最复杂、波动最大的时期。其特点表现在以下几个方面：

（一）自我意识突出

由于开始走向大学生活，摆脱了对家庭、学校的依赖，强烈地要求重塑自我，增加了成人感、理智感和自信心。思维活动已经脱离了直接形象和直接经验的限制，有较强的抽象概括能力并能形成辩证逻辑思维，但发展水平参差不齐，有的表现为自负自尊，有的易受情绪左右。

（二）情绪激烈复杂

大学生正处在风华正茂之时，是体验人生感情最激烈的年岁。男生存在好奇和好表现的心理特征，希望通过体育锻炼表现自己的勇敢精神和力量，使自己的体态更健壮，增加气度。女生的心理变化，从天真、纯朴、直率变得温柔、含蓄、好静、好美。她们不喜欢参加激烈和负重较大的运动。

大学生已经逐渐学会了控制和调节自己的情绪，外部表现和内心体验不一致，表现出“闭锁性”和“掩饰性”，情感变得日臻丰富、复杂。

（三）意志力增强

大学生的意志力明显增强，能主动、自觉地克服困难，在行动中清晰地意识到自己行动的目的性和社会意义。但在果断性和自制力发展上比较缓慢，表现出优柔寡断、动摇不定、分不清主次和事情的轻重缓急，或草率、武断，经不起心理挫折。

（四）性格基本形成

由于高等教育阶段学生的个性倾向日趋形成，自我意识不断发展，高职学生的性格基本形成并比较稳定。对待现实所持的一贯态度和较稳定的行为方式，是高职学生性格的主导方面。它突出体现高职学生个性的本质，在性格、意志、理智、情绪等特征方面，他们也表现得逐渐稳定并自觉地培养良好的性格。但是，高职学生的性格发展尚不成熟，性格结构的四个部分也不协调，所以，渴望成才的他们，还必须自觉地进行良好性格的自我教育和自我锻炼，为成才创造良好的主观条件。

体育教育不仅是发展大学生体力的需要，而且是发展心理、实现自我完善的需要。针对高职学生年龄阶段心理不成熟、不稳定和不平衡的主要特征，以及在他们培养自我意识、情感、意志、性格等方面的需要，开展高校体育活动，组织高职学生参与或观赏各种形式的体育活动。在体育活动的人际交往中，在体育课教学、体育训练和比赛的自我效果评价中，在体育锻炼实践的磨炼中，以及通过各种体育传播媒介，高职学生不仅可以增强体质、增进健康，而且可以通过锻炼意志，陶冶情操，发展情感，完善自我，并在体育活动中拓宽视野，增长才智，正确处理个人与集体的关系，区分真伪丑美，提高思想境界，树立正确的价值观。因此，应有针对性地采用丰富多样的体育内容、方法和组织形式，吸引高职学生积极参与和观赏体育活动。

在实施体育教育的过程中，既应强调高职学生的共性特点，又要十分重视不同专业的特殊性职业要求。例如，对航海、水利等专业学生突出掌握游泳技能的要求，对地质、采矿等专业学生重视登山、攀爬技能的培养等。因此，不同类别的高等职业院校，应当在认真贯彻教育方针，培养身心全面发展人才的前提下，结合各校不同专业人才培养的具体规格和特点，改革体育内容与方法，建立符合本专业实际的学校体育体系。

第三节　不同岗位群的体能训练

高职院校专业性较强，实际操作较多，各专业特点迥异，因此在实施体育教育过程中要有针对性，结合不同专业的生产实践特点有所侧重地进行教学和训练活动。

高职院校的专业大体分为以下类别：计算机、通信、电子工程类，汽车、机械类，航运、船舶、水利与港口管理类，车工、铣工、切削工、钻工、焊工类，木工、瓦工、粉刷、印刷、油漆工类，食品、酒店餐饮、物管类，旅游、环艺、广告、服装设计类，金融、税务、电算会计类，商场、物业管理、城市园林类及医务护理类等。

高职院校各类专业学生除了所具备的共同体质、体能外，针对其专业特点还应有特殊的要求。

不同岗位群的体能锻炼选择如下：

（一）对计算机、通信、电子工程类的要求

发展一般性耐力素质，注重手指的协调性、动作的准确性、触觉的敏感性、专注意识以及反应的速度。

可选择有氧类健身项目进行锻炼，如 1000 米健身跑、跳绳、俯卧体后屈、相互间反弹传篮球、排球上手传球、乒乓球抓、捡、拍球等。

（二）对汽车、机械类的要求

发展上肢和下肢的协调性、上肢和肩带肌肉群的静止性耐力，培养反应能力和注意的转换能力。

可选择橡皮条缓冲装置性练习、哑铃、拉力器、健身骑马、加速运球和听信号急停、左右手同时运篮球、短跑听信号的专门性练习等。如有条件可模拟驾驶电动汽车、飞机、摩托车等。体操吊环项目对此类专业上肢力量的发展大有益处。

（三）对航运、船舶、水利与港口管理类的要求

这些专业的特点是跟江、河、湖、海打交道，因而就更有必要侧重培训和发展学生自由驾驭水的能力，如游泳、潜泳、划船及水上救生技能等，同是要有适应较强风浪的平衡能力和抗眩晕的能力。

可选择秋千、浪木、轮滑、吊环、走钢丝、蹦床、水球、跳水等项目。

（四）对车工、铣工、切削工、钻工、焊工类的要求

发展肩带肌、躯干肌和脚掌肌的力量，注意平衡能力、下肢静立性耐力和上肢的协调

性、准确性、目测力、专注力。

可选择重物投准、射击、射箭、乒乓球、台球、单杠、双杠等项目进行练习。

（五）对木工、瓦工、粉刷、印刷、油漆工类的要求

多进行发展上肢伸举力量的练习，提高前庭的稳定性、身体动作的灵敏性、高空作业能力及保持平衡的能力。

可选择推铅球、实心球、手倒立、爬绳、爬竿、平衡木、跳马等项目进行练习。此外，负重和对抗性的练习及技巧项目的训练也不可忽视。

（六）对食品、酒店餐饮、物管类的要求

多进行发展一般耐力性的体育素质项目及体育礼仪性的训练，对体育营养学要有一定的研究，懂得烟酒是运动的毒药的道理以及运动前喝糖水、运动后补充盐、酒后不宜运动等常识。

可选择健身跑、持拍托球跑、跨栏、独木桥平衡等体育项目以及提高平衡能力的练习。

（七）对旅游、环艺、广告、服装设计类的要求

发展一般耐力性素质。

可选择郊游远足、景点观光、体育欣赏、艺术体操、健身操等项目进行练习。对运动服装品牌要有一定了解，以丰富艺术想象力，为职业体育特点不强的专业提供良好的思维空间，促进职业的发展。

（八）对金融、税务、电算会计类的要求

多进行发展小肌肉群力量的训练，达到能快速反应、沉着、冷静、长时间保持较高注意力的目的。

可选择棋类和桥牌项目、乒乓球和各类训练反应的体育游戏，此外对比赛计时、查分的项目规则要了解掌握，以充分培养周密、细致的处事方式。

（九）对商场、物业管理、城市园林类的要求

发展一般的耐力素质和下肢力量，了解各种体育器材性能并能进行相应的维修，了解社区体育场地的规格并能进行科学的管理。同时，具有一定的体育组织能力。

可选择竞走、中长跑类项目进行练习。

（十）对医务护理类的要求

可开展一些锻炼心智的项目，如棋类、桥牌等棋艺项目，同时要了解运动生理和心理学方面的相关知识。

第八章　大学生医务监督与体育疗法

知识目标

1. 了解自我医务监督的内容和方法；
2. 了解医疗体育的概念、特点；
3. 了解常见病的体育疗法。

素养目标

在运动时，合理安排运动强度，避免造成运动损伤。

第一节　自我医务监督的内容和方法

自我医务监督是指在体育锻炼过程中，对自身生理机能和健康状况观察和评定的一种方法。自我医务监督有利于及时了解自己在锻炼过程中生理机能的变化，有利于防止过度疲劳，并为合理地安排锻炼计划、训练内容和方法提供依据。

一、内容

（一）主观感觉

1. 身体感觉

锻炼后身体自我感觉良好，无不适症状，心情愉快，为正常状态。若出现异常的疲劳，感到头晕、恶心，出现呕吐或身体某些部位感觉疼痛等，则反映身体状况不好或已经患病，应减少运动量或暂停剧烈运动。

2. 运动情绪

正常时精神饱满、精力充沛，渴望体育锻炼。若状况不佳或过度疲劳，就会有精神恍惚、情绪不佳等厌烦状况。

3. 睡眠

入睡快，睡得深，少梦，醒来后精力充沛，属良好状态。如果入睡迟，易醒，多梦，失眠，醒后感觉疲劳和没有精神，则表明失常。

4. 食欲

运动后一般食欲良好，食量增大。若运动后食量减少，不想进食，而且在一定时期内不能恢复食欲，则表明胃肠器官的消化和吸收功能出现问题，身体健康状况不佳。

5. 排汗量

排汗量与运动量、训练水平、饮水量、气温、湿度、衣着及精神状态等有关。随着训练水平的提高，排汗量将逐渐减少。如果排汗量较过去明显增多，睡眠中大量出冷汗，则表明身体极度疲劳或可能是内脏器官出现问题，应引起注意。

（二）生理指标

1. 脉搏

经常参加体育锻炼者的晨脉（基础心率），一般比平时低，为44~66次/分钟。若晨脉比过去减少或稳定不变，说明身体机能反应良好。若每分钟比过去增加12次以上，则表明反应不良，需及时查找原因。

2. 体重

在开始参加体育锻炼时，由于排汗量增加及脂肪量的减少，体重稍有下降。持续3~4周后，体重即稳定在一定数值。约5周以后随着体育锻炼的继续，肌肉逐渐发达，身体各器官系统功能增强，体重稍有增加，但保持在一定水平。如果体重下降过快，而且精神疲劳，可能与过度疲劳或内脏器官患病有关，应及时检查。测量体重一般在早晨进行，每周1~2次。

（三）运动成绩

身体运动素质项和专项成绩。

（四）其他

伤病情况等。医务监督表如表8-1所示。

表8-1　医务监督表

类别	内容	反应	备注
主观感觉	身体感觉	正常 一般 较差	
	运动情绪	正常 一般 较差	
	睡眠	正常 一般 较差	
	食欲	正常 一般 较差	
	排汗情况	正常 较多 虚汗	
生理指标	脉搏	有规律 不规律	
	肺活量	增加 保持 减轻	
	体重	增加 保持 减轻	
	尿便情况	正常 混稀	
	女子经期情况	正常 不正常	

续表

类别	内容	反应	备注
运动成绩	素质成绩	提高 保持 下降	
	专项成绩	提高 保持 下降	
其他	伤病情况	（记录伤病原因和程度）	

二、方法

将体育锻炼后出现的各种生理反应和所测定的有关数据，在医务监督表所属栏目中记录下来，然后对各项记录进行综合分析和判断，检查内容、方法、运动负荷是否合理科学。如果发现异常，应及时检查分析原因，并在教师的指导下及时调整练习内容和运动负荷。必要时暂停锻炼，或找医生做进一步检查。若患有某种疾病或病后初愈者参加体育锻炼，更应在严密的医务监督下，谨慎地安排锻炼的内容和强度，定期进行有关项目的生理、病理指标的检测。

一般学生的医务监督表每周体育课后记录一次，校代表队运动员，可在每次训练后记录一次。

第二节 医疗体育

一、什么是医疗体育

医疗体育是一种医疗性质的体育活动，即从医疗的目的出发，利用体育的方法和手段，通过伤者自身特殊的身体练习，以达到防病治疗，促进健康和各种功能恢复的目的，加速疾病痊愈。这种以体育为医疗手段的方法称为医疗体育，也称为运动疗法或体育疗法。它可根据不同人群以及疾病的特点，选用合适的运动方法，确定合适的运动量，对伤者进行有针对性的治疗，可由伤者进行各种体育运动，也可运用某些设备在治疗人员的帮助下进行。其目的在于改善功能、增强体质，预防各种继发性功能障碍的发生，治疗因各种伤病（含先天性疾病）所引起的各种功能障碍，以缩短康复期，尽早恢复生活和劳动能力，提高生活质量。

早期及时地进行医疗体育，可防止不太严重的伤势继续恶化，防止发展到严重病残以至完全依赖他人生活的地步，加重社会和经济负担，影响自身生活质量。因此，医疗体育日益受到人们的重视。

二、体育疗法的对象

体育疗法的对象是病后体弱、术后或其他伤病之后活动功能不全的残疾者，它的适应症

包括：内科疾患、神经系统疾患、外科疾患等。

三、医疗体育的特点

医疗体育具有以下特点：

(1) 能充分发挥伤者自身功能的特点。

(2) 锻炼的内容和方法，有明显的针对性和系统性。

(3) 局部恢复与整体改善并举。

(4) 有防与治的双向作用和效果。

四、体育疗法与其他疗法的区别

(一) 治疗方法不同

进行体育疗法的最大特点是必须让被治疗者积极参加，若没有这一点就无法进行，因此是主动、积极的治疗。由此带来的一系列对机体有利的影响，包括精神、神经、体液的调节，是其他疗法所无法比拟的。

(二) 治疗作用不同

体育疗法的治疗作用不仅是针对某一功能障碍所引起的局部治疗，它的训练产生的是全身性治疗作用。

(三) 治疗目的不同

体育疗法主要针对由各种原因所引起的功能障碍，包括肢体运动障碍、脏器功能障碍等，因此目的在于提高甚至恢复患者功能。而临床治疗对象是患有伤病的病人，因此其主要目的是挽救生命、逆转病理过程，但对功能恢复只是消极等待机体的自发恢复。

(四) 治疗效应不同

体育疗法经长期坚持后，可发挥治疗和预防两种效应，这是其他疗法无法比拟的，后者还可能因长期应用而产生副作用。

应当指出的是体育疗法和其他疗法，包括药物、手术、护理、营养等，是相互协调、相互支持的，只要应用合理就可相得益彰，只是在治疗的某一阶段突出某一疗法而已。

五、体育疗法的适应证和禁忌证

体育疗法的应用范围很广，对许多疾病可取得特殊效果，但对有些疾病不适应。

(一) 适应证

(1) 内脏器官疾病，如高血压、冠心病、慢性支气管炎、肺气肿、支气管哮喘、胃和十二指肠溃疡、慢性便秘等。

（2）代谢障碍疾病，如肥胖病、糖尿病等。

（3）神经系统疾病，如偏瘫、神经衰弱、脑震荡后遗症等。

（4）运动系统疾病，如骨折后的康复、腰腿酸痛、颈椎病、肩周炎、脊柱畸形、类风湿性关节炎等。

（二）禁忌证

主要有病情较重、严重炎症、高热（体温高于 38 ℃以上）者，疾病正在急性发作期，如心绞痛发作时、结核病咯血等，其他如骨折未愈合时，肿瘤病变尚处在进展期或因体育疗法可能引起出血和剧烈疼痛的情况下，均应禁用。

六、常见病的体育疗法

（一）腰肌劳损

腰肌劳损是由腰部肌肉细小损伤的积累或急性腰扭伤长期不愈所致。药物治疗效果不佳，按摩、理疗虽有效但疗程太久。体育疗法效果较好。具体方法是：

1. 抱膝滚动

仰卧，屈膝，屈髋，大腿贴胸，双手抱膝，前后滚动 10~20 次。

2. 直腿抬高

仰卧，双腿交替进行直腿抬高各 10~20 次。

3. 仰卧两头起

仰卧，两手后背置于腰部，背、腰、臀、腿部肌肉同时用力，将上肢和腿同时抬起，停留一会，再还原，反复做 10~20 次。

4. 倒行按穴

双手叉腰，拇指向后按压大肠俞穴，每倒一步，双手按压一次穴位，连续倒行 5 分钟。

（二）肥胖症

一般认为，超过自身标准体重 10%以内为正常体重，高于标准体重 10%为超重，超过标准体重 20%为肥胖。

另外，还有两种简单标准体重（千克）的评价方法是：

1. 身高>165 厘米：身高（厘米）-100

身高<165 厘米：身高（厘米）-105（男）

身高（厘米）-100（女）

2. （身高-150）×0.6+50

肥胖症可分为外源性肥胖和内源性肥胖两种。外源性肥胖是由于过多饮食，引起体内脂肪沉积过多所致。内源性肥胖是由分泌功能失调引起，如甲亢、脑垂体病变、性腺机能不足等。

（三）神经官能症

神经官能症是由于中枢神经系统调节功能紊乱引起的功能性疾病。其发病常与过度紧张、精神负担过重有关，也与个人的神经类型或工作性质有关。

神经官能症除可适当应用药物（镇静剂）治疗外，体育疗法对调节大脑的兴奋抑制状态、改善情绪、分散对疾病的注意力是很有益处的。

（四）糖尿病

糖尿病是胰岛素分泌不足而引起的机体代谢紊乱，血糖增高。主要症状是三多一少，即吃得多、喝得多、尿得多，体重减少。糖尿病的治疗主要是饮食和胰岛素治疗，目前已经把体育疗法作为糖尿病治疗的重要手段。中度和轻度糖尿病患者适宜于体育疗法，主要方式有气功、太极拳、慢跑、自行车、游泳、乒乓球等运动。

在运动中注意运动量应由小到大，循序渐进。每天 1~2 次，每次不超过 30 分钟，避免过度疲劳。另外，体育治疗应与药物治疗相结合。运动在早、午饭 1 小时后进行为宜。运动可起到降低血糖的作用。糖尿病重度患者不宜进行体育疗法。

（五）胃、十二指肠溃疡

此类疾病的形成和发展均与胃酸及蛋白酶的消化作用有关。体育医疗能改善中枢神经和植物神经的紧张度，改善胃肠道的吸收与分泌功能。同时，加强腹肌和膈肌的运动，刺激胃肠蠕动，反向性地影响中枢神经系统的功能，从而减少胃内食物的淤积。此外，体育疗法能改善腹腔内的血液供应，从而提高胃黏膜的抵抗力，促进溃疡恢复。

体育疗法的包括以下内容：

1. 气功、太极拳

尤以内养气功疗效较好，用侧卧式和坐式，每日 2~3 次，每次 20~30 分钟。每天进行两次太极拳锻炼，有利于调整胃肠道功能。

2. 腹部自我按摩

用中等强度揉、搓和穴位按摩，常用穴位有足三里、脾俞、胃俞等。

3. 其他运动

如慢跑、步行、自行车以及加强腹肌锻炼的各种保健操，对溃疡愈合均有一定效果。症状严重的应注意避免体育运动可能引起的溃疡并发症，如穿孔、出血等。

（六）肩周炎

肩关节周围炎又称“冻结肩”，多见于约 50 岁的中年人，由于急慢性劳损或其他原因所致的肩关节囊和关节周围软组织的退行性病变、钙盐沉着及慢性非特异性炎症。主要症状：急性期为肩部痛、钝痛，尤以肩关节外展上举时的酸痛明显，严重者不能活动。急性期过后可能因发生粘连而造成肩关节运动障碍。体育疗法既简单易行又行之有效，具体如下：

1. 主动运动

肩关节向各方向做主动运动，从小幅度开始，逐渐加大幅度，要注意在禁止耸肩的前提下，做前屈、后伸、内旋、外旋及绕环动作。每次 10 分钟，早晚各 1 次。

2. 松动粘连

在主动外展或内、外旋或前平举至最大限度时，借助肋木、吊环、门框等，在维持最大活动限度的情况下，主动缓慢地用力加大活动范围至稍有疼痛、尚能坚持的程度，不可用力过猛、过大，否则会造成再度出血。

七、运动处方

（一）运动处方的含义、内容与制定方法

体育锻炼可以达到防病、治病、健身的目的。不同的身体状况应采取不同的锻炼方法，否则容易使人体受到伤害，尤其是那些身患疾病的人必须严格按照运动处方进行体育医疗。

1. 运动处方的概念

所谓运动处方，即教练或医师用处方的形式规定使用体育疗法的病人或健身运动参加者锻炼的内容、运动量和运动强度。它是指导人们有目的、有计划进行科学锻炼的一种形式。

2. 运动处方的种类

运动处方可分为治疗性运动处方和预防性运动处方两种。

治疗性运动处方是用于某些疾病或伤的治疗和康复，它使医疗体育更加定量化和个别对待化。例如，某人超重 10 千克，需每天爬山 1 小时，约 16 周可以降到标准范围内，这就是治疗性运动处方。

预防性运动处方主要用于健身防病。

3. 运动处方的内容

（1）运动项目。

根据体育运动参加者的目的选择有针对性的运动项目。例如，为了增加力量，宜选择力量性项目。为了改善心肺功能，宜选择有氧代谢为主的慢跑、游泳、自行车等项目。

（2）运动强度。

在单位时间内完成的运动量，可用最大吸氧量、心率、速度等表示。由于运动强度对锻炼者机体影响最大，因此，它安排得恰当与否是影响运动处方效果的关键。

（3）运动频度。

运动频度即每周运动的次数。运动间隔时间过长或短都会影响运动处方的效果。

（4）运动处方的制定方法。

制定运动处方需按一定的程序。首先，汇总参加者的个人资料；其次，对每个人进行医学检查，以便全面了解参加者的身体状况；最后，进行负荷实验和体力测定，为制定运动处方的强度提供依据。另外，在处方中还必须指出禁止参加的项目、锻炼的自我监督指标及出现异常情况下停止运动的准则等。在制定和执行运动处方时，都必须严格遵守循序渐进、个别对待的原则，加强医务监督力度，充分考虑安全。

（二）运动处方的诊断检查与运动安排

1. 运动处方的诊断检查

运动处方中的诊断检查包括两方面，一是对参加体育锻炼的慢性病患者进行健康诊断；

二是进行负荷实验。诊断和实验的指标包括有身高、体重、血压、心电图、心肺功能、摄氧量、血液和尿的化验等。诊断和实验是为运动安排提供科学依据。

（1）健康诊断。

健康诊断即医学检查。其目的是掌握被检查者的身体健康状况，评定其等级，排除运动禁忌证，为运动负荷实验提供有效的安全系数。

（2）运动负荷实验

运动负荷实验主要是测定有氧工作能力，诊断冠心病并对心脏病进行分类，测定运动中最高心率及确定运动时的安全性。实验中的运动负荷有两种，最大负荷和次最大负荷。最大负荷实验更合乎要求，但其危险性较大，尤其是对于老年人。

制定运动处方必须做运动负荷实验，它是最重要的检查方法之一。为了确保运动负荷实验的安全性和运动处方的有效性，平时多采用次最大负荷实验。另外，对那些年老有病的人，必须准备相应的对策。

2. 运动安排

根据上述诊断和实验的结果，合理安排运动量。

（1）运动强度的确定。

用吸氧量确定强度：健康人、青年人用运动负荷实验中所得的最大吸氧量的百分比控制运动强度。如 80%的最大吸氧量强度为较大强度；50%～60%为中等强度；40%以下为较小强度。如果为了减肥就必须用中等强度。若为了提高心脏功能，可用 50%～80%的最大吸氧量强度，较小强度无效。

用最高心率确定强度：因病或年老体弱不能测定最大吸氧量时，可用最高心率确定强度。最高心率的测定也要通过运动负荷实验，只能用目标心率。例如，一位 60 岁的老人，安静时的心率为 70 次/分，按公式计算目标=0 次/分。当运动负荷实验中，心率达到 151 次/分时就可以终止实验了。151 次为目标心率值，即为上限，不可超越，如果超越就有危险。目标心率的均值=0 次/分。有效强度的下限不能再低于 133 次/分，否则不会获得锻炼效果。此人在运动中的心率必须控制在 133～151 次/分的范围。在无条件进行运动负荷实验时，可用 170 或 180 减去年龄这个公式估计适宜强度。

（2）运动时间。

每次运动的持续时间一般要求达到有效强度后，即至少持续 15 分钟以上才能见效，但运动时间的长短与运动强度成反比。最短时间限度为 5 分钟，最长则为 1 小时。

（3）运动频度的确定。

运动频度是指每周的运动次数，通常每周 3～4 次或隔日 1 次。因为，每周运动 2 次以下，不足以使最大吸氧量得到足够的提高，偶尔参加几次运动也只能增加软组织损伤的可能性。另外，还要考虑体力的好坏、运动能力的强弱。体力好、运动能力强的人运动次数可以多一些，否则反之。

下篇　运动技能篇

我们要从中华民族伟大复兴的战略高度认识体育事业、参与体育事业、发展体育事业，增强投身体育事业的责任感和使命感，进而增强通过体育事业投身中华民族伟大复兴的思想自觉、理论自觉与行动自觉。

我们要怀抱梦想、脚踏实地，敢想敢为、善作善成，为体育强国建设、全面建设社会主义现代化国家贡献青春力量。

第九章　田　径

知识目标

1. 了解田径运动的分类与内容；
2. 了解跑、跳远的基本要领；
3. 了解田径的比赛规则。

素养目标

学会合理、适度地进行田径健身运动，从而达到增强体质和促进健康的目的。

第一节　田径概述

一、田径运动的概念

田径运动起源于人类的生产、生活和军事活动。远古时代，人类为了生存的需要经常出没于崇山峻岭、悬崖峭壁间，天长日久在生活、劳动中逐步形成了走、跑、跳、投的技能。随着社会的发展，这些技能逐渐脱离了原始的活动形式，演变为一种定期的比赛活动。随着阶级的产生和战争的出现，这些技能经过提炼后成为锻炼士兵的手段和对下一代进行教育的内容，以及竞赛娱乐的方式，形成了田径的雏形，这就是田径运动的基础。田径运动这个名词起源于英国。第一届古代奥林匹克运动会于公元前776年举行，发源地在希腊首都雅典西南的奥林匹克。到公元393年，一共举行了293次。后因罗马帝国入侵希腊后废止了该项运动。

1896年在雅典举行了第一届现代奥运会，此后奥运会每4年举行一次。田径运动是由田赛、径赛、公路赛、竞走和越野赛组成的运动项目。

二、田径运动的分类与内容

田径运动竞技与健身的双重性决定了各自目标的不同。以“跑得更快”“跳得更高更远”“投得更远”为目标的田径竞技运动，旨在不断完善运动技术，最大限度地发展专项素质，挑战人体运动的极限。以健身为目标的田径运动，旨在合理、适度、持之以恒地进行田径健身锻炼，保持和发展人的基本运动能力，从而达到增强体质和促进健康的目的。

对大多数人而言，参加田径运动的主要目的是健身。

由于具有两种不同的属性和目标，田径健身运动的分类方法和内容与田径竞技运动有所不同。田径竞技运动的分类按项目的特征分为田赛与径赛。田径健身运动的分类按人体最基本的运动方式分为走、跑、跳、投四大类。田径竞技运动的内容即各个竞赛项目，围绕各专项进行的技术与素质练习均视为手段。在田径健身运动中，这些手段则成为内容，更广泛地说，各种走、跑、跳、投的运动方式都可以视为田径健身运动的内容。

确定田径健身内容时，应当充分注意田径健身的属性与目标，对传统的田径竞技项目进行生活化、趣味化、游戏化的改造，挖掘、开拓田径健身新方法，新手段，使之为广大练习者易于接受，便于进行锻炼。丰富与发展田径健身运动的内容，对促进田径运动的普及与发展，有效实施“全民健身计划”有积极的推动作用。

（一）田径健身运动的分类

田径健身运动按照人体自然运动的方式分为走、跑、跳、投四大类，如图 9-1 所示。

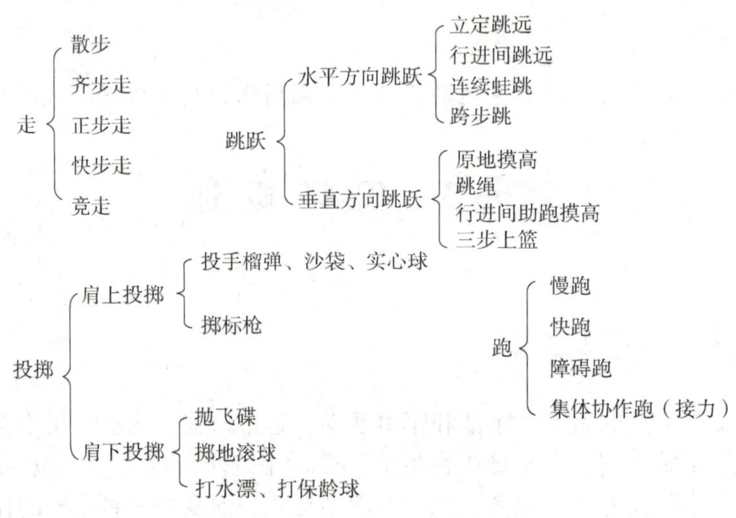

图 9-1　田径健身运动的分类

（二）田径健身运动的内容

1. 走

走是人体最基本的运动方式。正是由于走在日常生活中司空见惯，人们几乎忽视了走的健身意义。一个充满活力的健康人可以是“健步如飞”，而一个体弱多病的人却“步履蹒跚”。可见，通过走姿和走速可以判断一个人的健康情况。

多种多样的“走”的锻炼可以实现强身健体的目标。其中休闲散步是最为常见的“走”的练习方法，中华养生谚语：“饭后百步走，活到九十九”，就是对散步的健身效果的总结。

坚持散步有助于消除身心疲劳，保持人体基本运动能力。“齐步走”“正步走”有助于培养正确的走姿，塑造良好的体形，快步走可以发展腿部力量和耐力，而竞技项目“竞走”则是运用“走”来发展人体走的运动能力的最高表现形式。

2. 跑

跑也是人体最基本的运动方式之一，可分为慢跑和快跑。

“慢跑”是田径健身运动中最常见的方式，一些教材中又称其为“长跑”。坚持有规律的慢跑锻炼可以给人体的呼吸系统、循环系统及运动系统以良性刺激，有助于保持和发展人的耐力，保护良好的机能，因而具有较高的锻炼价值，慢跑几乎不需要任何设施，因而极易普及，常见的有定时跑、定距离跑或越野跑。

快跑是发展速度素质的有效手段，一些教材中称其为“短跑”。一般需在田径场跑道上进行。健身性快跑练习多为各种游戏和接力赛跑，可以提高练习者的兴趣。

“障碍跑”是发展人在跑的过程中跨越、绕过、钻过障碍物能力的一种运动方式，典型的跨越障碍物跑是“跨栏”，在田径健身运动中不多见。

集体协作跑接力是一种集体参与、相互协作的活动方式，可以是发展速度性质的快速跑，也可以是发展耐力素质的长跑，可使参与者体验在集体中合作的乐趣，从而提高锻炼的兴趣，常见的有短跑中的接力跑和长跑中的团体赛等。

3. 跳跃

健身意义上的跳跃是指人体在水平和垂直两个方向上以原地或行进间两种运动方式所表现出的跳跃能力，竞技运动中的跳高、跳远是这种跳跃能力的最高表现形式。

水平方跳跃可分为立定跳远、行进间跳远、连续蛙跳和跨步跳等。在少年儿童中流行的游戏“跳方格”则是一种单腿跳与双腿跳交替连续的一种活动方式。

垂直方向跳跃可分为原地摸高、跳绳、行进间助跑摸高、三步上篮等，在青少年中已十分普及。在跳高辅助练习中，可以将动作变异成各种形式的非正规姿势跳高，以发展向上跳的能力。

4. 投掷

投掷是指人体运用自身的能力，用双手或单手将投掷物投出的运动方式，用以发展人体投掷力量素质，它可以分为肩上投掷和肩下投掷两大类。

肩上投掷是最常见的方式，在中学教材中有投手榴弹、沙袋、实心球等，掷标枪是肩上投掷最典型的运动方式。目前，国家体育锻炼标准中规定的推铅球是一种非生活化的特定运动方式，该项目在评定人体力量素质信度和效度上远低于评定人体的协调能力。

肩下投掷方式的运动也很多，如抛飞碟、掷地滚球、打水漂、打保龄球等。在教学中较为常见的有前后抛实心球等。

第二节　跑

跑是周期性运动，包括快速跑、耐久跑、马拉松、障碍跑、接力跑等项目。

一、跑的基本要领

跑从技术上分为起跑、起跑后加速跑、途中跑和终点跑四个部分。

跑的基本动作如图 9–2 所示。

图 9–2 跑的基本动作

（一）短跑技术动作（见图 9–3）

图 9–3 短跑技术动作

（二）长跑与短跑动作的主要区别（见图 9–4）

图 9–4 长跑与短跑动作的主要区别

（三）练习方法

（1）跑的专门性练习：小步跑、高抬腿跑、后蹬跑、车轮跑、原地摆臂练习等；
（2）各种距离的中速跑、加速跑、重复跑；
（3）蹲踞式起跑和起跑后的加速跑；
（4）听信号做各种姿势的起跑反应练习；
（5）较长距离的越野跑或自然地形跑。

二、接力跑

接力跑是田径运动中由快速跑和传接棒技术组成的集体项目。接力跑技术包括短跑技术和传接棒技术两部分。接力跑的成绩取决于各棒队员的速度和传、接棒技术以及传接棒队员传接棒的时机。接力跑项目包括男、女 4×100 米、4×400 米等。

（一）起跑

（1）持棒起跑（见图 9–5）。

（2）接棒人起跑（见图 9–6）。

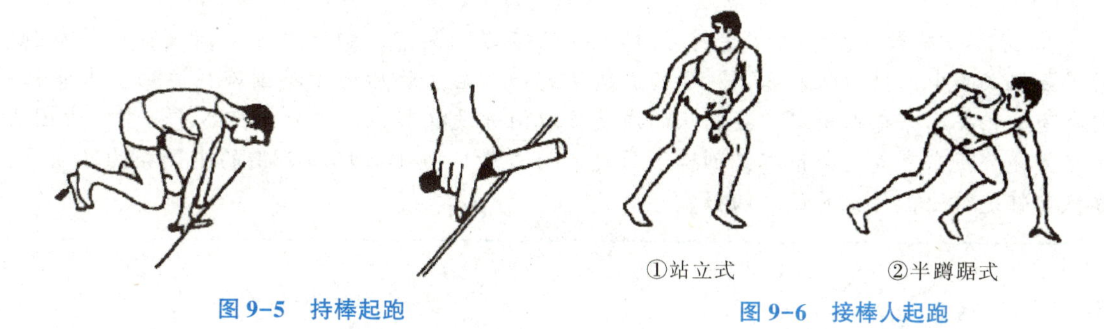

图 9–5　持棒起跑

图 9–6　接棒人起跑

（二）传、接棒的方法

传、接棒的方法从传棒队员传棒路线和接棒队员接棒方式的角度分为上挑式、下压式、混合式，如图 9–7 所示。

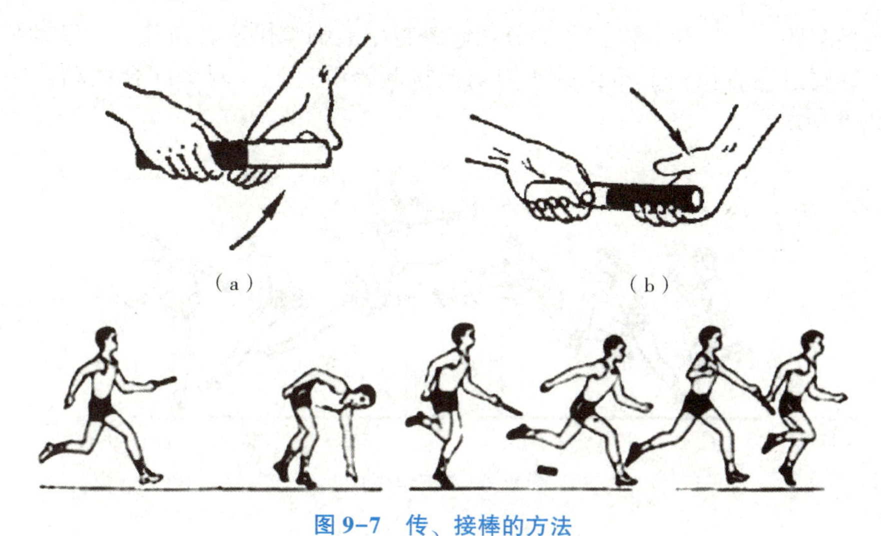

图 9–7　传、接棒的方法

（三）技术要领

起跑时机适宜，加速果断、迅速；接棒人听到传接人信号后，立即做出约定接棒动作及手型；传、接棒人在保持较高跑速的行进中，在适宜的区间内完成传、接棒动作。

（四）练习方法

（1）单人集体听口令做“上挑式”和“下压式”传、接棒练习。

(2) 二人配合，集体听口令在原地做“上挑式”和“下压式”传、接棒练习。

(3) 四人成队连续在走动或慢跑中，听传棒人信号做“上挑式”或“下压式”传、接棒练习。

(4) 4×100 米接力跑教学比赛。

在 2021 年举行的东京奥运会男子 4×100 米接力比赛中，由苏炳添、谢震业、吴智强、汤星强组成的中国接力队以 37 秒 79 的成绩拿到第四名。此后由于英国田径运动员吉津杜-乌贾违反相关反兴奋剂规定，英国队的成绩被取消并没收奖牌、积分、奖品、证书。中国男子接力递补获东京奥运会铜牌，创造了历史最好成绩！对于苏炳添领衔的中国接力队而言，这枚奖牌是对他们付出的最好回报。

三、跨栏跑

跨栏跑是在快速跑的过程中，依次跨过规定数量、有一定高度的栏架以及栏间距离固定的短跑项目。

（一）跨栏跑技术

跨栏包括起跨、过栏和下栏三个部分：起跨腿用前脚掌快速着地起跨；摆动腿积极、果断过栏；摆动腿过栏后积极下压，迅速向前提拉起跨腿过栏。两臂配合摆动，保持身体平衡，如图 9-8 所示。

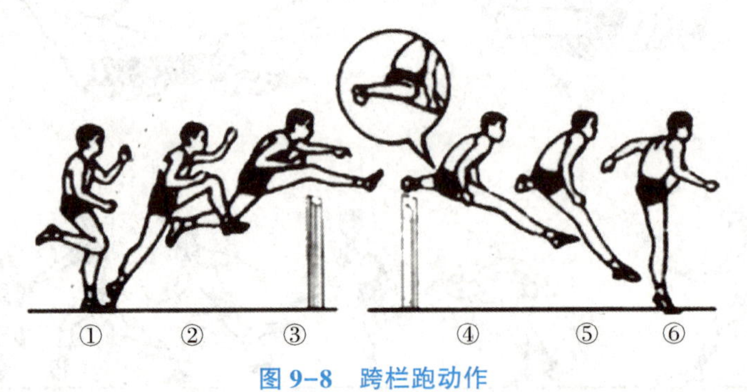

图 9-8　跨栏跑动作

（二）练习方法

1. 跨栏步技术

走步中做“鞭打”动作；摆动腿的“攻摆”练习；起跨腿的“提拉”练习；原地摆腿过栏练习。

2. 栏间跑技术

跑过不同距离的实心球或横放的栏架；一定距离的若干（3 个、4 个或 5 个为一组）组实心球，组与组间做跨栏步练习；步点准确后，做跨过 3~5 个低栏的练习；全程跑练习。

第三节　跳　　跃

跳跃是以一定方式越过一定高度和远度的体育行为。跳跃项目包括：跳高、跳远、撑竿跳高和三级跳远。

一、跳远

跳远是人体通过快速助跑和积极起跳，采用合理的腾空姿势，使身体腾跃并水平位移一定距离的项目。跳远按腾空姿势分为：蹲踞式、挺身式、走步式。

（一）跳远的技术要领（见表 9–1）

表 9–1　跳远的技术要领

助跑	开始姿势：站立式或行进中开始起动。助跑步数 12～16 步。助跑技术：自然放松、高速度、快节奏，踏板意识强，脚着地动作富有弹性
起跳	助跑最后一步起跳腿积极主动着地快速上板，先脚跟落地并迅速滚动至全脚掌，上体保持正直，身体迅速前移。并迅速充分地伸展起跳腿，摆动腿约与地面平行，两臂用力上摆
腾空	身体起跳后腾空的姿势，有蹲踞式、挺身式、走步式，但起跳动作基本是相同的
落地	小腿前伸，两臂向体后摆动。脚接触沙面后屈膝，上体前倾
蹲踞式	
挺身式	
走步式	

（二）练习方法

(1) 腾空步练习：连续4~6步助跑，腾空后落入沙坑；
(2) 原地模仿起跳练习；
(3) 短程、全程助跑蹲踞式跳远练习；
(4) 短距离助跑挺身式跳远、走步式；
(5) 全程助跑挺身式跳远。

二、跳高

跳高是人体通过快速助跑和有力起跳，采用合理的过杆姿势和动作，使身体越过垂直障碍物的运动项目。跳高必须采用单脚起跳。比赛多采用“背越式”跳高。

（一）背越式跳高

人体通过助跑、起跳，以背对横杆的姿势越过横杆的方法叫背越式跳高，要领如表9-2所示。

表9-2　背越式跳高技术要领

助跑	首先丈量助跑距离。可采用走步法或先跑直线后跑弧线的方法助跑，直线段助跑加速积极、动作放松。弧线段助跑身体向圆心方向倾斜，步幅开阔，节奏快
起跳	用远离横杆的脚起跳，迈步放脚，身体保持向心倾斜，起跳腿向助跑切线方向插放以全脚掌快速滚动落地。支撑腿蹬伸起跳，摆动腿和两臂同时前上摆，伸展起跳腿
腾空过杆	身体背向横杆，抬头、肩下潜、展腹挺髋、两腿分开、膝放松、小腿自然下垂，身体成背弓形。身体重心移过横杆后，及时含胸收腹、屈髋，使臀部过杆。最后伸膝上举小腿过杆
落垫缓冲	肩、背落入海绵包缓冲
技术要领	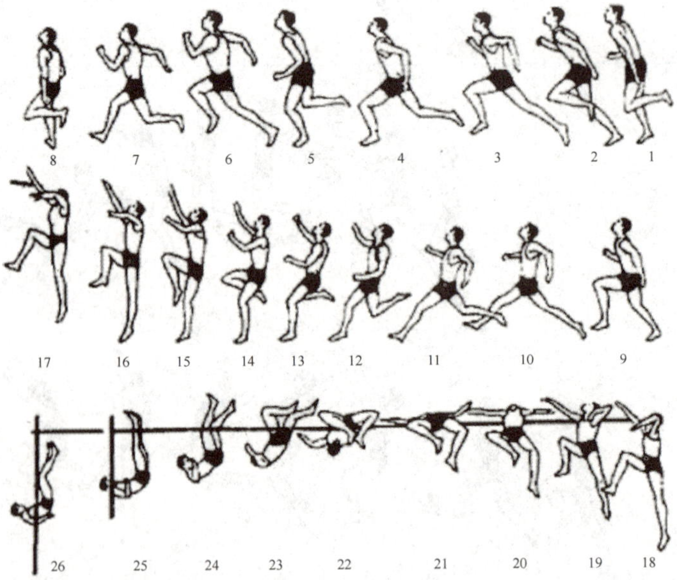

（二）练习方法

（1）沿直径 10 米的圆周做加速跑。
（2）在圆圈中跑步时，每跑 3 步或 5 步做一次起跳动作。
（3）弧线助跑，起跳时用摆动腿同侧臂摸高。
（4）垫上做“桥”。
（5）背对海绵包，原地做挺髋、倒肩练习。
（6）原地双脚起跳，背越过杆。
（7）3~4 步弧线助跑、起跳、做“背桥”练习。
（8）短距离助跑起跳过杆练习。
（9）全程节奏跑起跳过杆练习。

第四节　投　　掷

投掷是人类生产和生活中的常用动作。投掷还可以发展人的爆发力和准确性等。田径运动中的投掷项目包括推铅球、投标枪、掷铁饼、掷链球等。

一、推铅球

推铅球技术包括持球、预备姿势、滑步、最后用力与维持身体平衡四个部分。

（一）侧向滑步推铅球（见表 9-3）

表 9-3　侧向滑步推铅球

持球	预备姿势

滑步	最后用力与出手后平衡

（二）背向滑步推铅球（右手为例）

背向滑步技术包括预备姿势、滑步、最后用力与维持身体平衡三部分，如表 9-4 所示。

表 9-4　背向滑步推铅球

预备姿势	滑步	最后用力与维持身体平衡

（三）练习方法

（1）侧向滑步推铅球：持球向下推，体会手指拨球动作；前抛球、后抛球，体会推铅球的用力顺序；原地侧向推铅球体会身体超越器械动作；徒手或持轻铅球侧向滑步练习（摆、蹬、收、落）；用标准铅球在投掷圈内进行完整技术练习。

（2）背向滑步推铅球：后撤步推球练习；交叉步推球练习；用实心球做各种掷远练习（见侧向滑步部分）；徒手背向滑步练习；持轻铅球做原地背向推铅球练习；用标准铅球进行背向滑步完整技术练习。

二、投标枪

掷标枪技术由握法、持枪、助跑、投掷步、最后用力与缓冲几个连续动作结合组成。

（一）技术要领

（1）握法。将标枪线把斜放在掌心上，用拇指和中指握在线把末端第一圈上沿，食指自然握在标枪上，无名指和小指握在线把上（见图 9-9）。

（2）持枪。多采用肩上持枪（见图 9-10）。持枪臂自然放松，持枪于右肩稍高于头，枪尖略低于尾。

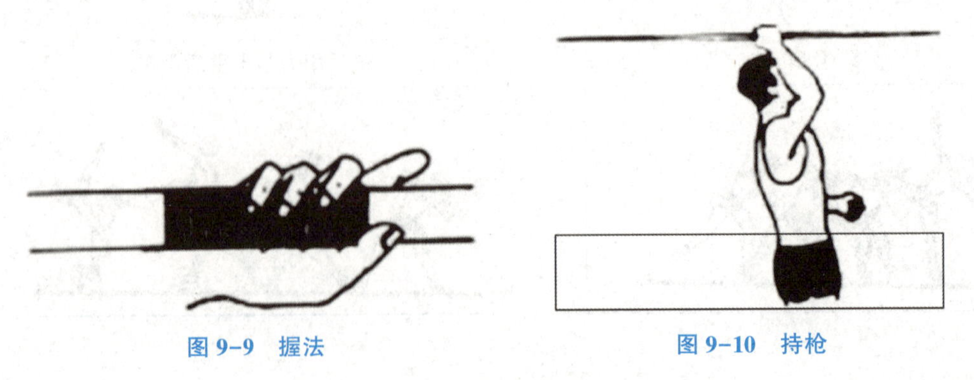

图 9-9　握法　　图 9-10　持枪

(3) 助跑。第一阶段预跑：15~20米；第二阶段投掷步（五步）：第一步、第二步完成引枪动作，第三步交叉步，第四步投掷步与最后用力的衔接步，第五步缓冲步（见图9-11）。

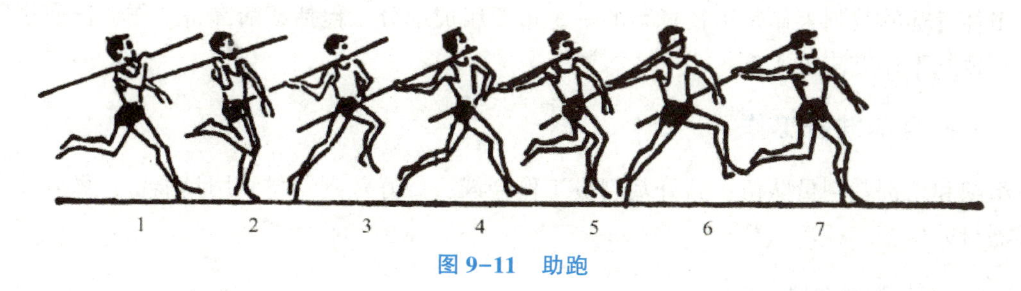

图9-11 助跑

(4) 最后用力与缓冲（见图9-12）。

图9-12 最后用力与缓冲

（二）练习方法

(1) 原地侧向投枪。

(2) 交叉步投枪。

(3) 短程助跑、中程助跑和全程助跑投掷标枪。

三、掷铁饼

目前在比赛中大多采用旋转式投掷技术。旋转式投掷铁饼技术分为持饼及预摆、旋转、最后用力、出饼及缓冲。

第五节 比赛规则

田径竞赛是有计划、有组织的田径比赛，是学校体育工作的重要组成部分之一。它包括组织工作和裁判工作两大类。

一、田径竞赛的组织工作

田径竞赛的组织工作要有组织、有计划，认真合理地去筹备和组织。田径竞赛的组织工作包括制定方案、制定竞赛规程、成立组织机构等方面。

二、田径竞赛的裁判工作

田径竞赛的裁判工作是田径竞赛的一个重要组成部分，包括赛前准备工作、比赛规则制定以及裁判工作方法等。

（一）赛前准备工作

组织和培训裁判员队伍；召开裁判员工作会议；做好裁判器材和用具准备；做好比赛场地和器材的检查。

（二）比赛规则制定

1. 径赛基本规则

（1）起跑。发令员首先要保证运动员的起跑姿势正确，然后喊一声“各就位”和“预备”，最后发令枪响。400 米及 400 米以下的项目，运动员必须使用蹲踞式起跑，发令员使用“各就位”“预备”“鸣枪”三个口令；800 米及 800 米以上的项目，运动员是站立式起跑，发令员使用“各就位”“鸣枪”两个口令。

（2）计时。计时应从发令枪发出的烟或闪光开始，直到运动员躯干（不包括头、颈、臂、手、脚）的任何部分抵达终点线后沿垂直平面的瞬间为止。手计时和全自动电子计时均是正式的计时方法。凡在跑道上举行的各项人工计时成绩，都要进位换算成 1/10/秒。部分或全部在场外举行的径赛，人工计取的成绩应换算成整秒。

（3）跑道规则。运动员在所有短跑比赛、110 米跨栏和 4×100 米接力赛中自始至终都必须留在自己的跑道里；800 米和 4×400 米接力赛起跑是在自己的跑道里，直到运动员通过标志可以串道的分离线才能离开自己的跑道；接力跑时，运动员必须手持接力棒跑完全程，传接棒要在接力区内完成。

（4）犯规。运动员在做好最后预备姿势之后，只能在接收到发令枪或批准的发令装置发出信号之后开始起跑。如果发令员或召回发令员认为有任何发令枪或发令装置发出信号之前开始起跑，都将判为起跑犯规。除全能项目之外，任何起跑犯规的运动员将被取消该项目的比赛资格。在分道跑的比赛中，运动员应自始至终在自己的分道内跑进，如果有关裁判长确认了一位裁判、检查员或其他人员关于某运动员跑出了自己的分道的报告，则应取消运动员的比赛资格。如果运动员由于受他人的推、挤或被迫跑出自己的分道，不应取消其比赛资格。

2. 田赛基本规则

（1）在远度项目的比赛中，以运动员全部试掷（跳）中之最佳成绩计算名次。遇上最佳成绩相同时，应以次佳成绩定胜负，以此类推。若仍无法定出胜负而又涉及竞逐第一名时，则成绩相同者须依原来顺序进行比赛，直至分出胜负为止。

（2）在高度项目的比赛中，每位运动员在任何高度上都有 3 次试跳机会，如遇请求免跳的运动员，则不准在此高度上恢复试跳，运动员在最后跳过的高度则为运动员的最后成绩。若遇上最佳成绩相同时，以最少试跳次数成功越过最后高度之参赛者应获排较前的位置。如仍未分胜负，则全场比赛中试跳失败次数最少（包括最后跳过的高度）的运动员应获排较前的位置。

（3）有关规定。若田赛运动员无理延误试掷或试跳，便算一次失败，如再次延误比赛，会被取消继续比赛下去的资格，但之前所创成绩仍被承认。在正常情形下，每次试掷或试跳的时间不得超过 1 分 30 秒，当跳高比赛只剩下 2 或 3 人时，此时限应增至 3 分钟。若只剩下 1 人时，此时限应增至 5 分钟。

（4）田赛项目成绩的记录是以 1 厘米为最小单位，不足 1 厘米不计。

（三）裁判工作方法

裁判是竞赛规则的执行者，也是比赛场上的法官，田径比赛一般需要设总裁判长一名，下设径赛裁判组和田赛裁判组，径赛裁判组包括检查组、计时组、终点组、发令组、检录组。田赛裁判组包括掷部裁判组和跳部裁判组。

第十章 体 操

知识目标

1. 理解体操的概念；
2. 了解竞技体操的基本技术；
3. 了解体操的比赛规则。

素养目标

学会观看体操比赛，激起勇于追求成功的欲望。

第一节 体操概述

体操一词来源于古希腊语，古希腊人将走、跑、跳、攀登、爬越、舞蹈、军事游戏等锻炼内容统称为体操，体操是当时所有运动的总称，这一概念沿用了很长时间。19 世纪，欧美各国相继涌现了一些新的运动项目，并建立起“体育是以身体活动为手段的教育”这一新概念。从 19 世纪末到 20 世纪初，随着体育运动的发展，一些生理学家、医学家和体育学家对体育运动的本质和价值进行了深入的研究及科学的分类，体育一词才逐步取代原来体操的概念成为身体运动的总称，体操也开始在内容、方法上区别于其他的身体运动形式，成为独特的体育运动项目。

随着社会的不断发展，体操的内涵在不断变化，其特征表现越来越两极分化，一类沿着竞技体操的方向发展，另一类朝着以增强体质、发展能力为目的的各种非竞技性体操的方向发展。就现代体操的概念而言，体操是通过徒手、持轻器械或在器械上完成不同类型与难度的单个动作、组合动作或成套动作，充分挖掘人的潜能，表现人的控制能力，并具有一定艺术要求的体育项目。

体操是我国高等学校体育教育专业中的主干课程之一，是各级各类学校体育教育的重要内容。同时，体操在大众健身中也扮演着重要的角色，它对提高人的综合素质起着非常积极的作用。对体操概念的理解应该包括三个层面：

第 1，竞技层面上的体操，即竞技体操。竞技体操源于生活，高于生活，是竞技文化的一种表现形式；竞技体操动作复杂，技术含量高，且一套动作的编排变化无穷，运动员在完

成动作的过程中体现了运用技能的高超水准；竞技体操动作惊险，有极强的感官刺激，观看竞技体操比赛或表演不仅给人以赏心悦目的感觉，而且还能激起人们勇于追求成功的欲望。因此，竞技体操是大众欣赏竞技体育表演的一个重要选择。竞技体操作为奥运会的正式比赛项目，是我国竞技体育争牌夺冠的拳头项目。多年来，我国的竞技体操在国际体坛一直处于领先地位。

第二，基础层面上的体操，指队列队形、徒手体操、轻器械体操、利用器械的体操及教材化的竞技体操。长期以来，学校的体操课程，因过多地选择竞技体操的内容，导致体操课程脱离了学生的实际，体操教学的功效有所削弱，背离了体操对人的发展作用，忽视了体操的综合功能，这并不是体操内容本身的缺陷，而是人为的原因所致。因此，必须进一步加强对体操内涵的理解，以达到体操在体育教育中应有的效果。

第三，拓展层面上的体操，即类别体操，包括体操、艺术体操、健美操、蹦床及舞蹈等运动项目。类别体操中的许多运动项目原本属于体操的范畴，尽管这些项目逐渐发展为独立的运动项目，但仍属于体操派生项目，它们在运动形式、竞赛特征等方面与体操有着不可分割的、千丝万缕的关系。奥运会体操项目如表 10-1 所示。

表 10-1 奥运会体操项目

类别	男子	女子
竞技体操	自由体操、鞍马、吊环、跳马、双杠、单杠	自由体操、跳马、高低杠、平衡木
艺术体操	无	集体项目：相同器械、不同器械艺术体操 个人项目：绳、圈、球、棒、带
蹦床	男子网上项目	女子网上项目

第二节 竞技体操

竞技体操是一种徒手或借助器械进行各种身体操练的体育项目。通常习惯用“体操”来称呼“竞技体操”。

竞技体操的基本技术包括技巧、单杠等。

一、技巧

（一）前滚翻

前滚翻在体操中是一种非常基本的滚翻类动作，也是一种自我保护的动作。其特点是快、稳。

动作要领：前滚翻由蹲撑开始。人重心前移，两腿蹬直离地，同时屈膝、低头、含胸、提臀，以头的后部在两手支点前着垫，依次经颈、背、腰、臀向前滚动。当滚至背部着垫时迅速收腹屈膝，人上体紧跟大腿团身抱膝成蹲立。前滚翻如图 10–1 所示。

图 10–1　前滚翻

（二）鱼跃前滚翻

动作要领：半蹲开始，两腿用力蹬地，两臂前摆，身体向前跃起，身体腾空动作，即蹬、跃。难点：屈臂、低头、蹬跳，团身前滚翻起立。经单肩后滚翻成跪撑平衡的重点是单肩滚翻，侧头推手。注意控制好向后上举的腿不要下落。鱼跃前滚翻如图 10–2 所示。

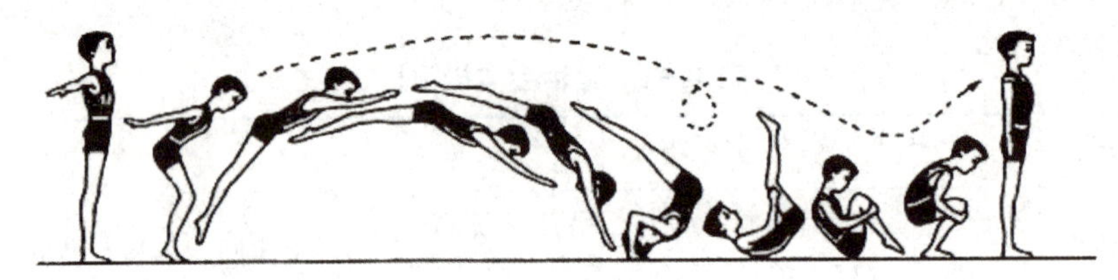

图 10–2　鱼跃前滚翻

（三）后滚翻

由蹲撑开始，双臂推撑要均匀用力，身体后倒，臀部、背部、颈部、头，依次着地，滚动要圆滑。当双脚着地瞬间，迅速抬头，双手支撑推地，上体抬起成蹲撑。后滚翻如图 10–3 所示。

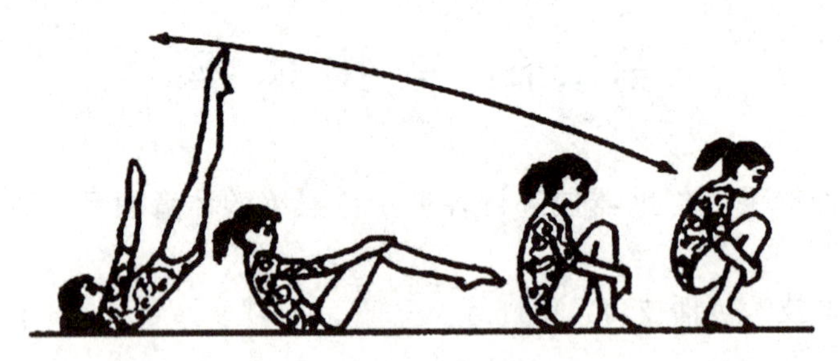

图 10–3　后滚翻

（四）肩肘倒立

动作要领：由直角坐开始，向后倒肩、举腿、翻臀，当向后滚动至小腿超过头部时，向上伸腿、展髋、挺直身体，同时两手撑腰后侧，夹肘，成肘、颈、肩支撑的倒立姿势。肩肘倒立如图 10–4 所示。

图 10-4　肩肘倒立

（五）头手倒立

动作要领：由蹲立姿势开始，上体前倾，两手撑垫与头部成正三角形。随即蹲地摆腿成头手倒立。当腿摆至倒立部位时，蹬地腿应主动与摆动腿并拢。身体重心始终保持在支点垂直范围内。头手倒立如图 10-5 所示。

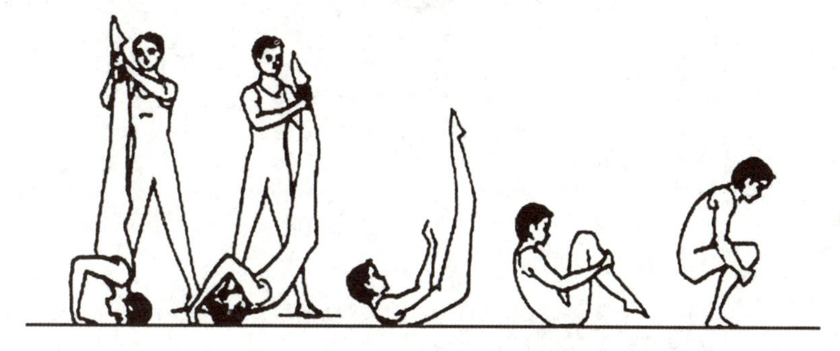

图 10-5　头手倒立

（六）侧手翻（以右腿站立为例）

由右脚站立、左腿侧举、两臂侧平举开始，左腿屈膝着垫，上体向左侧倾倒，左手、右手依次撑垫；同时，右腿上摆，左腿蹬地后向上摆起，成分腿倒立姿势；右、左手依次顶肩推垫，两腿依次从左侧下摆着垫，两臂侧平举，成分腿站立，如图 10-6 所示。

图 10-6　侧手翻

（七）跪跳起

从跪立开始，上体前倾，同时两臂后摆，臀部后坐。两臂迅速向前上摆，摆至前举时立即制动，同时伸腰展髋，脚背与小腿用力下压。身体向上腾起时，迅速提膝收腿成半蹲姿势，如图 10-7 所示。

图 10-7　跪跳起

（八）俯平衡

动作要领：由直立姿势开始，单腿慢起后举，上体前倾至水平位置；当后腿上举至最大限度时，抬头挺胸，两臂侧举，成单腿站立，如图 10-8 所示。

图 10-8　俯平衡

二、单杠

（一）单腿蹬地翻身上成支撑

动作要领：站立悬垂姿势开始，一脚用力蹬地，另一腿向杠后上方摆动，同时屈臂引体尽量使腹部靠杠，因为重力矩与肌肉用力成正比。并腿后伸，翻腕，抬上体成支撑，完成这一动作的力主要有两个方面：一是蹬摆所获得的力，使下肢迅速向上腾起，二是屈臂引体和上体后倒所获得的力，使身体沿握点转动。这两方面的力达到统一时，就能轻松地完成这一动作，如图 10-9 所示。

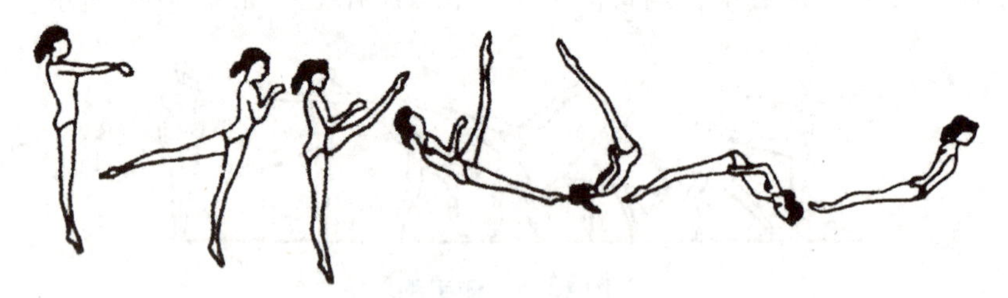

图 10-9　单腿蹬地翻身上成支撑

（二）支撑单腿摆越成骑撑及还原（以右腿为例）

动作要领：由支撑开始，右臂用力推离单杠，重心左移，右腿体测向前摆越过杠；上体右移，右臂迅速撑杠，立腰、伸腿成骑撑。还原时，动作与前类似，不同的是摆动腿经体侧向后摆越过杠，并腿成支撑，如图 10-10 所示。

图 10-10　支撑单腿摆越成骑撑及还原

（三）骑撑后倒挂膝上（以右腿骑撑为例）

动作要领：由骑撑开始，左腿稍后摆，右腿屈膝挂杠；上体后倒，挂膝悬垂前摆，左腿伸直前摆至前上方制动；身体回摆，当髋部摆至杠下垂直部位时，左腿加速后摆，同时两臂和右腿迅速压杠，上体抬起、扣腕、右腿前伸成骑撑，如图 10-11 所示。

图 10-11　骑撑后倒挂膝上

（四）骑撑前回环（以右腿骑撑为例）

动作要领：由两手反握骑撑开始，直臂顶肩撑杠，重心前移，右腿上举向前跨出，上体前倾，左大腿贴杠回环；当上体回环过杠下垂直位置时，右腿向前积极压杠；当回环至杠后水平位置时，直臂压杠，挺胸、抬头、翻腕、成骑撑，如图 10-12 所示。

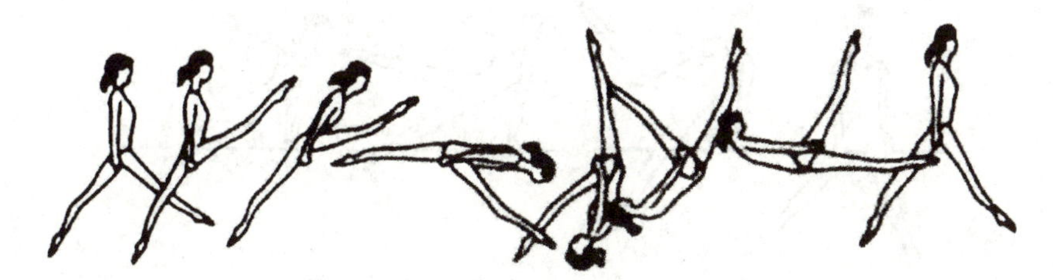

图 10-12　骑撑前回环

（五）支撑后回环

动作要领：由支撑开始，直臂顶肩撑杠，上体前倾，两腿后摆至高于肩水平；身体下落，腹部贴近杠时，屈髋、两腿前摆，直臂压杠，上体后倒，腹部贴杠回环；当两腿回环至杠后水平位置时，腿制动、伸髋、挺胸、抬头成支撑，如图 10-13 所示。

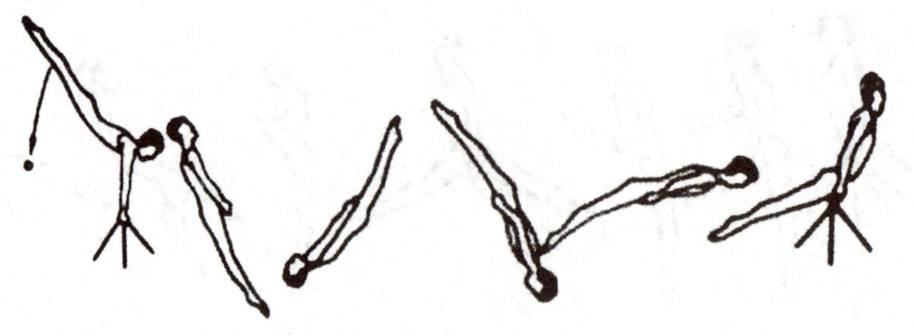

图 10-13 支撑后回环

（六）支撑后下摆

动作要领：由支撑开始，肩稍前倾，两腿向前预摆，然后迅速用力后摆，直臂顶肩撑杠，支撑后摆挺身姿势撑杠；当后摆至身体重心上升接近最高点时，含胸、两腿制动，同时直臂顶肩推杠，抬上体挺身跳下，两臂斜向上举，屈膝缓冲落地，如图 10-14 所示。

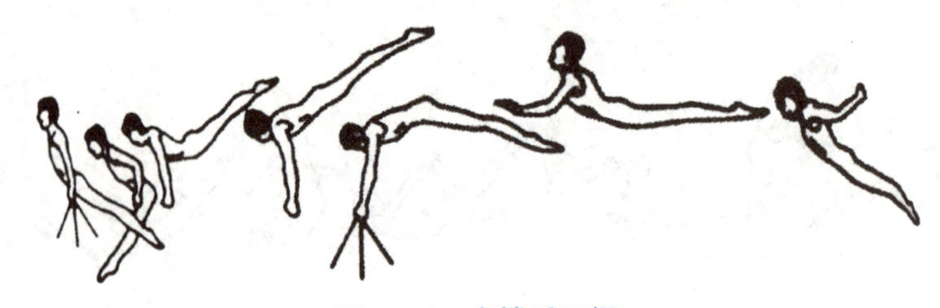

图 9-14 支撑后下摆

（七）骑撑单腿摆越转体 90°下（以右腿骑撑为例）

动作要领：由骑撑开始，右手距身体 20～30 厘米处反握撑杠，左臂推杠，上体右倾，重心右移至支撑手；左腿向侧上方摆越过杠，右腿向下压杠弹起，身体顺势向侧上方腾起；右臂直臂压杠，右腿向左腿并拢，同时向右转体 90°挺身下，如图 10-15 所示。

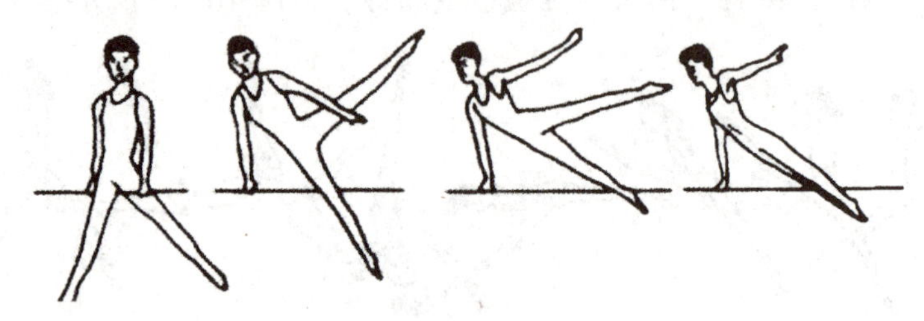

图 10-15 骑撑单腿摆越转体 90°下

第三节 艺 术 体 操

艺术体操是一项徒手或手持轻器械，在音乐伴奏下以自然性和韵律性动作为基础的体育运动项目，也是一种艺术性较强的女子竞技性体操项目。

一、艺术体操起源和发展

（一）起源

艺术体操起源于19世纪末20世纪初的欧洲，其产生与当时的教育改革及妇女体育运动发展有着密切的联系。一些教育家、体操家、音乐家、生理学家、舞蹈家对艺术体操的发展，在理论和实践上做出了不少贡献。例如，瑞士教育家、声乐家台尔克罗兹，首先把音乐与体操相结合，创造了“音乐体操”（韵律体操）；德国音乐教师鲁道夫·博得为妇女体操创造了极有女性特色和价值的波浪动作；德国音乐、体育教师欣里希·梅顿提出了进行动作练习时使用轻器械；现代舞创始人伊莎多拉·邓肯的“表现自我”的舞蹈理论与实践；德国舞蹈家拉班的“动作体系”，均对艺术体操产生了很大影响。

经过他们不断地探索革新，才逐步形成了新的现代体操。这种新体操的特点是注重自然的全身运动，要求动作自然、流畅、优美、富于节奏，使其达到躯体、思想和心灵自然表现的艺术境界。艺术体操就是在这些理论基础上经过长期实践逐渐形成的。

（二）发展

20世纪50年代，艺术体操已传遍世界，并成为女子的竞技项目。但最初的国际性比赛并非独立进行，而是附属于女子竞技体操比赛的团体项目中，即规定凡参加竞技体操团体比赛的队每队除了参加竞技体操比赛外，还必须参加由6~8人组成的团体轻器械韵律体操比赛。随着技术的发展，竞技体操与艺术体操的差异日趋明显，所以，1956年国际体联决定在竞技体操比赛中，取消艺术体操比赛，把两者分开，直到1962年才正式把艺术体操作为一个独立的女子竞技项目。

二、艺术体操比赛器械

艺术体操器材的种类繁多，主要包括绳、棒、球、圈和带等。

（一）绳

采用麻或合成纤维制成，可染成除金、银、铜以外的其他颜色。长短同运动员身高，两端有小结头，中段可缠布条或胶布。比赛由过绳跳、摆动、绕环、8字、抛接、跳跃、平衡以及各种交换绳握法等动作编排而成。

（二）球

采用橡胶或软塑料制成，可选用除金、银、铜以外的其他颜色。比赛由拍球、滚动、转动、绕环、8字、抛接、跳跃、平衡以及旋转等动作编排而成。

（三）棒

采用木材或合成材料制成，可染成除金、银、铜以外的其他颜色。形状如瓶，细端为颈，粗端为体，顶端为头。比赛由绕环、空中转动、抛接、摆动、跳跃、平衡以及敲击等动作编排而成。

（四）带

由棍、尼龙绳或带构成。棍可采用木、竹、塑料或玻璃纤维等材料制作，带可采用缎或类似材料制作，可选用除金、银、铜以外的其他颜色。一端有金属环，与绳或带相连。比赛由绕环、螺形、抛接、摆动、跳跃、平衡、转体、8 字以及蛇形等动作编排而成。

（五）圈

采用木材或塑料制成，可染成或选用除金、银、铜以外的其他颜色。横断面可以是圆形、方形、椭圆形等。比赛由滚动、转动、8 字、绕环、抛接、旋转、钻圈以及平衡等动作编排而成。

艺术体操使用的器械有统一的规格。需要注意的是，器械不符合规格要求会被酌情扣分。

第四节　蹦　　床

蹦床是一项运动员利用蹦床的反弹在空中表现杂技技巧的竞技运动，属于体操运动的一种，有“空中芭蕾”之称。

近代蹦床起源于法国，后来蹦床逐渐普及，不久后便流行于美国。1947 年，得克萨斯州举行了第一届全国蹦床表演赛，一年后蹦床成为正式的比赛项目。1964 年，国际蹦床联合会在瑞士成立，同年举行了首届世界蹦床锦标赛。2000 年，蹦床被悉尼奥运会列为比赛项目。

蹦床运动的最高组织机构是国际体操联合会，该组织机构于 1881 年成立，总部设在瑞士。主要活动有组织四年一届的奥运会体操赛和世界杯体操赛，两年一届的世界体操锦标赛。

一、蹦床历史

蹦床起源于中世纪的法国。最初，法国杂技演员杜·坦伯林在空中吊着的安全网中做各种弹跳，并运用其进行表演，蹦床以此为开端。

1930 年，蹦床由美国人乔治·尼桑传入美国，并从蹦床的娱乐价值和体育特点出发，对蹦床进行了研究和改进，使其更安全和易于弹跳。之后，他成立了自己的蹦床公司，批量生产了改制后的蹦床。当这种新型蹦床出现以后，首先被美国空军用来作为军事训练的器材，后来很快又被空间科研机构用来训练飞行员和宇航员。医疗单位很快又将这种器械用于残疾人的治疗和康复。不久，蹦床以其特有的趣味性和健身特点而受到青少年的喜爱。

1947 年，美国得克萨斯州举行首届全国蹦床表演赛。

1948 年，美国举行了第一届蹦床锦标赛，至此，蹦床才被列入正式比赛中。之后，瑞士人科特·贝切勒和英国人泰德·布雷克率先将蹦床传入欧洲。

1958 年，英国开始举行全英蹦床锦标赛。

1964 年，国际蹦床联合会在瑞士成立，同年举行了首届世界蹦床锦标赛。

1969 年，法国巴黎举行了首届欧洲蹦床锦标赛。

1997 年，国际奥委会第一百零六次会议将蹦床列为奥运会的正式比赛项目。

1998 年，国际蹦床联合会解体。此后，蹦床项目由国际体操联合会管理。8 月，中国国家体委发出《关于在我国开展蹦床运动的通知》，并决定从 2001 年第九届全运会开始，增设蹦床项目的比赛。

1998 年 11 月，中国举行了首届全国蹦床冠军赛，以后每年都举行全国锦标赛、全国冠军赛、全国青少年赛。

2000 年，悉尼奥运会将蹦床列为正式比赛项目，设男、女个人两个项目，每个项目有 12 名运动员参加比赛。

2002 年，中国国家蹦床队成立。

2021 年 7 月 30 日 2020 东京奥运会女子蹦床决赛中国选手朱雪莹，得到了 56.635 的全场最高分，获得 2020 东京奥运会冠军，勇夺金牌，成为中国体操本届比赛第一块金牌。据悉，1998 年 3 月 2 日出生于北京市石景山区，朱雪莹 10 岁起开始练习蹦床项目，15 岁进入国家队。如今她站在东京奥运会巅峰，完成了自己在蹦床事业上的一次蜕变。

二、蹦床比赛项目

蹦床分为单跳和网上两个项目。

（一）单跳

比赛是在一条铺上厚毯的木质窄长专用跑道上完成的。在这条跑道上，运动员要连续完成一整套高难技术动作，包括前空翻、后空翻、侧空翻、前空翻接侧空翻、后空翻接侧空翻等，最后落在跑道尽头的垫子上。按照规定，整套动作应由 8 个以内的单个动作构成，最后必须以空翻动作结束。

（二）网上

借助弹力床的弹力将人体弹向空中，在空中做各种体操动作和翻筋斗的竞技运动，分男女单人、男子双人、女子双人和团体等项目，有规定和自选各十个动作，根据动作的编排、难度和完成动作的质量评分。

第五节 比赛规则

一、竞技体操比赛规则

（一）自由体操

男子一套动作在70秒内完成，女子在90秒内完成。自由体操成套动作的编排要充分利用整个场地。女子自由体操要有音乐伴奏。运动员必须双腿并拢、静立于自由体操场地内，然后开始做成套动作。成套动作的评分从运动员脚的第一个动作开始。运动员可以踩场地边线，但不能过线。当出界情况发生时，司线员将以书面形式通知裁判组负责人，裁判组负责人从最后得分中扣除相应的分数：

一只脚或一只手出界扣0.1分；

双脚、双手、一只脚和一只手或身体任何其他部位出界，扣0.3分；

动作直接落在界外，扣0.5分；

动作在界外开始，没有难度价值。

（二）鞍马

现代鞍马成套动作的主要特征是利用鞍马的所有规定部位，用不同的支撑姿势完成不同的全旋摆动动作（分腿或并腿）、单腿摆动和（或）交叉。允许有经手倒立加转体或不转体的动作，所有动作必须用摆动完成，不能有丝毫的停顿，不允许有力量动作或静止动作。运动员必须从站立姿势开始，允许做第一个动作时走上一步或跳起撑鞍马。动作评分从运动员的手撑鞍马开始。

（三）吊环

一套吊环动作应由比例大致相等的摆动、力量和静止部分组成。这些动作之间的连接是通过悬垂、经过或成支撑，经过或成手倒立来完成的，以直臂完成动作为主。由摆动到静止力量或由静止力量到摆动的过渡是当代吊环项目的显著特点。环带不允许摆动和交叉。

评分从运动员脚离地做第一个动作开始。运动员可从静止站立跳起开始比赛，或在教练员的帮助下成双手握环悬垂双腿并拢的良好静止姿势开始比赛。不允许教练员帮助运动员起摆。

（四）跳马

男女运动员跳马的助跑距离最长为25米。所有跳马动作必须通过用手推撑跳马来完成。第一次跳马结束后，运动员应立即返回到开始位置，出示信号后，再进行第二次试跳。

以男子跳马为例，运动员在资格赛、团体决赛和全能决赛中必须完成一个跳马动作。想获得跳马决赛资格的运动员在资格赛中必须跳两个动作，这两个动作必须是不同结构组的动作，而且第二腾空动作不能相同。

在完成每一次跳马动作之前，运动员必须向 A 组裁判员显示该动作在规则中对应的动作号码。号码显示牌可由他人帮助完成，出现显示错误时不对运动员进行处罚。

如发生下列情况之一，则 A 组裁判员和 B 组裁判员出示零分：

（1）运动员有助跑，踩了助跳板和/或触及马而没有做动作；

（2）助跑中断，运动员返回第二次助跑，所跳的动作极差以至无法辨认或脚蹬马；

（3）运动员两次撑马，即单臂或双臂；运动员跳过没有支撑过程，即两手都没有触马；

（4）运动员没有用脚先落地，这意味着至少有一只脚必须在身体其他部分之前接触垫子；

（5）运动员故意侧向落地；

（6）运动员跳了禁止使用的动作（分腿，第一腾空空翻，上板前做了禁止动作）；

（7）在资格赛中，运动员想获得单项决赛资格及在单项决赛中，运动员在第二跳时，重复第一跳的动作。

（五）双杠

现代双杠动作主要由摆动动作和飞行动作组成，并通过支撑和悬垂动作的变化来反映运动员在该项目上的能力。

运动员做双杠上法或动作开始前的助跑，必须从双腿并拢站立姿势开始。运动员单手或双手一接触杠子，则表示动作开始，双脚离地开始评分。做上法时摆动一条腿、迈一步是不允许的，即双脚必须同时离地。做上法时，允许在常规落地垫上放置踏跳板。

（六）单杠

一套现代单杠动作是运动员运用各种握法，流畅地完成半径长短不同的摆动、转体和飞行动作。

运动员必须从双腿并拢静立或加助跑，跳起抓杠或由别人帮助上杠；上杠后身体静止或悬垂摆动，但要保持良好的姿态。评分从运动员离开地面开始。

（七）高低杠

裁判员对高低杠成套动作的评分是由运动员从踏板或垫子起跳开始（不允许在踏板下增加支撑物）。如运动员在上法助跑中出错、未接触踏板、器械，或未跑到器械下面，允许第二次助跑。

运动员掉下器械到重新上器械（男子鞍马、吊环、双杠、单杠相同）继续做动作前，允许有 30 秒间断。如果运动员未能在 30 秒时限内重新上器械，则判定成套动作终止。

（八）平衡木

一套平衡木动作的时间不能超过 1 分 30 秒。计时从运动员踏板起跳或垫子起跳开始，当运动员结束平衡木成套动作接触垫子时停表。当规定时间剩 10 秒时给第一次信号，90 秒时给第二次信号。如果在第二次信号响时下法落地，不扣分。如果在第二次信号响后下法落地，将对成套动作超时判定予以扣分：2 秒或更少扣 0.1 分；多于 2 秒扣 0.3 分。

运动员从器械上掉下，成套动作被中断，允许有 10 秒的间断时间，间断时间不计算在成套动作的总时间内。如果运动员未能在 10 秒时限内重新上平衡木，则成套动作终止。

二、艺术体操比赛规则

（一）个人项目

个人全能竞赛只进行 4 种器械，时间为 1 分 15 秒~1 分 30 秒，时间不足或超过，均按规则进行扣分。24 名选手参加资格赛，每个协会最多 2 人参赛，前 10 名进入决赛。3 名裁判打分，第一个裁判打技术分，第二个裁判打艺术表现分，第三个裁判打完成分，完成分占总分的 50%。每项满分为 20 分，4 个项目总分最高为 80 分。

个人单项赛每队 2 名运动员参加，以单项的得分评定名次，最高分为 20 分。

（二）集体项目

集体项目由 5 名运动员集体完成动作，每套动作时间 2 分 15 秒~2 分 30 秒。时间不足或超过，均按规则进行扣分。第一轮竞赛必须使用同一种器械，第二轮竞赛使用两种器械。

第十一章 篮 球

知识目标

1. 了解篮球的起源和发展；
2. 了解篮球的基本技战术；
3. 了解篮球比赛的规则。

素养目标

1. 大胆实践，养成良好的锻炼身体习惯，培养终身体育意识；
2. 通过篮球运动促进身体锻炼，提高力量、速度、耐力、灵敏性等身体素质发展。

第一节 篮球运动概述

篮球运动在学校有着广泛的群众基础，是深受广大学生喜爱的运动项目之一。篮球运动是一项技能类同场对抗的集体运动项目。

一、篮球运动的起源

1891 年冬，美国的马萨诸塞州斯普林菲尔德市基督教青年会训练学校的教师詹姆士·奈史密斯博士，根据学校指示要设计一个冬季可以在室内运动的体育活动。受儿童向桃子筐内投石游戏的启发，詹姆士·奈史密斯发明了篮球游戏。

詹姆士·奈史密斯先生找来了两只竹篮，分别钉在健身房内看台的栏杆上，竹篮上沿距离地面的高度为 10 英尺（3.05 米），用足球做比赛工具，将全队分成两组进行比赛，向篮内投掷，投球入篮得一分，按得分多少决定胜负。以后逐步将竹篮改为活底的铁质球篮，后又在球篮上挂了线网。到 1893 年，形成了近似现在的篮板、篮圈和篮网。因起初使用的是竹篮和球，遂取名为“篮球”。

经过几次在体育课试验后，1891 年 12 月 25 日圣诞节之夜，詹姆士·奈史密斯博士将培训班的 18 名学生分成两队，用足球做游戏工具进行了表演比赛，并把游戏介绍给观众。从此，篮球运动诞生了。

二、篮球的传播与发展

篮球运动产生后，很快传播起来，先是在美国许多地方开展，1892 年传入墨西哥，1893 年传入法国，1895 年传入英国、中国，1896 年传入巴西，1897 年传入捷克斯洛伐克等国。1904 年第三届奥运会在美国圣路易斯举行，美国青年会男子篮球队首次进行了表演。此后，篮球运动逐步在中美洲、亚洲、欧洲和大洋洲开展起来。

篮球运动在向世界传播的同时，美国人不仅极力寻求篮球技术、战术的发展，而且在篮球市场的开拓上进行着尝试和努力。1898 年，美国新泽西州特伦顿的一支球队用 25 美元租用了当地的礼堂进行比赛并向观众售票。赛后队长库伯首先领到 1 美元，然后每名队员都分到了 15 美分。这场“有偿篮球赛”被《不列颠百科全书》认定为第一场“职业篮球赛”，而库伯则成为第一个从篮球比赛中得到收入的“职业选手”。

1932 年 6 月 18 日在瑞士的日内瓦成立了“国际业余篮球联合会”（简称国际篮联，FIBA），由葡萄牙、阿根廷等欧美的 8 个国家组成，现已发展到 157 个成员国，遍布五大洲。1936 年第十一届奥运会将男子篮球列入正式比赛项目。

1946 年 6 月 6 日，由美国 11 家冰球馆和体育馆的老板们共同发起成立了一个全美篮球协会（BAA）。其目的，一是使体育馆在没有冰球比赛的时候不至于空闲；二是争夺当时由成立于 1937 年的、最好的职业篮球联盟——国家篮球联盟（NBL）占据的职业篮球市场。BAA 在经营不到两年的时间里终于合并了 NBL，更名为“国家篮球协会”（NBA）。如今，NBA 已经家喻户晓，风靡世界，无论是 NBA 的技术、战术，还是 NBA 的经营理念，都为当今篮球的发展树立了楷模，领导着篮球运动的发展潮流，使篮球运动成为最受人喜爱的体育运动项目之一。

第二节　篮球基本技术

篮球技术是篮球比赛所必需的专门动作方法的总称，它是完成战术配合质量的重要因素。篮球技术分为进攻和防守两大部分。它们包括脚步动作、传球、接球、投篮、运球、持球突破、防守对手、抢篮板球等。

一、脚步动作

篮球的基本脚步动作包括以下几种：

（1）基本站立姿势和起动，如图 11-1 所示。

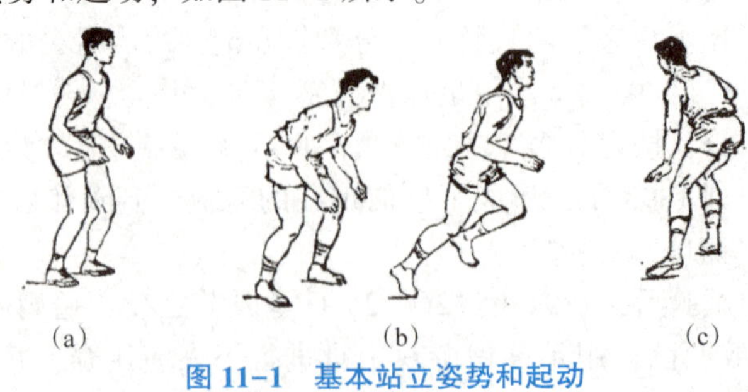

图 11-1　基本站立姿势和起动

（a）基本站立姿势；（b）向前起动；（c）向侧起动

（2）跑和跳，如图 11-2 所示。

图 11-2　跑和跳

（3）急停、转身，如图 11-3 所示。

(a)

(b)

(c)

图 11-3　急停、转身

（a）跨步急停；（b）跳步急停；（c）前转身

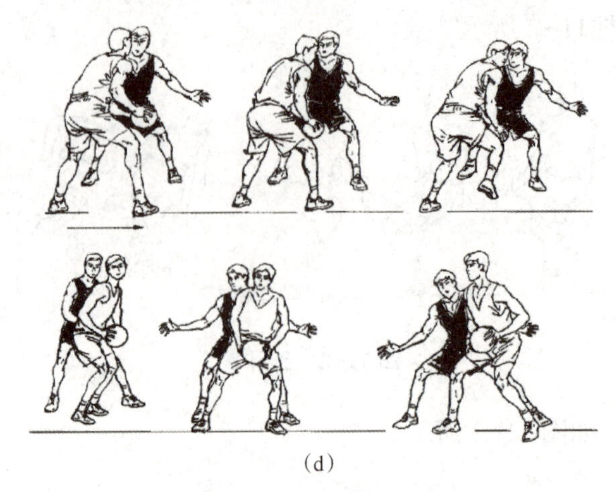

(d)

图 11-3　急停、转身（续）

(d) 后转身

(4) 防守步法：滑步、后撤步，如图 11-4 所示。

(a)

(b)

(c)

图 11-4　滑步、后撤步

(a) 侧滑步；(b) 前滑步；(c) 后撤步

二、传、接球

双手胸前传接球是最基本最实用的传球方法，在高水平的篮球比赛中也比较常用，是学习打篮球必须要掌握的传球技术。持球时，两手五指自然分开，拇指相对成八字形，如图 11-5 所示，用指根以上部位握球的侧后方，手心空出，两肘自然弯曲于体侧，将球置于胸前。肩、臂、腕肌肉放松，两眼注视传球目标，身体成基本姿势。传球时，如图 11-6 所示，后脚蹬地，身体重心前移，同时两臂前伸，手腕由下向上翻转，同时拇指用力下压，食指、中指用力弹拨，将球传出。出球后手心和拇指向下，其余手指向前。

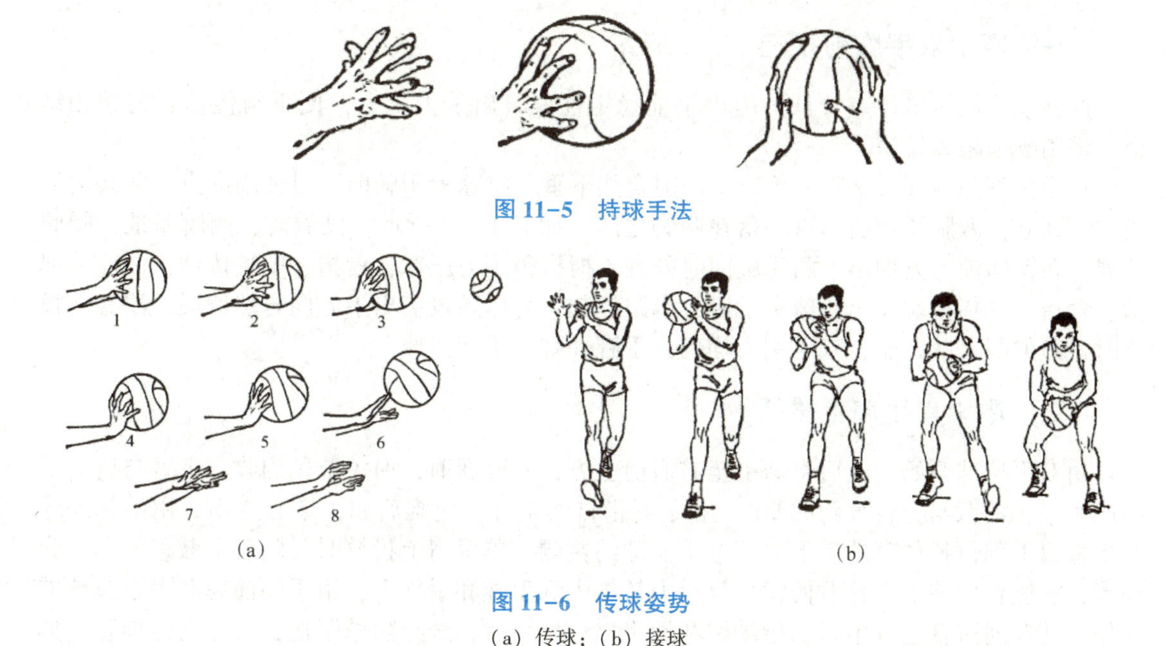

图 11-5　持球手法

图 11-6　传球姿势

（a）传球；（b）接球

双手胸前传、接球易犯错误和纠正方法如下：

易犯错误：在传球手腕翻腕时，两肘支起。

原因：手腕力量不够，两手用力挤压球。

现象：影响传球的准确性。

纠正方法：增强手腕力量，多做传球练习。

手指戳伤：因手指受到强烈的冲击而产生。

预防方法：要充分地做好手指的准备运动。手指戳伤，依程度可分为五种：扭伤、脱臼、骨折、腱断裂、挫创伤（皮肤裂开）。若发生扭伤，其治疗方法同其他部位的扭伤一样，先进行冷敷，2~3 天之后，则在该部位保温，同时按摩。脱臼时要能忍受疼痛，让医疗人员将手指拉直，恢复原状，然后和前法相同处置。至于手指严重的戳伤、骨折、腱断裂则不许乱动，迅速到医院医治。

三、投篮

投篮的方式多种多样，要提高投篮命中率就必须了解投篮的技术结构，正确掌握投篮技术。在学习投篮技术时，必须注意掌握以下技术要素。投篮技术动作包括两个方面：其一是投篮时的身体姿势；其二是持球手法。原地投篮时，要两脚前后自然开立，两膝微屈，上体稍前倾，重心落在两脚之间。这样，既便于投篮集中用力，也利于变换其他动作。移动中接球跳投、运球急停跳投或行进间投篮时，跨步接球与起跳动作既要连贯衔接，又要迅速制动，使身体重心尽快移到支撑面的中心点上，以保证垂直起跳。身体姿势正确就能保证身体重心移动与投篮出手的方向一致，就能保持身体平衡。控制身体平衡是保证出球方向准确的基本条件。投篮时，无论是单手还是双手，持球时五指都应自然张开，掌心空出，用指根及指根以上部位触球，增大对球的接触面积，以保持球的稳定性，控制球的出手方向原地投篮。原地投篮是最基本的投篮方法，是行进间投篮和跳起投篮的基础。原地投篮易于保持身体平衡，便于全身协调用力，比较容易掌握。一般在中、远距离投篮和罚球时运用较多。

（一）原地双手胸前投篮

这种投篮虽然出球点较低，但出手前稳定性好，出手力量大，便于与传球、突破相结合，多用于远距离投篮。

双手持球基本同双手胸前传球。两肘自然下垂，将球置于胸前，目视瞄准点。两脚前后或左右开立，两膝微弯曲，重心落在两脚之间，如图 11-7 所示。投篮时，两脚蹬地，腰腹伸展，两臂向前上方伸出，两手腕同时外翻，拇指稍用力压球，食指、中指拨球，使球从拇指、食指、中指指端飞出。球出手后，脚跟提起，身体随投篮出手方向自然伸展。注意：投篮时，蹬伸踝、膝、髋，双手用力均匀，手腕外翻，手指拨球。

（二）原地单手肩上投篮

由双手持球开始，然后将球引至右肩前上方，右臂屈肘，肘关节稍内收，上臂与肩关节约成水平，前臂与上臂大约成 90°。右手五指自然张开，手腕后屈，掌心空出，用手掌外缘和指根以上部位托住球的后下方，左手扶球的左侧。单手肩上投篮时，随着下肢蹬伸和腰腹伸展，投篮臂向前上方抬肘伸臂，最后力量集中到手腕和手指上，由手腕前屈和手指拨球的动作，使球通过食指、中指的指端柔和地飞出。出手后，全身随球跟送，手臂自然伸直，如图 11-8 所示。通常距离越近，身体其他部分用力越小，多以手腕和手指用力为主；投篮距离越远，身体协调用力越大，对手腕、手指调节力量的能力也要求越高。

图 11-7　原地双手胸前投篮姿势

图 11-8　原地单手肩上投篮姿势

（三）行进间单手肩上投篮

行进间单手肩上投篮又称行进间单手高手投篮，是在比赛中切入篮下时，常用的一种投篮方法。以右手投篮为例，右脚向前跨一大步时接球，接着上左脚蹬地起跳，右腿屈膝上抬，同时双手举球于右肩前上方。腾空后，上体稍后仰，当接近高点时，向前上方抬肘伸

臂，用手腕前屈和手指拨球力量将球投出。跨步一大二小向上跳，节奏要清楚。出手时，腕、指用力要柔和，如图 11-9 所示。

图 11-9　行进间单手肩上投篮姿势

（四）行进间单手低手投篮

行进间单手低手投篮是在快速跳动或运球超越对手后，在篮下的一种投篮方法。它具有伸展距离远和出球平稳的优点。以右手投篮为例，右脚向前跨出一大步的同时接球，左脚跨第二步时用力蹬地向前上方起跳，右腿屈膝自然上提。腾空到最高点，右手五指自然张开，掌心向上，托球的下部，右臂向前上方伸展。接近球篮时，用手腕上挑和手指的拨动，使球向前旋转进入球篮。腾空时身体向前上方充分伸展，举球后保持托球的稳定，腕、指上挑动作柔和协调，如图 11-10 所示。

图 11-10　行进间单手低手投篮姿势

单手肩上投篮易犯错误和纠正方法如下：

易犯错误：单手肩上投篮时手臂容易外展。

原因：手指、手腕力量不好，手腕柔韧度不好。

现象：影响投篮的准确度。

纠正方法：上臂与肩关节约成水平，前臂与上臂大约成 90°。右手五指自然张开，手腕后屈，对照镜子多做徒手的投篮模仿练习。

四、运球

（一）高运球

运球时，球反弹的高度在腰、胸之间叫高运球。它是在没有防守队员阻挠的情况下，为了加快向前推进的速度或在进攻中调整进攻速度和攻击位置时，所采用的一种运球方法。上体稍前倾，抬头看前方，以肘关节为轴，用手拍按球的后上方，把球的落点控制在身体侧前方，如图 11-11（a）所示。手脚协调配合，使球有节奏地向前运行。注意：手拍按球的部位正确，手脚协调配合。

（二）低运球

运球时，球反弹的高度在膝关节以下的运球叫低运球。当受到对手紧逼或接近防守队员时，常采用这种运球方法保护球和摆脱防守。两膝迅速弯曲，重心降低，抬头看前方，上体前倾，靠近防守队员一侧，用上体和腿保护球，如图 11-11（b）所示。同时，用手腕、手指力量短促地拍按球，以便更好地控制球和摆脱防守，继续前进。注意：两膝弯曲迅速，降低重心，上体前倾；拍按球短促有力，手脚协调配合。

（三）运球急停急起

运球急停急起是运球时利用速度的突然变化来摆脱防守的一种方法。多用在对手防守较紧的情况下，在快速运球中突然停止前进，迫使防守队员被动减速停住，趁其重心不稳时，再突然加速起动运球，摆脱防守。运球急停时，用手快速拍按球的前上方，同时，两脚做跨步急停，并转入低运球，用臂、上体和腿保护球，如图 11-11（c）所示。运球急起时，后脚用力蹬地，同时拍按球的后上方加速超越对手。注意：拍按球部位正确，停得稳、起得快。

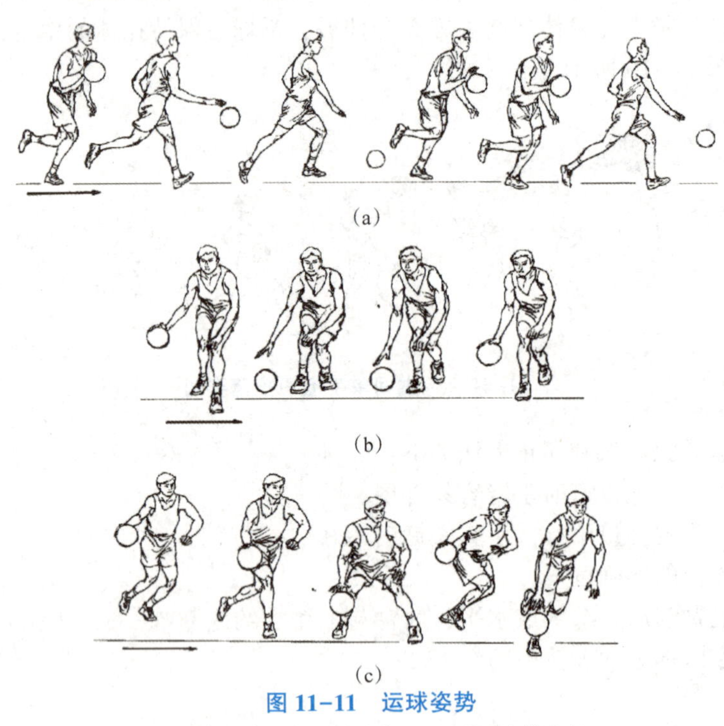

图 11-11　运球姿势

（a）高运球；（b）低运球；（c）运球急停急起

五、持球突破

持球突破是持球队员运用合理的脚步动作与运球技术相结合，快速超越防守队员的一项攻击性很强的进攻技术。在比赛中，及时地把握突破时机，合理地运用突破技术，是直接切入篮下得分的重要手段。持球突破还可打乱对方的防御部署，为同伴创造更多更好的投篮机会。突破若能巧妙地与投篮、传球等结合运用，使突破技术灵活多变，就能更好地发挥突破技术的攻击力。根据持球突破采用的步法，可分为交叉步突破和同侧步突破两种。

（一）原地持球同侧步突破

原地持球同侧步突破也称顺步突破，如图 11-12 所示，其优点是突破时起动突然，初速度快，但球暴露较多，容易被对手将球打掉。突破时，上体积极前倾的同时，右脚迅速向右前方跨一大步，同时上体右转，左肩积极下压。左脚内侧用力蹬地，在左脚离地前，用右手推按球于右脚外侧前方，然后左脚迅速跨步抢位，加速运球超越对手。注意：起动要突然，跨步、运球要快速连贯，中枢脚离地前球要离手。

图 11-12　同侧步突破

（二）原地持球交叉步突破

原地持球交叉步突破的优点是跨步后与防守队员接触面较小，能更好地利用跨步抢位保护球。突破时，左脚向左侧前方迈出一小步，把防守队员引向自己左侧的同时，用左脚前掌内侧迅速蹬地，向右侧前方跨一大步，上体稍右转，左肩向前下压，重心向右前方移动，将球推引至右侧，用右手推按球于左脚右侧前方，接着右脚蹬地加速超越对手，如图 11-13 所示。注意：积极蹬地，起动突然；转体探肩应与跨步相连；推按球离手必须在中枢脚离地之前；跨步脚尖指向突破方向。整个动作协调连贯。

图 11-13　交叉步突破

六、防守对手

防守对手，是防守队员合理地运用脚步移动和手臂动作积极抢占有利位置阻挠和破坏对手投篮、传接球、突破等进攻意图以争夺控球权，转守为攻。防守对手包括对无球队员的防守和对持球队员的防守。

（一）防守无球队员

根据对手、球、球篮，选择有利位置，有球紧，无球松；近球紧，远球松；积极移动，控制对手。要做到球、人、区兼顾，与同伴协同防守，破坏对方进攻配合，加强防守的集体性。防守时应以人（各自防守的对手）为主，人球兼顾，时刻注意人、球、对手、篮圈等的方位，随时调整自己的防守位置，并注意协助同伴防守，干扰和破坏自己附近的球和进攻队员。全队要有良好的配合意识，思想统一，配合默契，前后呼应，行动迅速，积极抢占有利位置，争取在气势上占据主动。防守无球队员时，以防止或减少对手接球为主，特别要防止对手在有威胁的区域内接球，人球兼顾，及时准备补防和断球。

（二）防守持球队员

首先要防止对手的投篮和突破，干扰其传球。对手运球时，要迫使其向边、角方向移动并使其停球。对手停球后，要立即贴近进行紧逼防守，封堵传球。在防守持球队员的过程中，要积极利用抢、打、封、抹、盖等技术和各种假动作，破坏和夺取对方的控球权，如图 11-14 所示。

图 11-14　防守对手

（a）打掉原地持球队员手中的球；（b）打掉运球队员手中的球；（c）打掉上篮队员手中的球；（d）纵断球；（e）横断球；（f）盖帽

七、抢篮板球

抢篮板球分为抢前场篮板球和抢后场篮板球，如图 11-15 所示。抢篮板球时注意以下几点：

图 11-15　抢篮板球

（一）抢占位置

要设法抢占在对手与球篮之间的有利位置上。抢进攻篮板球时要判断球的落点，利用各种假动作冲抢；抢防守篮板球时要注意用转身挡人的动作先挡人后抢篮板球。不论抢进攻还是防守篮板球，都要抢占在对手与球篮之间的位置上。

（二）起跳动作

起跳前两腿微弯曲，重心降低，上体稍前倾，两臂屈肘举于体侧，重心置于两脚之间，注意观察判断球的反弹方向，及时起跳。起跳时两脚用力蹬地，同时两臂上摆，手臂上伸，腰腹协调用力，充分伸展身体，并控制身体平衡。

（三）抢球动作

分双手、单手和点拨球。双手抢篮板球时，指端触球瞬间，双手用力握球，腰腹用力，迅速将球拉入胸腹部位，同时两肘外展，以保护球。单手抢篮板球，跳起达到最高点时，指端触球后，迅速屈指、屈腕、屈肘收臂，将球下拉，另一只手扶球护球于胸腹部位。点拨球是在跳起到最高点时，用指端点拨球的侧方、侧下方或下方。进攻抢到篮板球时或补篮或投篮，或迅速传球给同伴重新组织进攻；防守抢到篮板球，或在空中将球传出或落地后迅速传出或运球突破后及时传给同伴。

第三节　篮球基本战术

篮球运动的基本战术是比赛中队员个人技术的合理运用和全体队员相互协调配合的组织形式和方法。一切战术的目的都是争夺控球权而投篮得分。篮球战术对比赛胜负有重要作用，战术对发挥本队专长、抑制对手之短有积极作用，它可以掌握主动，积极争取比赛的胜利。篮球战术基础配合是在篮球比赛中队员两三人之间有目的、有组织、协调行动的简单攻守配合方法。进攻战术基础配合是指在篮球比赛中，进攻队员两三人之间有目的、有组织、相互协同行动的配合方法。进攻基础配合包括传切、掩护、策应和突分配合。防守战术基础配合是篮球比赛中两三人之间为了破坏对方进攻配合所组成的简单配合。防守战术基础配合包括抢过、穿过、绕过、关门、夹击、补防和交换防守配合等。

一、进攻战术的基本配合

（一）传切配合

进攻队员之间利用传球和切入技术所组成的简单配合。它包括一传一切和空切配合。切入队员首先要掌握切入时机，根据对方的防守情况，利用假动作摆脱、及时、快速切入篮下，并随时准备接球。传球队员要利用假动作吸引、牵制对手，并采用合理的传球方法及时、准确地将球传出，如图 11-16 所示。

（二）突分配合

持球队员持球突破后，主动地或应变地利用传球与同伴配合的方法。队员突破时要快速、突然，在突破过程中要随时观察场上攻守队员位置的变化，及时准确地传球。接球队员要把握时机，及时摆脱对手，迅速抢占有利位置接球投篮，如图 11-17 所示。

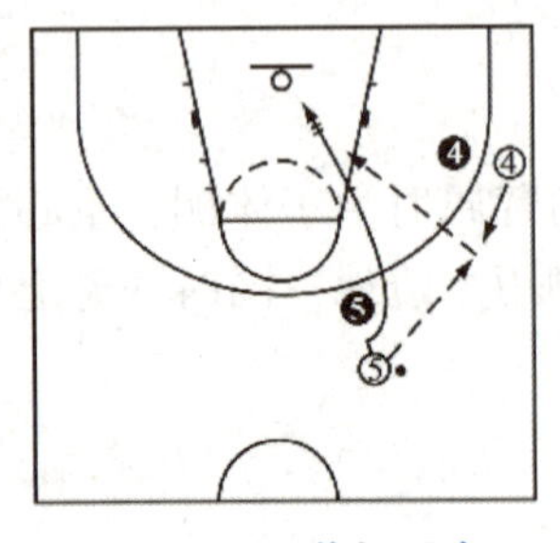

图 11-16　传切配合

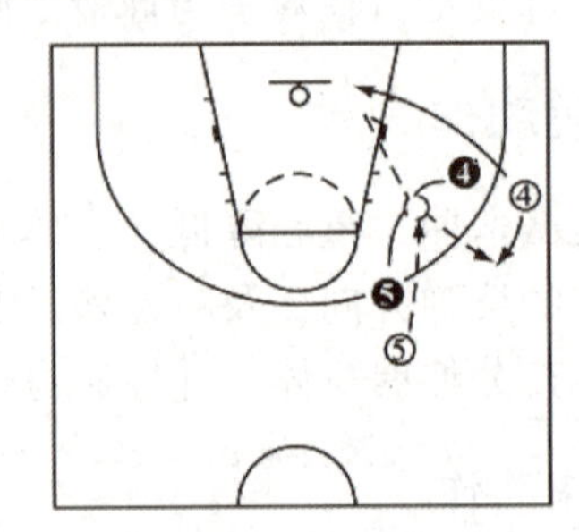

图 11-17　突分配合

（三）策应配合

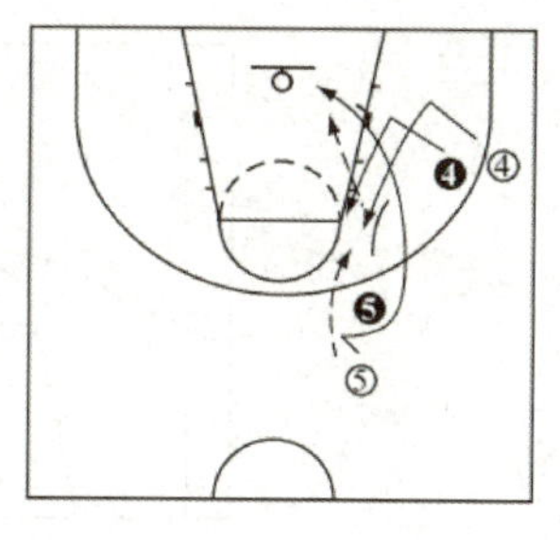
图 11-18　策应配合

策应配合是指进攻队员背对篮框或侧对篮框接球，由他作枢纽，与同伴空切相配合而形成的一种里应外合的方法。策应队员要及时抢位要球，两手持球护于胸前或头上，接球后结合转身、跨步等动作协助同伴摆脱防守或个人进行攻击。外围传球队员要根据策应者的位置和机会，及时准确地传给策应队员，做到人到球到，传球后迅速摆脱对手切入篮下，创造进攻机会，如图 11-18 所示。

（四）掩护配合

掩护队员采用合理的行动，用自己的身体挡住同伴防守者的移动路线，使同伴借以摆脱防守，或利用同伴的身体和位置使自己摆脱防守的一种配合方法。掩护要符合规则的规定，掩护队员动作要突然，被掩护队员要用假动作吸引自己的防守队员，不让对方发现同伴的掩护意图。掩护时同伴之间的配合时机非常重要，掩护配合时队员配合要默契，注意动作要果断，并根据临场变化，争取第二次机会，如图 11-19 所示。

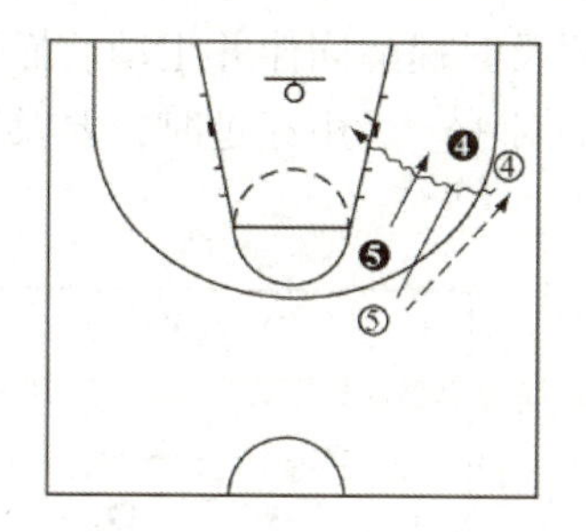
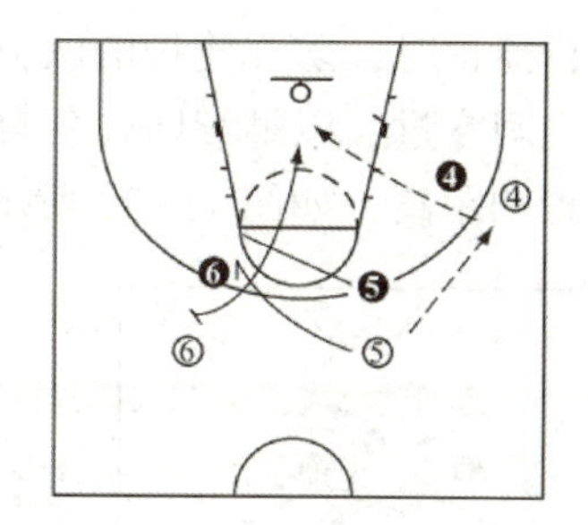
图 11-19　掩护配合

二、防守战术的基本配合

（一）夹击配合

两名防守队员有目的地同时采取突然的行动，封堵和围夹持球者的一种配合方法。首先要选择好夹击的位置和时机。运用夹击时，贴近对方身体要适度，不能犯规。已形成夹击后，其他队员要随时轮转补位，严防对方近球区队员接球，远球区的防守队员要以少防多，选好断球位置，如图 11-20 所示。

（二）关门配合

两名防守队员靠拢协同防守突破的配合方法。防守队员应积极堵截突破的移动路线，临近突破一侧的防守者要及时向同伴靠拢进行关门，不给突破者留有空隙，如图 11-21 所示。

图 11-20　夹击配合

图 11-21　关门配合

（三）挤过配合

防守者在掩护队员临近自己时，要积极向前跨出一步，贴近自己的防守对手，从掩护者前面挤过去，继续防住自己的对手。抢过时要贴近对手，向前抢步要及时，动作要突然，防守掩护的队员要相互提醒，如图 11-22 所示。

（四）穿过配合

当进攻队员进行掩护时，防守掩护的队员要及时提醒同伴并主动后撤一步，让同伴及时从自己和掩护队员之间穿过，以继续防住各自的对手。运用穿过时，要及时提醒同伴并主动让路，调整防守位置和距离，如图 11-23 所示。

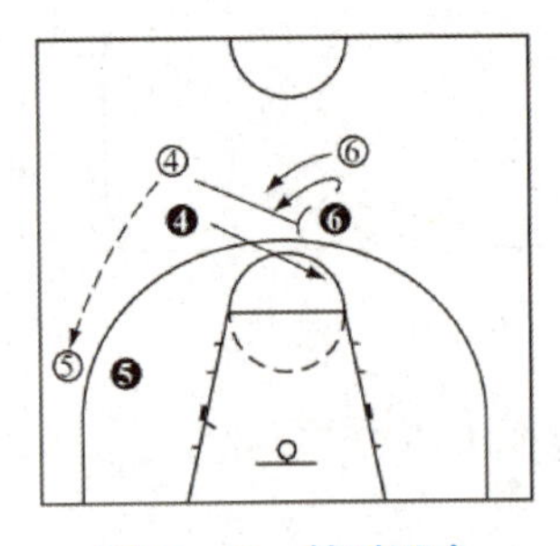

图 11-22　挤过配合

图 11-23　穿过配合

（五）绕过配合

当进攻队员进行掩护时，防守掩护的队员主动贴近对手，让同伴从自己的身旁绕过，继续防住各自的对手，如图 11-24 所示。

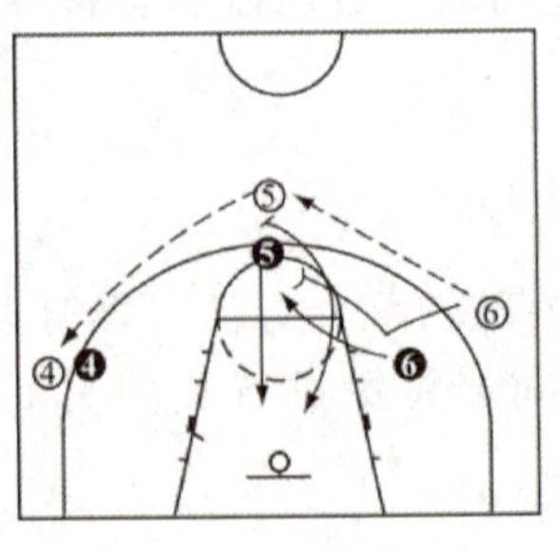

图 11-24　绕过配合

三、快攻

快攻是由防守转入进攻时，进攻队以最快的速度，最短的时间，将球推进至前场，争取造成人数上和位置上的优势，以多打少，果断合理进行攻击的一种进攻战术。快攻可分为发动与接应、推进、结束三个阶段。它可分为以下三种形式：

（1）长传快攻：队员在后场获球后，立即把球长传给迅速摆脱对手的快下队员。

（2）短传（结合运球推进快攻）：防守队员获球后，立即以快速的短距离传球的方式，直逼对方篮下进攻的一种快攻形式。

（3）运球突破快攻：防守队员获球后，利用运球技术超越防守，自己投篮得分或传球给比自己投篮机会更好的同伴进行攻击的方法。快攻发动的时机是抢到后场篮板球时发动快攻，掷后场界外球发动快攻，抢、断球后发动快攻，跳球时发动快攻。

四、防守快攻

防守快攻是在攻守转换过程中，队员有组织地运用个人战术行动和几个人之间的协同配合，主动堵截对手，积极抢断，破坏其快攻战术，力争控制对手转攻的速度，以达到稳定防守，迅速组织起各种不同形式的全队防守战术的目的。防守快攻是由攻转守的刹那间，快速抢占有利的防守位置，利用强有力的个人防守行动和配合，限制对手的速度、破坏对手的攻击，使对方转入阵地进攻的一种防守战术。防守快攻的作用是提高本队进攻的成功率，减少对方发动进攻的机会，减少不必要的失误，组织拼抢篮板球，以利于本队部署防守。防守快攻战术是一个有机的整体，必须根据快攻攻势的展开，有针对性地去防守，力求延缓对方进攻的速度，打乱对方进攻的节奏，推迟对方进攻攻击时间，以利于迅速组织阵地防守。防守快攻常用的方法和手段如下：

（1）提高进攻成功率。防守快攻首先应提高进攻成功率，要特别注意减少进攻中的失误和违例，这是控制对手进攻速度，减少其发动快攻机会的重要手段。

（2）积极拼抢前场篮板球。比赛实践证明，当进攻投篮不中时，有组织地积极拼抢前场篮板球，是控制对手抢篮板球发动快速反击最有效的方法。即使防守队员获得篮板球，由于近篮区攻守人员密集，攻守争夺激烈，所以不容易发动快攻。

（3）封堵一传和截断接应。有组织地堵截快攻的一传和接应，是制止对方发动快攻的关键。破坏对方发动快攻的路线也取决于封堵一传和接应。当对手获球转攻时，邻近的防守队员，要迅速紧逼积极封堵一传；与此同时，其他防守队员要主动迫使接应队员改变预定的接应区，截断其联系，从而延缓其发动快攻的时间，使同伴迅速抢占有利位置，以便更好地按照规定的防守战术要求进行防守。

（4）退守时要“堵中卡边”，防止长传快攻。防守快攻除积极拼抢篮板球、堵截一传和接应外，还应在退守过程中防止对方从中路突破，并要防守快下队员。

（5）以少防多的能力。赛中，由于攻防变换频繁，情况复杂多变，等对方快攻推进时，往往形成以少防多的局面。出现以少防多的情况时，防守队员应积极移动，选择和占据有利的防守位置，保护篮下，并运用假动作来干扰，给进攻队员制造错觉和困难，迫使对手在传球中出现失误。在此基础上延缓其进攻速度，为同伴争取退防的时间，以便重新组织起阵地防守战术。

五、人盯人防守

人盯人防守是指以盯人为主兼顾球位，做到人球兼顾，每名防守队员都要积极盯住自己的进攻对手，并与同伴进行共同协防的全队防守战术。人盯人防守根据双方队员身高、位置和技术水平合理进行防守分工。由攻转守，迅速找人，积极抢断，夹击补防。防守有球队员紧逼，积极防其运突传投。防守无球队员，要近球贴近防守，切断对方传球路线，远球要回缩防守，始终保持人球兼顾。人盯人防守如图 11-25 所示。

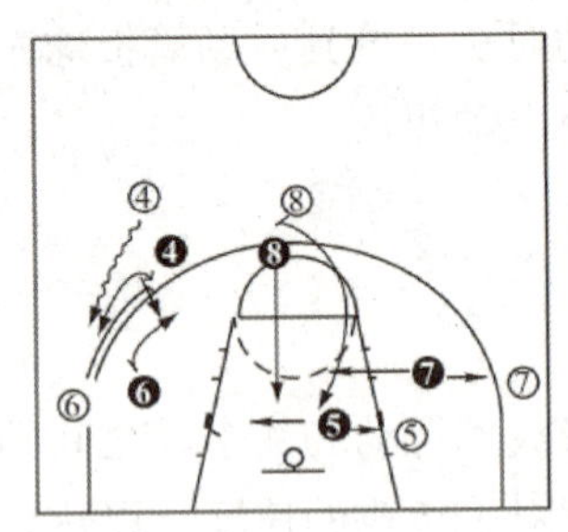
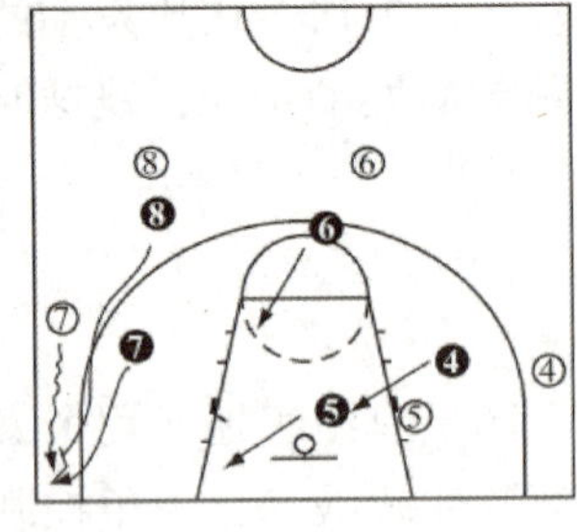
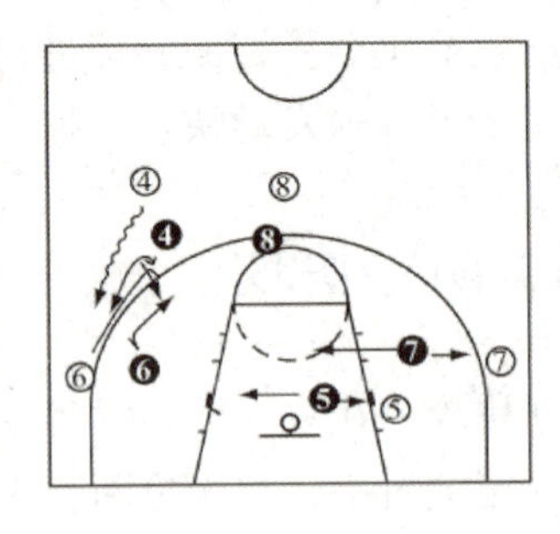

图 11-25　人盯人防守

六、区域联防

区域联防是由进攻转入防守时，防守队员退回后场，每个队员分工负责防守一定的区域，严密防守进入该区域的球和进攻队员，并与同伴协同防守，用一定的队形，把每个防守区域有机地连接起来，组成区域联防战术。

（一）区域联防的基本要求

（1）每个队员必须认真负责自己的防区，积极阻挠进入该防区的进攻队员的行动，并联合进行防守。

（2）要以防球为重点，随球的转移而经常调整位置，做到人球兼顾，不让持球队员突破和传球给内线防区。

（3）对进入罚球区附近或穿过罚球区的进攻队员，必须严加防守，切断其接球路线，不让其轻易接球、传球或投球，加强篮下区域防守。

（4）每个防守队员要彼此呼应，随时准备协防、换位、越区、“护送”等，相互帮助，加强防守的集体性。处于远离球的后线防守队员，要起指挥防守的作用。

（二）区域联防的形式和特点

区域联防的站位队形有“2-1-2”“2-3”“3-2”“1-3-1”等，图 11-26 和图 11-27 中黑线区为联防的薄弱区。下面主要介绍“2-1-2”区域联防，如图 11-26 所示，“2-3”区域联防，如图 11-27 所示。

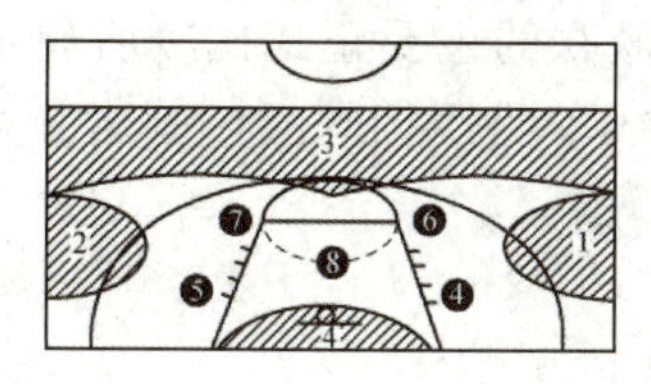

图 11-26　“2-1-2”区域联防

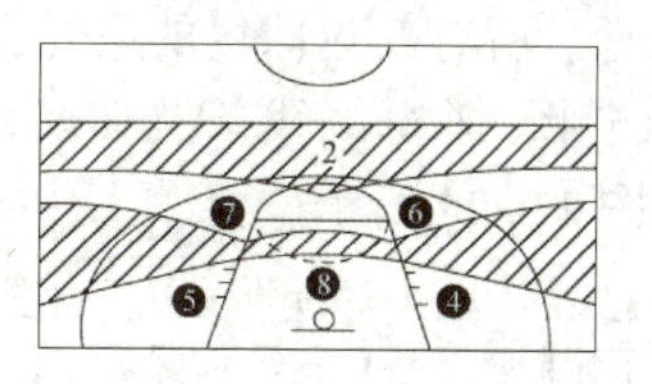

图 11-27　“2-3”区域联防

“2-1-2”区域联防的优缺点：五个防守队员分布比较均衡，移动距离近，便于相互协作，并能根据进攻队员的特点防守位置，变换防守队形，所以它是区域联防的基本形式。这种防守队形便于控制篮下，有利于抢篮板球和发动快攻。但有薄弱区域，不利于防守这些区域内的中远距离投篮，不利于在球场底角进行“夹击”防守配合。

2022 年 10 月 1 日，2022 女篮世界杯的决赛在悉尼上演，中国女篮 61：83 不敌美国女篮，获得本届世界杯的亚军。

面对着志在夺下四连冠的美国女篮，中国女篮遗憾没有创造奇迹，但姑娘们的努力，已经让她们写下了一段辉煌历史。

过去的这些年，中国女篮也曾经历过起伏和波折，也曾受到过质疑和批评，但是她们不断打磨技术，刻苦训练，在球场上展现出了超越对手的求胜欲望和坚定信念。

在半决赛战胜世界杯东道主澳大利亚女篮之后，中国女篮队史第二次站上了世界杯的决赛舞台。对于这支平均年龄不到 26 岁的中国女篮而言，能够战胜强敌重回决赛，在精神上是一份巨大的鼓舞。

中国女篮的精神力量和意志品质，甚至比世界杯亚军的成绩更加宝贵。

亚军也追平了中国女篮在世界杯上的最好成绩，这是女篮姑娘们最好的国庆献礼。

第四节　比 赛 规 则

一、场地器材

（一）篮球场地

篮球场是一个长方形的坚实平面，无障碍物。对于国际篮联主要的正式比赛，球场尺寸为：长 28 米，宽 15 米，篮球的丈量是从界线的内沿量起。对于所有其他比赛，国际篮联的适当部门，如地区委员会对地区或洲的比赛，或国家联合会对所有国内的比赛，有权批准符合下列尺寸范围内的现有球场：长度减少 4 米，宽度减少 2 米，只要其变动互相成比例。天花板或最低障碍物的高度至少 7 米。篮球场照明要均匀，光度要充足。灯光设备的安置不得妨碍队员的视觉。所有新建球场的尺寸，要与国际篮联的主要正式比赛所规定的要求一致：长 28 米，宽 15 米。篮球场线条及其尺寸，篮球场线条要用相同颜色画出，宽度为 0.05 米（5 厘米），如图 11-28 所示。

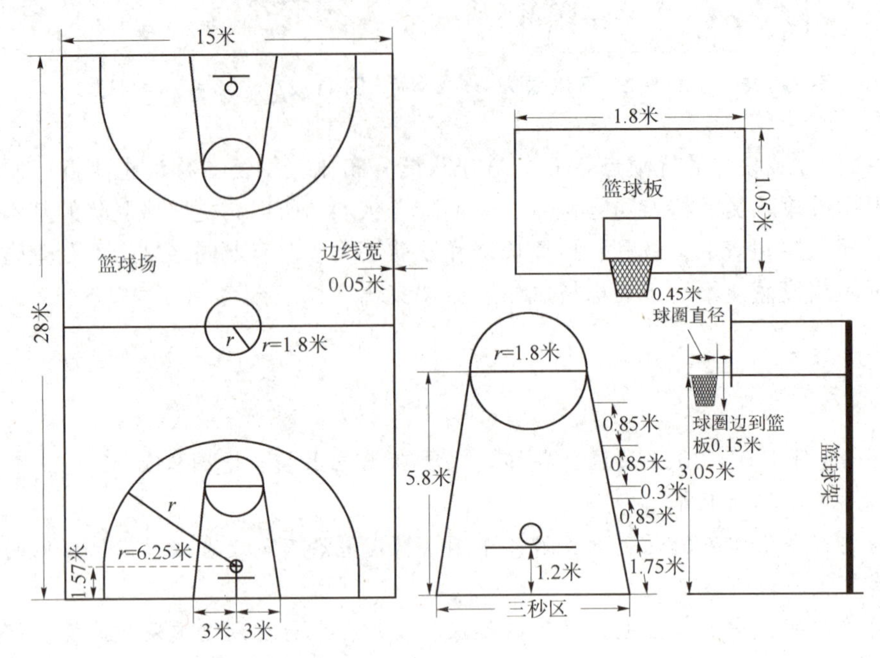

图 11-28　篮球场尺寸

（二）篮板

篮板横宽 1.80 米，竖高 1.05 米，篮板下沿距地面 2.90 米。

（三）比赛用球

篮球充气后，从 1.80 米的高度落到地面上，反弹高度不得低于 1.20 米，也不得高于 1.40 米。

二、篮球比赛规则

（一）一般规则

（1）比赛人数。每场篮球比赛由两个队参加，每队出场 5 名队员，目的是将球进入对方球篮得分，并阻止对方获得球或得分。

（2）比赛时间。分为四节，每节 10 分钟。每节之间和每节决胜之前休息 2 分钟。两半时赛之间休息 15 分钟。如第四节结束时比分相等，则打若干个决胜期直至决出胜负。

（3）暂停。第一、二节每节准予二次暂停，第三、四节准予三次暂停。每一决胜期准予一次暂停。

（4）换人。每当死球时停表，停表即可换人。如果是甲队发生违例则甲队不能换人，而如果此时乙队先换人，也可以给予甲队换人。换人的次数没有限制。

（二）常见的违例

违例是指队员违犯了比赛中关于时间或技术等方面规则的行为。

（1）3 秒。场上控制活球的队的队员在对方限制区内停留了超过 3 秒。

（2）5 秒。罚球时，每次罚球均不得超过 5 秒；掷界外球时，不得超过 5 秒；在场上，持球队员一旦被对方严密防守并停步时开始计算，须在 5 秒内出手，否则违例。

（3）8 秒。每当一名队员在他们的后场控制活球时，他的队必须在 8 秒内使球进入他们的前场，否则为违例。

（4）24 秒。每当一名队员在场上控制活球，他的队需在 24 秒内投篮，否则为违例。

（5）球回后场。当某队在前场控制球时，不能使球回后场，否则为违例。

（6）带球走。篮球技术的特殊特点之一是队员一旦持球，就必须确立中枢脚。中枢脚离地后再次落地前，球必须离开队员的手，否则是“带球走”。

（7）两次运球。队员在一次运球结束后不得再次运球。

（8）罚球时的违例。罚球时，罚球队员除了需遵守 5 秒规则外，还有脚不得触及限制区（罚球线是限制区的一部分）和投出的球必须触及篮圈以及不得做假动作。

（三）常见的犯规

犯规包括有身体接触的侵人犯规和没有身体接触的技术犯规两大类。

（1）侵人犯规。常见的有拉人、推人、撞人、阻挡、背后非法防守、非法用手、非法掩护等。

（2）没有身体接触的技术犯规如下：

①违反体育道德的犯规。当裁判员判断某队员不是在规则的精神和意图范围内合法地去抢球而发生的侵人犯规，则判为“违反体育道德的犯规”。取消比赛资格的犯规是一种恶劣的违反体育道德的犯规。无论是队员、替补队员，还是教练员、随队人员，裁判员均有权判罚。双方犯规是两个队的两名队员同时的相互间的犯规。罚则是不判给罚球。

②队员技术犯规。当一名队员不顾裁判员的警告或与裁判员、记录台人员、技术代表、对方队员交涉时没有礼貌，使用冒犯或煽动观众的言行，戏弄对方，阻碍掷界外球的迅速进行，等等，都被判技术犯规。

第十二章　排　　球

知识目标

1. 了解排球运动的起源和发展；
2. 了解排球的基本技战术。
3. 了解排球比赛的规则。

素养目标

1. 形成良好的排球运动参与习惯，能独立制定个性化的健康运动处方；
2. 具有较高的体育文化素养和观赏水平。

第一节　排球运动概述

一、排球运动的起源和发展

排球运动是1895年由美国麻省好利若城青年会干事威廉·莫根发明的，开始是用篮球胆在室内的网球场两边拍来拍去使球不落地的一种游戏。其打法上采用网球和手球的技术，并采用类似棒球的规则，由9局组成，连胜3分为1局，双方上场人数不限，但必须对等。之后，美国的传教士和军队将排球运动带到世界各地。1896年，在美国普林菲尔德基督青年会体育指导大会上进行了首次表演赛。哈尔斯戴博士发现这种运动和网球有些相似。于是建议把这种运动命名为“Volley-dall”，即“空中飞球”。从此“Volley-dall”的名称一直沿用至今。这提议很形象地概括了排球运动的性质。得到与会者的一致认可。1947年。国际排球联合会（以下简称“国际排联”）成立后，排球运动就成为一项世界性的体育项目。目前，国际排联已有200多个会员国。排球于1905年左右传入中国。

在1964年东京奥运会上，中国首次参加了比赛。中国女排具有光荣的历史。20世纪80年代荣获辉煌的“五连冠”，即1980年、1985年世界杯好排球赛冠军、1982年、1986年世界锦标赛冠军、1984年奥运会冠军。1949年举行了第一届世界男子排球锦标赛。世界排球比赛主要有世界杯排球赛、世界排球锦标赛、奥运会排球赛、世界排球联赛和世界排球大奖赛等。

在2016年里约奥运会女排决赛中，中国女排对阵塞尔维亚女排。比赛一开始，中国女排就展现出了强劲的实力，凭借着队员们的出色发挥，中国女排在前两局中取得了胜利。然而，在第三局中，塞尔维亚女排反击，将比分扳成了2∶1。面对对手的强烈反击，中国女排并没有退缩，而是更加努力地拼搏，最终以3∶1的比分击败了塞尔维亚女排，夺得了奥运会冠军。

中国女排在里约奥运会上的胜利，是史无前例的。这是中国女排历史上第三次获得奥运会冠军，也是中国体育事业的一次重大胜利。此次胜利的意义不仅在于夺得奥运会冠军，更在于展现了中国女排的实力和精神。中国女排在比赛中展现出了团结拼搏、勇毅奋斗的精神，为中国体育事业树立了典范，也为全国人民带来了无限的骄傲和自豪。

二、现代排球运动特点

（一）技术的全面性

参加比赛的每个队员必须全面掌握各项技术。

（二）激烈的对抗性

各个比赛环节都是在激烈的对抗中进行的。对抗的焦点集中在网上的扣拦。

（三）高度的技巧性

球不能落地，也不能连击、持球和四次击球。因此它对时间性、技巧性要求很高。

（四）严密的集体性

水平越高，集体配合就越严密。

三、比赛基本方法

关于正式比赛球网的高度，男子为2.43米，女子为2.24米，场地长18米、宽9米，采用5局3胜制和每球得分制，比赛时双方各上场6人，分前后排站位，由获得发球权一方的后排1号位队员在端线外9米区域内发球。发球方每胜一球，由发球队员继续发球，失误则换发球权，由对方按顺时针方向轮转1个位置，轮转到后排右边的队员发球。前四局先得25分并同时超出对方2分的队胜一局，当比分24∶24时，比赛继续进行至某队领先2分为止，如27∶25；第五局则为先得15分并同时超出对方2分的队获胜，当14∶14时，比赛继续进行至某队领先2分为止，比分无最高限制。局间进行场区交换，决胜局中某队领先获得8分时，两队交换场区，队员在原来的位置继续比赛。第一～四局，每局有两次技术暂停，时间为 1 分钟，每当领先队达到 8 分或 16 分时自动执行，相应的，每个比赛队每局还有两次机会请求 30 秒的普通暂停，第五局无技术暂停，每队可请求两次 30 秒的暂停。同时，每队每局允许请求换人 6 人次。

第二节　排球基本技术

一、准备姿势

自然放松，可稍蹲、半蹲和低蹲，两臂自然放松置于腹前，重心稍靠前。稍蹲适用于传球、垫球、准备拦网；半蹲适用于接发球、后排防守；低蹲适用于中场防守、接吊球或滚网球。

二、移动

主要有并步、跨步、交叉步、滑步和跑步等。移动时要时刻准备，及时判断，快速起动第一步，占据场上有利位置，争取时间和空间，也是技术动作的关键。移动中身体重心不能起伏太大，以免影响移动速度。移动时距离较近时多采用并步或跨步，距离适中时多采用交叉步或滑步，远距离时采用跑步移动。

三、正面双手传球

正面双手传球是排球运动的基本技术之一，如图 12-1 所示。传球分为正面传球、背传球、侧传球及跳传球四种，下面介绍最基本的正面双手传球。

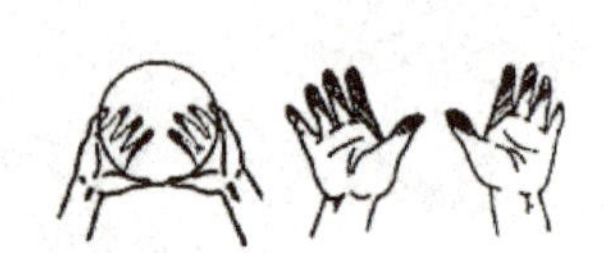
传球手形与触球部位

正面双手传球完整动作

图 12-1　正面双手传球

（1）传球手形：半球状。

（2）击球点：额前击球。

（3）击球方式：两脚左右分开，与肩同宽，一脚稍前，后脚跟略提起，双膝微弯曲，重心落于两腿之间略偏前腿。身体略前倾，双臂自然放松，注视来球方向。

（4）用力：连贯蹬地和伸臂，并跟送手指和手腕。两臂屈肘抬起，手在头部的前方，两肘自然下垂，手腕向后用手指触球，依靠全脚蹬地、手腕的力量及手指的弹力将球送出。

四、正面双手垫球

垫球是接发球、接扣球和后排防守的主要技术动作，是防守反击技战术的基础，如图 12-2 所示。垫球技术主要有正面双手垫球、背向双手垫球、单手垫球、体侧双手垫球、跨步垫球、低姿垫球、前扑垫球、滚翻垫球、鱼跃垫球、侧倒垫球等。下面我们介绍最基本的正面双手垫球。

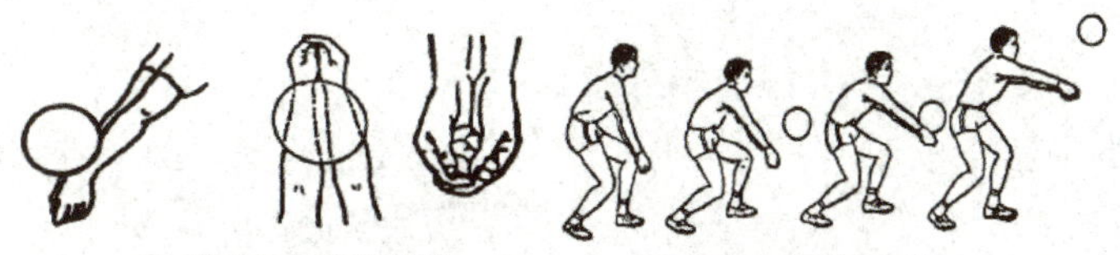

图 12-2　正面双手垫球

（1）手形：夹臂伸直双臂，叠掌互握手，双手掌自然放松，用前臂击球，动作应采取抬臂、提腰、蹬地协调动作，使全身的重心前移。

（2）击球部位：前臂前段。

（3）用力：手臂插于球下，蹬地、压腕、抬臂击球。

五、正面下手发球和正面上手发球

（一）正面下手发球

正面下手发球如图 12-3 所示。

图 12-3　正面下手发球

（1）抛球：平托抛球。

（2）击球部位：直臂掌根或手掌击球的后下部。

（3）用力：挥臂以肩为轴，依靠蹬地和转体，挥臂发力击球。

（二）正面上手发球

正面上手发球如图 12-4 所示。

（1）抛球：将球抛向右肩前上方。

（2）击球部位：半握拳、全掌或掌根击球的下部。

（3）用力：身体稍转，肩上引手臂，快速挥臂击球。

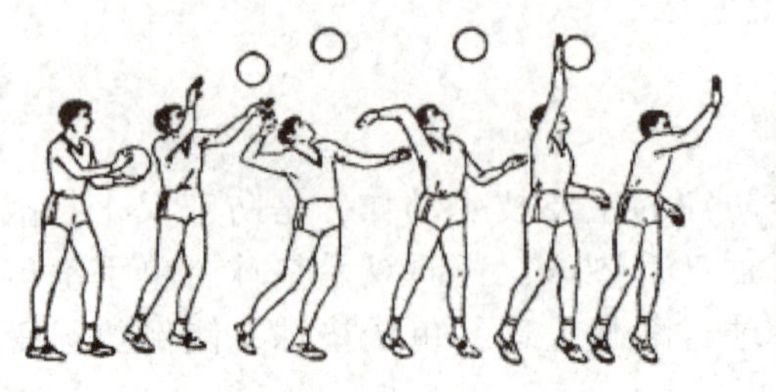

发球技巧
- 抛球稳；
- 击准球的中下部位；
- 全身协调用力。

图 12-4　正面上手发球

六、扣高球

（一）助跑起跳

（1）步法：采用一步、两步、三步或多步法，助跑前在限制线处观察二传球，起跳前找好落点。

（2）节奏：步幅由小到大，速度由慢到快，最后一步后脚及时并上踏在前脚侧前方，制动身体，增加弹跳高度，同时避免前冲力过大而触网。

（3）起跳：后脚跟上踏跳，加强摆臂，增加弹跳高度。

（二）空中击球

（1）扣球手形与推裹动作引臂：身体侧转，手臂上引。

（2）手形：五指张开呈勺形。

（3）击球：全掌击球后半部，击球保持最高点，手掌包满球，用推裹动作击出前旋球。

（4）用力：鞭甩挥臂，展腹腰发力。

图 12-5 为扣球手形与推裹动作，图 12-6 为扣球完整动作。

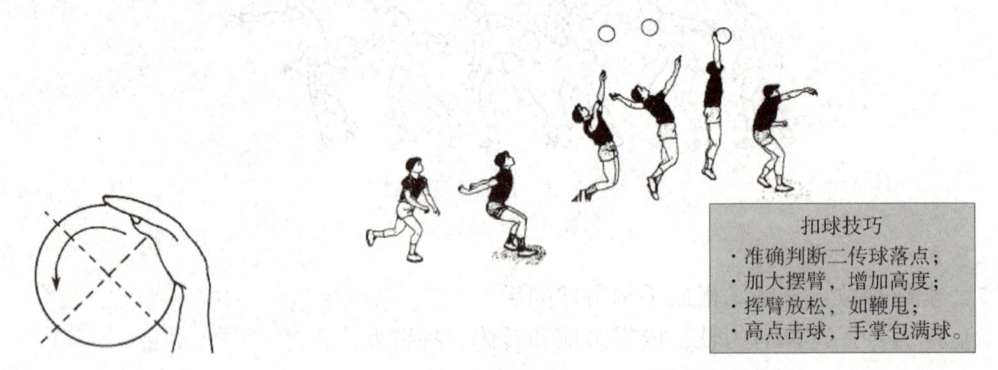

图 12-5　扣球手形与推裹动作

扣球技巧
- 准确判断二传球落点；
- 加大摆臂，增加高度；
- 挥臂放松，如鞭甩；
- 高点击球，手掌包满球。

图 12-6　扣球完整动作

七、单人拦网技术

单人拦网技术如图 12-7 所示。

图 12-7　单人拦网技术

（1）拦网前姿势：贴近球网，两臂侧上举，手指张开，双眼盯球。

（2）移动起跳：顺网移动，最后起跳前两脚尖尽量转向网。

（3）空中动作：双手胸前网上伸，提肩压腕拦住来球路线。

注意：避免触网、脚过中线的犯规，避免起跳过早，否则会出现身体下降时对方才扣球的现象，避免拦网时低头或闭眼睛，不看扣球动作和球，盲目阻拦。

八、"中一二"进攻阵形

由前排 3 号位队员作为二传，将球传给前排 2 号位和 4 号位队员扣球的战术形式，为进攻基础阵形，如图 12-8 所示。

九、"边一二"进攻战术

由前排 2 号位队员作二传、3 号位和 4 号位队员扣球的一种战术形式，战术变化多于"中一二"。注意：二传队员应站在 2、3 号位之间，便于运用快攻战术，如图 10-9 所示。

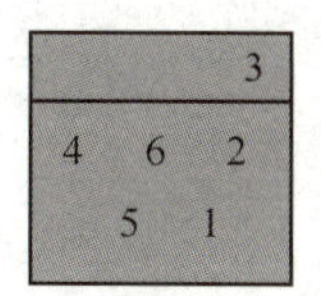

图 12-8　"中一二"进攻阵形

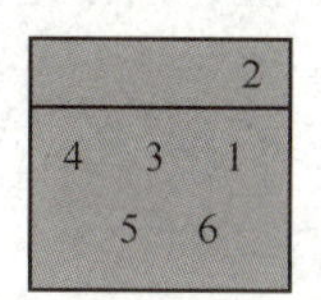

图 12-9　"边一二"进攻战术

十、五人接发球站位阵形

除站在网前 1 名二传队员或由后排"插上"二传不接发球外，其余 5 名队员都接发球的阵形。

（一）"W"形站位

"W"形站位即前区三人、后区二人接发球的阵形站位，如图 12-10 所示。

（二）"M"形站位

"M"形站位即前区二人、后区三人接发球的阵形站位，如图 12-11 所示。

（三）"一字"形站位

"一字"形站位即接发球队员的站位接近一排直线，如图 12-12 所示。

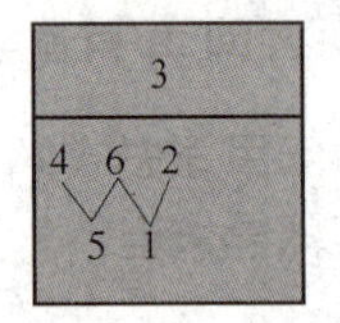

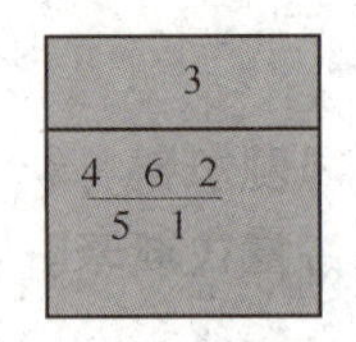

图 12-10 "W"形站位　　图 12-11 "M"形站位　　图 12-12 "一字"形站位

（四）"边一二"站位换成"中一二"阵形

发球出手后，二传队员换到 3 号位组成"中一二"进攻。

（五）"中一二"站位换成"边一二"阵形

发球出手后，二传队员换到 2 号位组成"边一二"进攻。

接发球技巧与配合如下：

（1）注意力高度集中，对来球迅速做出正确的判断，及时移动取位对正来球。

（2）接起来的球尽量送到二传队员的位置上。

（3）站位时，以前排同伴为基准适当取位，不要前后重叠站位，遵循"远飘、轻飘分散站，平快、大力一条线"的规律取位。

（4）接发球配合：接发球较好的队员接球范围可大一些；反之，范围应小一些。后排队员接球范围可大一些，前排范围可小一些。

十一、二传手技术

（一）顺网二传

比赛时一传多来自后场，二传手需要改变一传方向，转一个角度进行传球，尽量保持正面传球，使球出手后顺网飞行。

（二）背传球

上体比正传时稍后仰，击球点略后移到头上，手腕适当后仰掌心向上，击球的下部，依靠蹬腿、展腹、抬臂、伸肘向后翻腕及手指手腕的弹力将球传向后上方。

（三）调整二传球

离网较远做二传球时，其动作与正面传球动作相同，但要加大传球力量。

十二、垫球

（一）侧垫球

侧垫时两臂夹紧于体侧，同侧臂要高，保持反弹角度，用力时转腰收腹，双臂将球飞行路线截住。应用时机：当来球速度较快、落点较低、来不及移动至正面垫球时采用侧垫。

（二）背垫球

快速移动到落点，背对垫球方向蹬地抬头挺胸，蹬腿展腹使身体呈反弓形，双臂夹紧向后上方摆臂，垫击球的后下部。应用时机：背垫球是在球飞行较远较高，无法运用其他垫球技术时采用。

十三、接发球技术

主要采用正面双手垫球技术，但在接大力发球时，不用抬臂用力，手臂相反还要稍后撤缓冲来球。接好发球首先要有信心，避免互相抢球或让球，注意配合。

十四、接扣球技术

早判断快取位，下降重心，高球挡，低球垫，千方百计争取多起球。要有“争抢险球”的作风，不怕重球，应防止重心后坐，根据对方扣球动作、特点和同伴拦网情况，预判取位。

十五、正面上手发飘球

与正面上手发球动作相似，但击球是用掌根击球后中部，同时击球时的挥臂伴有突然制动，出球产生飘晃效果。如球不飘晃，原因是击球面积大或有手腕推压球的动作。

十六、扣近体快球和半高球

扣近体快球时扣球队员在二传队员传球的同时起跳，扣半高球则比扣近体快球要晚，因为半高球的高度一般在 1~1.5 米。

注意：重点掌握好助跑起跳的时机，解决好人与球的关系，与二传手熟练配合。

十七、集体拦网

集体拦网应以 1 人为主，拦住直线，其他队员移动过来，拦住斜线。配合拦网时注意避免身体在空中冲撞，形成的拦网面不能留有大于球的缝隙。

第三节　排球基本战术

一、集体战术

集体战术是指两个或两个以上队员之间有组织、有目的的集体协同配合，任何集体进攻战术的变化都是建立在进攻阵形和进攻打法的基础之上。

（一）进攻战术

1. 进攻阵形

进攻阵形，就是进攻时所采用的基本阵形。合理地选择进攻阵形是各种进攻变化的基础。

（1）中二传进攻阵形及其变化。

中二传是指由一名前排或后排队员在前排中间位置做二传，其他队员参与进攻的阵形。中二传进攻阵形是最基本的进攻阵形，其特点是二传队员在中间，一传容易到位，战术可简可繁，适合不同战术水平的球队。其站位及其变化如下：大三角站位，如图 12-13 所示。五边形站位，如图 12-14 所示。

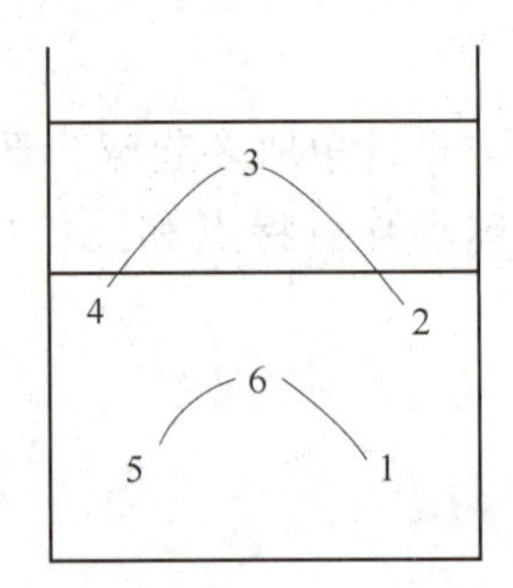

图 12-13　大三角站位

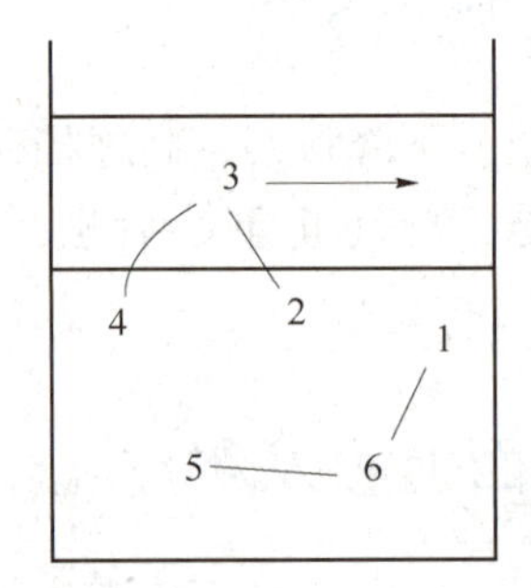

图 12-14　五边形站位

这是最基本的站位方法，其变化主要以 2 号、4 号位进攻为主，辅以后排进攻等。换位成中二传进攻阵形，如图 12-15 所示。插上成中二传进攻阵形，如图 12-16 所示。

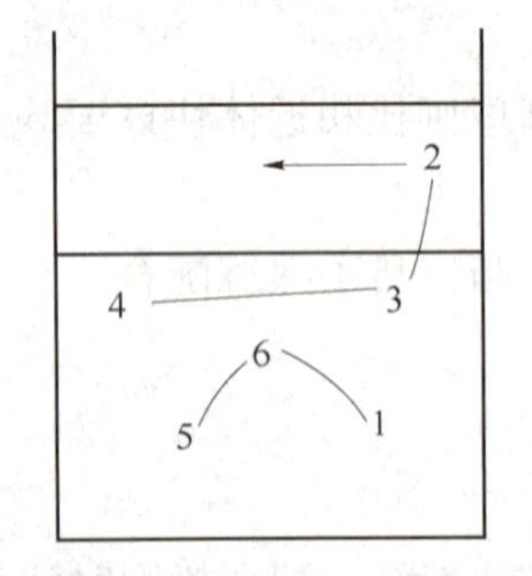

图 12-15　换位成中二传进攻阵型

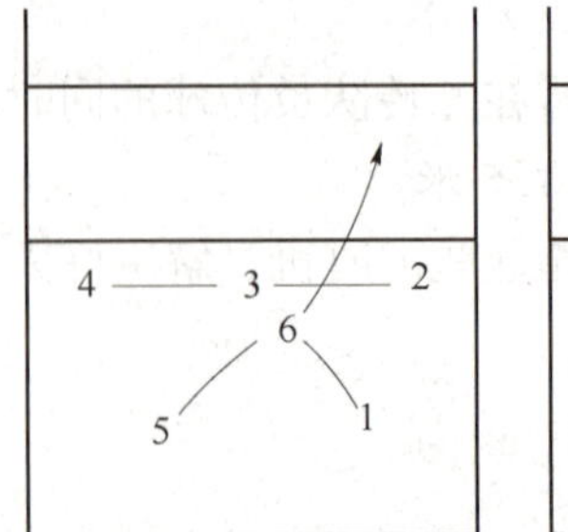

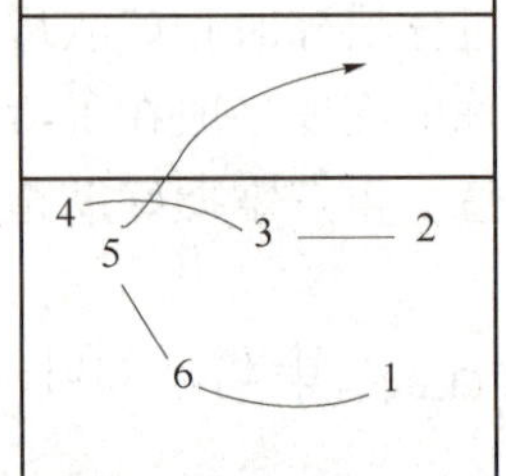

图 12-16　插上成中二传进攻阵型

（2）边二传进攻阵形及其变化。

边二传是指由一名前排或后排队员在前排2号位做二传，其他队员参与进攻的阵形。边二传进攻阵形也是基本的进攻阵形，其特点是二传队员在边上，对一传的要求较高。折中阵形的战术比中二传进攻阵形变化多，战术可简可繁，同样适合不同水平的队。边二传阵形：2号位队员站在网前担任二传，3号、4号位前排进攻，其他队员参与后排进攻，如图12-17所示。反边二传阵形：4号位队员站在网前做二传，其他队员参与进攻，如果3号位队员是左手扣球，采用这种阵形比较有利，如图12-18所示。换位成边二传阵形：通常采用反边二传换位成边二传。插上成边二传阵形，后排队员都可以插上做二传。如1号位队员从2号位队员右侧插上成边二传阵形，其他队员分别进行前排或后排进攻，如图12-19所示。

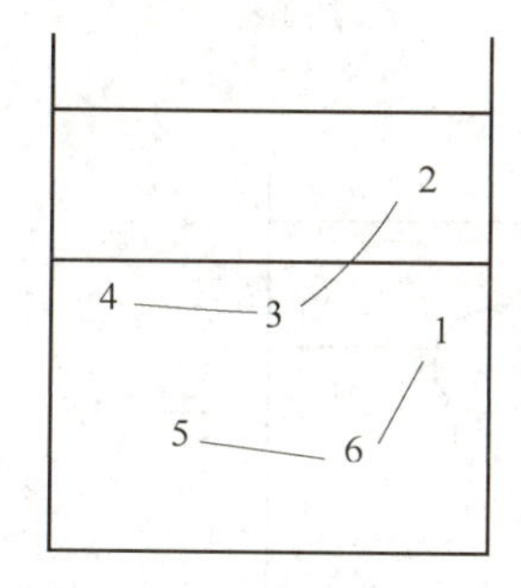

图12-17　边二传阵形

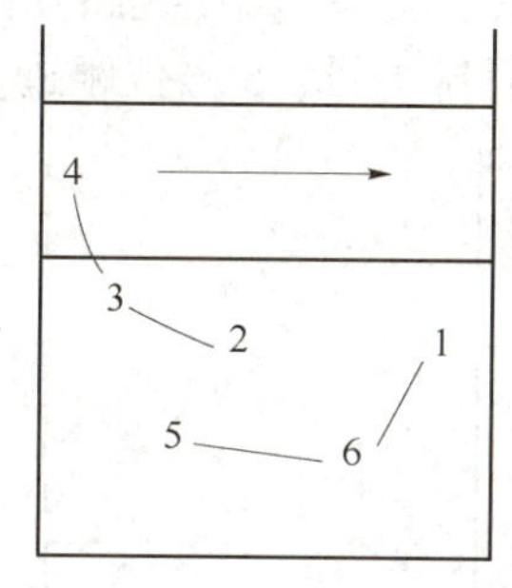

图12-18　反边二传阵形

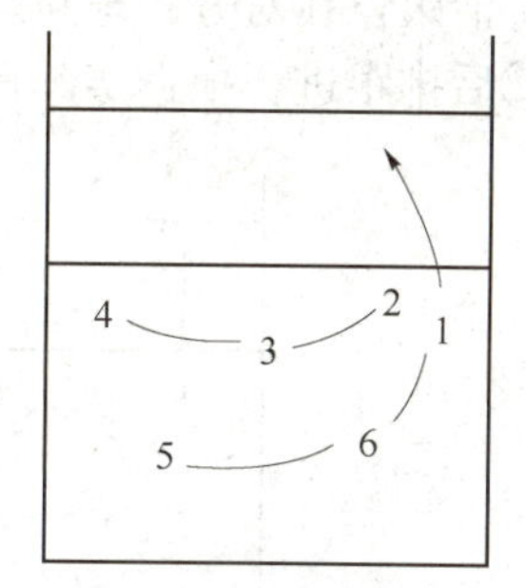

图12-19　插上成边二传阵形

2. 进攻打法

进攻打法是指二传队员与扣球队员之间所组成的各种配合。

（1）强攻：在无掩护或掩护较小的情况下，主要依靠个人力量、高度和技巧等强行突破对方的拦防。

集中进攻：在2号、4号位组织比较集中的高球进攻，或在3号位扣一般高球。这种打法易掌握，也易被拦，适用于初学者或水平较低的队。

围绕进攻：围绕跑动换位是为了发挥自己的扣球特长，避开对方拦网的有效区域。进攻队员从二传队员前面绕到后面或从后面绕到前面去扣球，称为围绕进攻。

（2）调整进攻：当一传或防起的球不到位，球的落点离限制线较远时，由二传队员或其他队员，把球调整到网前有利于扣球的位置进行强攻的打法。调整进攻在反击中运用较多，并占有比较重要的地位。

（3）两次攻：当一传接起的球直接垫到了限制线附近，而且比较平稳，适合进攻队员扣球，可以不经过二传，直接进行进攻。

（二）防守战术

（1）接发球阵形。一般采用1-2-2阵式主二传突出靠网前，以左右两点（人）进攻为主，后排两点（人）进攻为辅，如图12-20所示。该阵式进攻位置清楚，二传给球有规律、易掌握，为大多数所采用。

（2）后排防守阵形。与对方扣球队员相对应位置队员拦网的防守阵形或固定3号位队员拦网的防守阵形，如图12-21所示。

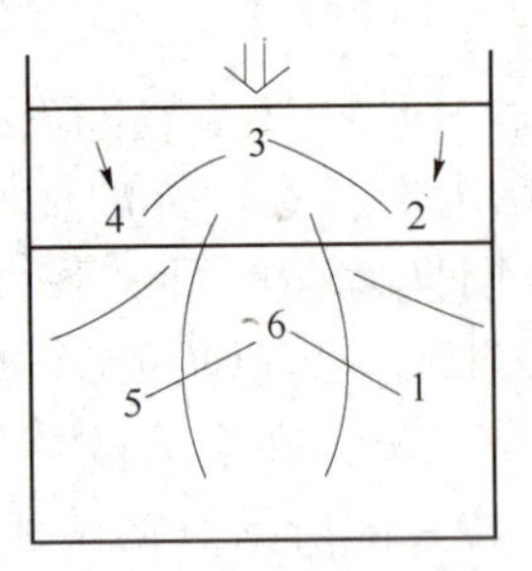

图 11-20　接发球阵形

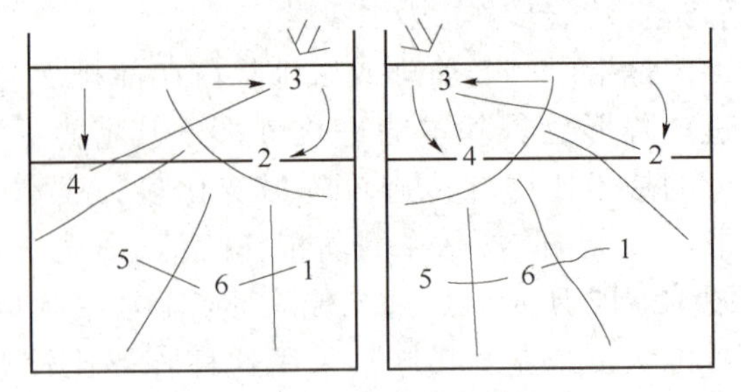

图 11-21　后排防守阵形

（3）双人拦网时防守阵形及其变化，如图 12-22 和图 12-23 所示。

①活跟：在对方扣球路线变化多，而且打吊结合的情况下，应采取活跟。

②后排跟进：根据实际情况，后排 1 号、5 号位跟进。

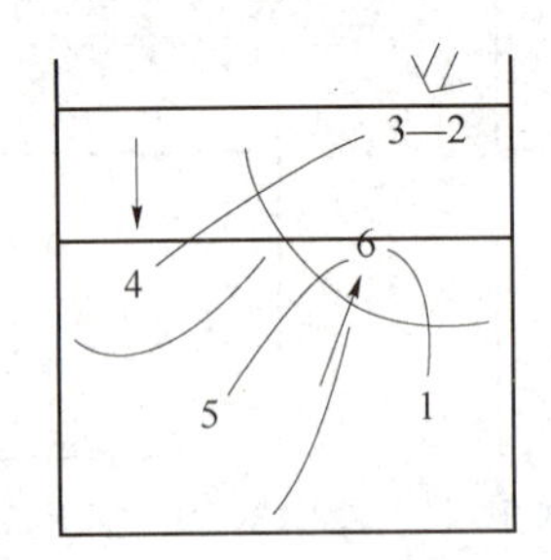

图 12-22　双人拦网时防守阵形

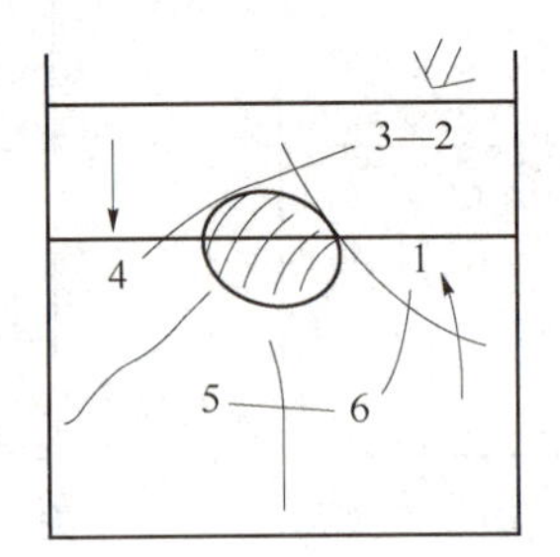

图 12-23　双人拦网时防守阵形变化

二、个人战术

个人战术是队员根据临场比赛的情况，有目的、有针对性地运用个人技术的过程。

（一）发球个人战术

（1）攻击性发球。尽量地发出速度快、力量大、旋转强、弧度平的攻击性发球以及发出轻、重、平冲、下沉等飘度大的飘球。

（2）控制落点的发球。找薄弱区域发球：将球发到对方前区、后区、两个队员之间的连接区、三角地区、一传差的队员。

（3）变化性的发球。突然加快发球的节奏，使对方措手不及或突然放慢发球节奏，如发高吊球，利用球体下落的速度变化，使对方不适应，还可以时而发长线球，时而发短线球，调动对方。

（二）二传个人战术

（1）隐蔽传球。二传队员尽可能以相似动作，传出不同方向的球，使对方难以判断传球的方向。

（2）高复二传。二传队员在跳起的最高点直臂传球，以提高击球点，加快进攻速度。

（3）选择突破点。根据对方拦网的部署，避开拦网强的区域，选择薄弱环节作为突破口，在局部地区造成以多打少、以强攻弱的优势。

（三）扣球个人战术

（1）路线变化。扣球时，运用转体、转腕动作扣直线、斜线或小斜线的球，避开对方的拦网。

（2）轻重变化。扣球时，重扣强行突破与打吊有机结合。

（3）超手和打手。充分利用弹跳力，采取超手扣球，从拦网队员手的上面突破，还可以利用平扣、侧旋扣球、推打等手法，造成拦网队员的打手出界。

（4）打吊结合。在对方严密的拦网下，先佯作大力扣杀，突然由扣变吊，将球吊入对方空当。

（四）一传个人战术

（1）组织快攻战术。一传的弧度要平、速度稍快，以加快进攻的节奏。

（2）组织二次球进攻战术。一传弧度要高，接近垂直下落，以利于二次进攻或转移。

（3）组织交叉进攻战术。3 号、4 号位交叉，一传落点要靠近球网中间；2 号、3 号位交叉，一传点要落在 2 号、3 号位之间。

（4）组织突袭战术。比赛中，如发现对方场区有较大空当或对方队员无准备时，一传可直接用垫、挡等动作将球击向目标区域，突袭对方。

（五）拦网个人战术

（1）假动作。拦网队员可灵活地运用站直拦斜、站斜拦直、正拦侧堵，迷惑对方。

（2）变换手形。拦网队员起跳后，根据进攻队员的动作随机应变地改变拦网手形。

（3）撤手。在发现对方要打手出界或平扣球时，可在空中及时将手撤回，造成对方扣球出界。

第四节　比 赛 规 则

一、发球规则

必须在发球区内将球抛起后，用一只手臂将球击出，运动员不得踏出发球区，在 8 秒内将球发出，发出的球也必须由标志杆组成的网上过网区进入对方。

二、4 次击球犯规

一个队连续触球 4 次（拦网除外）为 4 次击球犯规。

三、持球和连击犯规

没有将球击出，使球产生停滞，为持球犯规。同一人连续击球为连击犯规，但拦网时的连续触球以及全队第一次击球时同一动作击球产生的球连续触及身体部位除外。

四、过网击球犯规

在对方空间触击球为过网击球犯规，但拦网在对方进攻性击球后触球除外。

五、过中线犯规

比赛进行中队员整只脚和手掌、身体的其他任何部位越过中线接触对方场区，为过中线犯规。

六、触网犯规

比赛进行中，队员触及 9 米以内的球网和标志杆，标志为触网犯规，但队员未进行击球而轻微触网和被动触网除外。

七、拦网犯规

（1）从标志杆外进行拦网并触球。
（2）当对方队员击球前或击球时，在对方场区空间内触球或妨碍对方击球。
（3）后排队员参加拦网并起到拦网作用，包括球触及前排队员。

八、进攻性击球犯规

（1）后排进攻犯规：后排队员在 3 米限制区内或踏及进攻线及其延长线，将整体高于球网的球击入对方场区。
（2）过网击球犯规：在对方场区空间内击球。
（3）击发球犯规：在 3 米限制区内发来的、整体高于球网的球进攻性击球（如扣发球等）为犯规。
（4）自由人进攻性击球犯规：在 3 米限制区内用上手传球方式进行二传球，进攻队员将此高于球网的二传球击入对方场区，或自由人在 3 米线后的场区内将高于球网的球击入对方场区，均为自由人进攻性击球犯规。

第十三章　足　球

知识目标

1. 了解足球运动的起源和发展；
2. 了解足球的基本技战术；
3. 了解足球比赛的规则。

素养目标

1. 具备规则意识和合作精神；
2. 具备勇敢顽强、坚韧不拔、胜不骄、败不馁等意志品质。

第一节　足球运动概述

一、现代足球运动

（一）现代足球运动的诞生

1863 年 10 月 26 日，英国 11 个足球俱乐部的代表在伦敦举行会议，成立了第一个足球运动组织——英格兰足球协会。因此，国际上都把 1863 年 10 月 26 日作为现代足球运动的诞生日，并且认为现代足球运动起源于英格兰。会上修改了剑桥大学规则，制定了全国统一的比赛规则，这是现代世界足球史上第一部较为统一的足球比赛规则。尽管这部规则只有 14 条，但它奠定了现代足球比赛规则的基础。其中具有重大历史意义的规定是“足球比赛只能用脚踢，而不得用手触球，从此，人们可以用手抱球的运动从足球运动中分化出去，成为橄榄球运动”。为了与之有所区别，把足球运动称为“协会足球”，当时在英国的学校里称为“英式足球”，现今国际上也通称其为“英式足球”。该足球比赛规则的制定，对现代足球运动的发展起到了十分积极的作用。

1872 年，英格兰足球协会开始举办优胜杯赛，从而使现代足球运动流行于全国。

（二）现代足球运动的传播与发展

现代足球在英国兴起后，通过英国的海员、士兵、商人、工程师、牧师等传播到世界各地。到19世纪末，新西兰、阿根廷、智利、比利时、意大利等国相继成立了足球协会。1885年，英格兰首创了职业足球俱乐部，随后，奥地利、西班牙、意大利、匈牙利等国也先后成立了职业足球俱乐部，这极大地促进了足球运动的发展，同时也需要建立一个国际性的足球组织来协调各国足球运动的开展。1904年5月21日，法国、比利时、西班牙、荷兰、丹麦、瑞典、瑞士7国的足球协会组织代表在巴黎圣奥诺雷街229号法国体育运动联盟驻地举行会议，成立了国际足球协会联合会（FIFA，以下简称“国际足联”）。它是国际奥委会的一个单项体育组织。

1870年，越位规则的产生在足球史上起到了很大的作用，特别是1925年6月13日，国际足联对1875年以来实行的足球竞赛规则中的越位规则进行了修改，把原来无球进攻队员与对方球门之间少于3名对方队员为越位，改为少于2名对方队员为越位。这一新的越位规则对足球技术、战术和发展起到了极其重要的作用，使防守的难度增加，并促使足球比赛向攻守平衡的方向发展。

1930年，英国埃尔贝契甫曼根据当时新的越位规则精神创造了“WM”式阵型，这是个分工明确、攻守平衡的阵型，它适应了当时技、战术发展的水平，在国际足坛上盛行了20年之久。20世纪50年代初，匈牙利人针对“WM”式阵型的三后卫防守，创造了“四前锋式打法”，取代了“WM”式阵型。1958年，巴西人针对四前锋式阵型重攻轻守的弱点，创造了“四二四”阵型，使攻守人数在布局上达到新的平衡，促进了足球技术、战术的进一步发展。1974年荷兰人创造了全攻全守的整体型打法，促使足球运动进入“全面型”时代。

足球运动在发展过程中，由于历史、文化等多种因素的共同作用而产生了不同的流派。目前，国际足坛公认的有欧洲派、南美派、欧洲拉丁派三种不同风格的流派。

欧洲派的特点是讲究全队整体配合，长传准确，推进速度快，打法硬朗、简练、实用，防守逼抢凶狠，盯人紧，队员身体素质好，身材高大壮实，力量强。该派的代表是德国、英国等。

南美派的特点是个人技术娴熟细腻，队员传、接、控球技术过人，技巧、突破能力非常出色，短传渗透威胁大，队员的灵活性、柔韧性、协调性较好，该流派的代表是巴西、阿根廷等。

欧洲拉丁派的特点是队员灵巧、速度快，个人技术熟练、细腻，具有良好的身体素质，全队讲究整体配合，长短结合，防守坚实，善打快速反击。该流派的代表是法国、意大利等。

目前，各种流派之间互相学习，取长补短，差异逐渐缩小，但仍保留了各自鲜明的特点。

（三）现代足球发展趋势

1. 足球的攻守矛盾促进足球竞技水平不断提高

足球运动是由攻与守这一对矛盾组成，从足球运动发展的历史来看，进攻能力的提高必然导致防守的加强，提高防守能力可制约进攻。若要打破这种制约，则迫使大家深入研究如何提高进攻能力。它们相互制约、相互促进的关系不断提高足球的竞技水平。

2. 全攻全守型打法是现代足球发展的必然趋势

自全攻全守的打法问世以来，对运动员的身体、技术战术、心理的全面发展要求越来越高，既要求他们有自己擅长的位置，又要适应其他位置，这样就使整体的力量和个人的特点都能充分发挥，比赛也因此而显得充满活力。

3. 各种流派相互学习、取长补短、不断完善自己

足球运动员在世界范围内的大流动，促进了各流派之间的融合，使各流派之间的差异逐渐缩小。就目前来看，各流派的特点仍比较鲜明，只是吸收了其他流派的长处，不断充实、完善自身。融合是一种趋势，而各流派之间的差异仍然存在。

4. 速度越来越快，对抗越来越激烈

现代足球比赛的进攻速度大大加快了，导致防守不得不加快速度才能抵御进攻。这种高速度的比赛节奏使攻守双方的对抗越来越激烈。因此攻守之间的转换也十分迅速，足球比赛攻守的焦点就是射门，这一矛盾的焦点将永远是世界性的难题。

二、中国足球运动

1976 年我国足球运动生机盎然，1977 年在北京举办了国际足球友好邀请赛，这是亚洲足坛当年的一项重要赛事，来自亚洲、非洲、美洲的 12 支队伍参加了比赛，最后中国青年队夺冠。同年 9 月，拥有球王贝利和贝肯鲍尔加盟的美国宇宙队访华，我国足球队在上海、北京取得 1 胜 1 平的佳绩，1978 年又举办了北京国际足球邀请赛，恢复了全国足球甲、乙级联赛双循环升降级制度的比赛。1979 年 6 月将北京、上海、天津、沈阳、大连、广州、武汉、长春、青岛、石家庄、重庆、南京、西安、昆明等定为足球重点城市。同年，国际足联执委会恢复了我国的合法席位，为我国足球队参加国际比赛创造了有利条件。

1980 年 2 月，中国足球队参加了第二十二届奥运会足球预赛。在十分有利的情况下意外失败，未能取得预赛出线资格。1981 年 12 月，中国足球队参加了第十二届世界杯亚太区预赛，由于经验不足，痛失大好局面而未能出线。20 世纪 80 年代中期，在改革浪潮的推动下，足球改革逐渐提到了议事日程，各方有识之士，对我国足球体制改革提出了探索性意见。这期间，部分省、市先后聘请外籍教练执教，中国国家足球队和省、市级足球队也经常出访和短期集训，这对于了解世界足球运动的发展趋势是十分有利的。

1994 年 4 月 17 日，中国足球职业联赛诞生，联赛首次允许引进外籍运动员和外籍教练员。这些外援在一定程度上提高了球队的实力，给中国球员带来了危机感。首次职业联赛的成功，使各队技术、战术水平有所提高，联赛的观赏性提高，观众的上座率提高，给各俱乐部带来了巨大的经济效益。

职业化足球大大提高了其普及程度，使我国足球在原有基础上有了很大的发展。2002 年，中国足球队首次打入第 17 届韩日世界杯决赛。应当承认，与世界足球发达国家相比，我国足球运动仍比较落后，摆在足球界面前的问题还很多。因此，我们必须对足球管理体制及运行机制进行深入探讨与改革。若要发展我国的足球运动，使其尽快赶超世界先进水平，仍需不断努力。

三、中国女子足球运动

现代足球传入中国后，约在20世纪20年代一些沿海城市中出现了女子足球活动。1924年，上海两江女校教师沈昆南先生把英国出版的《女子足球规则》译成中文，并将足球列入体育课教学内容，倡导成立两江女子体专足球队。这支女队常与东亚体专男队比赛互有胜负。20世纪30年代广州中山大学附中也积极开展女子足球活动，并在1934年1月举行了女子足球班级比赛。抗日战争时期，西北大学积极倡导女子体育活动，各院系成立了女子足球队，经常进行校内女子足球比赛。1939年，西北大学举行了全校女子足球冠军赛，由于多方面原因，女子足球运动未能延续下来。

1951年年初女子足球运动在中国香港地区出现，由辛俊英组织了中国香港地区第一支汉英女子足球队，但组队时间不长。1958年，广东梅县松口地区在中学生中开展过女子足球运动。1962年中国香港地区时信女子足球队成立，因没有对赛的女子足球队，陷入停赛。

1965年中国香港地区足球总会为了开展女子足球运动，专门成立了足球小组，公开招收女子足球运动员进行训练，借此机会，时信女子足球队重新成立，筱英女子足球队和元郎女子足球队相继成立。中国香港女子足球运动又活跃起来，并多次与马来西亚女子足球队交锋。

20世纪60年代末，中国台湾省出现了女子足球运动。1976年12月成立的“木兰”女子足球队经过刻苦训练，技战术水平提高很快，在亚洲一直称雄到20世纪80年代中期，并多次获得国际足球邀请赛的好成绩。1991年第一届世界女子足球锦标赛，中国台北队顽强拼搏，发挥出较高水平而跻身世界杯八强之中。

1979年春天，西安铁路一中和东方机械子弟学校的女子足球队相继成立，随后，陕西西安也组建了女子足球队，成为我国开展女子专业足球运动的先导。不久，广东梅县、北京、上海、辽宁、云南、天津、广州、长春、延边等地也纷纷成立女子足球队。1981年8月，素有女子踢球传统的云南楚雄率先举办了一次地区性的女子足球邀请赛。1982年8月，全国10省市女子足球邀请赛在北京拉开战幕。1982年，国家体委正式把女子足球赛纳入全国足球竞赛计划，并从1983年起，每年举行一届全国女子足球锦标赛。1983年11月18—27日，我国历史上第一次国际女子足球邀请赛在广州举行，比赛结束后，在广州组建了第一支国家女子足球队。1986年7月，中国女子足球队出访欧洲，参加在意大利威尼斯和托尔托纳举行的两次国际女子足球邀请赛，分别获得季军和冠军。同年12月，中国女子足球队第一次参加第六届亚洲女子足球锦标赛，以全胜战绩夺冠。1988年6月，国际足联、亚洲足联、中国足协在广东成功举办了国际足联世界女子足球邀请赛，来自五大洲12个国家的女足姑娘在绿茵场上引起世人瞩目，挪威队夺冠，中国队获第四名的好成绩。

1989年，第七届亚洲女子足球锦标赛上，海峡两岸女足姑娘同场竞技，结果中国队蝉联冠军，中国台北队获亚军。进入20世纪90年代，中国女子足球队继续向世界女足高峰攀登。1990年北京第十一届亚运会上中国女子足球队夺冠，随后又蝉联第十二和十三届亚运会冠军。由国际足联主席阿维兰热建议，1991年首届世界女子足球锦标赛在广东成功举行，开创了世界女子足球运动新纪元。

2022 年 11 月 20 日，中国女足在 2022 年亚洲杯决赛中以 2∶1 击败日本女足，夺得了亚洲女足冠军。这是中国女足自 2010 年以来第三次夺得亚洲杯冠军，也是中国女足历史上第九次夺冠。

在淘汰赛中，中国女足连续战胜了越南女足、澳大利亚女足和韩国女足，成功杀入决赛。其中，半决赛对阵澳大利亚女足的比赛尤为惊险，中国女足在比赛中先后落后两球，但最终通过队长王霜和新秀杨丽的进球，以 3∶2 逆转澳大利亚女足，成功晋级决赛。

在决赛中，中国女足与日本女足展开了一场激烈的角逐。中国女足在上半场由杨丽打入一球，下半场则由王霜打入一球，最终以 2∶1 击败日本女足，夺得了亚洲杯冠军。

中国女足在本次亚洲杯中表现出了强大的实力和团结的精神，为国人带来了喜悦和自豪。相信在未来，中国女足将继续为国家荣誉而战。

四、其他形式的足球运动

（一）5 人制足球比赛

5 人制足球比赛作为成熟的比赛赛制在世界上已有几十年历史，是国际足联大力推广的足球运动项目，同时，也是国际足联举办的一项世界性赛事。自 1989 年开始每两年举行一次，目前已举办过八届，参赛国家越来越多，影响也越来越大。

5 人制足球比赛一般在室内举行，场地长 38～42 米，宽 18～22 米，比赛时间为两个 20 分钟的半场，中场休息 10 分钟，双方各 5 名队员上场。5 人制足球赛限制直接冲撞身体，禁止铲球，没有越位限制，没有换人数量限制，换下场的队员还可以再上场，守门员也可以当前锋，因而赛事具有每场进球多、攻防转换速度快、小巧灵活等特点。赛场空间变小，所以要求球员在场上反应能力、控制能力和配合意识较强，对门前抢点、射门脚法、盘带技术要求高。赛事的娱乐性、观赏性、时尚性强，比赛自由度大，进球数量多，受天气等条件制约少，好玩、有趣，深受青少年群体的喜爱。

（二）7 人制足球比赛

与 11 人制足球比赛相比，7 人制足球比赛的场地小，一般是标准场地的 1/2。比赛时间短，一般为 60 分钟，分上下两个半场进行。7 人制比赛攻守转换快，队员接触球次数多，利于培养快速、灵活完成动作的能力和随机应变能力，易于在青少年中开展，而且也适合各种年龄层次的人参加，具有群众性。

五、足球运动的特点与价值

（一）足球运动的特点

1. 设备简单、规则简明、易于开展

正式的足球比赛只需要一块场地、球门、球门网等简单设备即可进行，足球运动不受时

间、人数、器材等限制，只要有一块场地和一个足球即可进行。参加人数的多少可根据场地大小来决定，球门可用其他物品代替。活动方式灵活机动，足球竞赛的基本常识比较容易掌握，一年四季都能开展。

2. 对抗激烈、观赏性强

高水平的足球比赛紧张、激烈、精彩、变化莫测，胜负难以预料，故而引人入胜。每逢世界杯足球比赛，上至国家元首，下至普通百姓都被精彩的比赛吸引，具有很高的观赏性。比赛中观众的情绪随着比赛的进行而剧烈变化。裁判的判定和运动员的行为都对观众的心理造成强烈的刺激。

3. 丰富的文化内涵

足球运动具有丰富的文化内涵，是一种满足人们生理和心理需要，表现人们行为举止、思想感情、民族特性、风格的身体文化运动。如巴西、法国、意大利、德国、英国、阿根廷等，他们的运动员在比赛中都体现了鲜明的技术、战术风格。而风格的形成则是本民族文化、地域、身体条件、心理、主观等因素的综合作用，其中民族文化是主要因素。

4. 诱人的经济效益

足球运动发展至今已高度国际化、职业化、商业化，蕴含着十分诱人的经济效益。在意大利，足球是其国家经济中的十大支柱产业之一，被称为无烟工业。足球产业具有高投入、高产出的特点。优秀运动员的转会费直线上升，每人高达几千万美元，经营状况好的职业俱乐部每年的赢利也十分丰厚。

（二）足球运动的价值

1. 增强体质，提高人体健康水平

足球运动可通过各种形式的有球和无球活动，如运、踢、接等身体运动，以及奔跑、急停、转身、冲撞等身体运动，有效地发展人体的速度、力量、耐力、灵敏性等身体素质，提高人体神经系统、心血管系统、呼吸系统、内脏器官系统及肌肉等运动系统的功能。另外，足球运动主要在室外自然环境中进行，能充分利用自然因素，达到增强体质和提高人体健康水平的目的。

2. 改善心理素质，培养良好的道德品质

由于双方的激烈对抗，足球运动场上攻守频繁交换，对运动员的感知觉、观察力、想象力、思维能力和创造能力都有较高要求。经常参加足球运动和比赛，既能提高人的心理素质，又培养勇敢顽强、机智勇敢、坚韧不拔、胜不骄、败不馁等意志品质，以及热爱集体、团结协作、遵守纪律、敢于竞争、光明磊落、文明礼貌等优良的道德品质。

3. 宣传教育、振奋精神、丰富业余文化生活

足球比赛是很好的宣传教育形式，也是进行文明建设的重要手段。重大赛事和精彩足球比赛能引起广大球迷的关注，观看精彩足球比赛也是一种生活和艺术享受。茶余饭后谈论足球已成为人们生活中不可缺少的部分。国际足球比赛的胜利能振奋人们的精神，激发爱国主义精神，提高民族自豪感。足球还是友谊的使者，能扩大国家、地区、民族、人际间的交往。

4. 发展经济，创造财富

足球是世界上影响最大的体育运动项目之一，因此具有较高的商业价值。利用足球运动的影响力和魅力，大力发展足球产业，是许多国际组织和国家经济的重要部分，也为发展足球运动提供了强有力的经济保证。广泛开展足球运动可以促进运动器材、饮食、服装、旅游等行业的发展，为人们提供更多的就业机会，促进国民经济的发展，为社会创造财富。

第二节　足球基本技术

一、踢球技术

踢球是指运动员有目的地用脚的某一部位把球击向预定的目标。踢球的方法有脚内侧踢球、脚背正面踢球、脚背内侧踢球、脚背外侧踢球等。

（一）脚内侧踢球

用脚内侧部位（跖趾关节、舟骨和跟骨所构成的三角部位）击球，其特点是脚与球接触面积大、出球平稳准确，多用于短距离传球和射门。

动作要领：踢定位球时，直线助跑，支撑脚踏在球的侧方 15 厘米左右处，膝关节微弯曲，两臂自然张开。在支撑脚着地的同时，踢球腿以髋关节为轴由后向前摆动，在前摆过程中屈膝外转，踢球腿的内侧正对击球方向，小腿加速前摆，脚尖稍翘起，脚掌与地面平行，用脚内侧部位击球后中部，如图 13-1 所示。向左（右）侧踢球时，支撑脚踏在球的后方，用右（左）脚脚弓对准击球方向，提起大腿，并用右腿由右（左）向左（右）进行横摆，同时身体重心向出球的相反方向移动，用推送动作将球踢出。

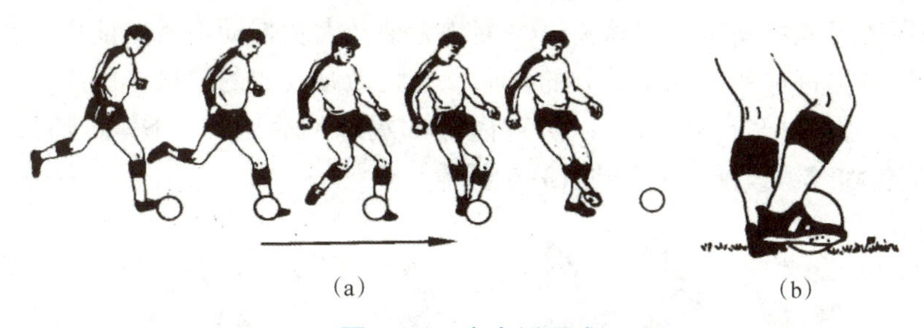

图 13-1　脚内侧踢球

（二）脚背正面踢球

用脚背的正面（楔骨和跖骨的末端）击球，其特点是踢球腿摆幅大、摆速快、踢球力量大，多用于长距离传球和射门等。

动作要领：踢定位球时，直线助跑，最后一步稍大，并积极着地，支撑脚踩在球的侧方 12~15 厘米处，脚尖正对出球方向，膝关节微弯曲，两臂自然张开。踢球腿在支撑脚前跨和助跑的最后一步离地面时，顺势向后摆起，膝弯曲，在支撑脚着地同时，以髋关节为轴，大腿带动由后向前摆动，当膝盖摆至接近球的正上方的一刹那，小腿做爆发式的前摆，脚背绷直，脚趾扣紧，以脚背的正面踢球后中部，踢球腿随球继续前摆，如图 13-2 所示。

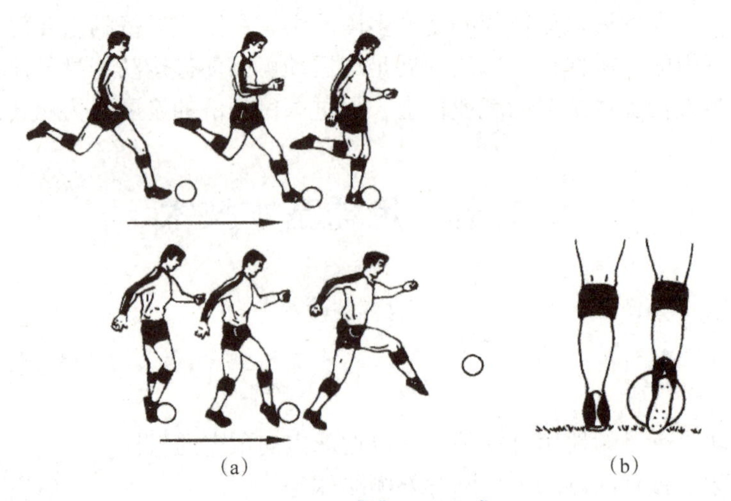

图 13-2 脚背正面踢球

踢反弹球时，要判断好球的落点，当球落地时，踢球腿的小腿急速前摆，在球刚反弹离地时，踢球的后中部。

（三）脚背内侧踢球

用脚背内侧部位几个楔骨、趾骨末端击球，其特点是踢球腿的摆幅大、摆速快、踢球的力量大。由于助跑方向、支撑脚选位的灵活性较大，出球方向变化幅度较大，因此可踢出平直球、远距离弧线球等，也便于转体踢球。在比赛中多用于中长距离的传球和射门等。

动作要领：踢定位球时，斜线助跑，助跑方向与出球方向成 45°角。支撑脚以脚掌外沿积极着地，踏在球的后侧方 20~25 厘米处，屈膝，脚尖指向出球方向，身体稍向支撑脚一侧倾斜。在支撑脚着地的同时，踢球腿以髋关节为轴，大腿带动由后向前摆，在身体转向出球方向、膝盖摆到接近球的内侧正上方的刹那，小腿做爆发式的前摆，脚尖稍向外转，脚面绷直，脚趾扣紧，脚尖指向斜下方，以脚背内侧部踢球的后中部（踢高球时，击球的中下部），然后踢球腿随球继续前摆，如图 13-3 所示。

图 13-3 脚背内侧踢球

踢过顶球时，支撑脚可踏在球的侧后方，踢球脚不必过于绷直，踢球的后下部，稍有下切的动作。踢球后，脚不随球前摆，使球产生向后的旋转，以控制球速，使球成抛物线下落，这种球可使接球人便于接球。

转身踢球时，助跑最后一步略带跨跳动作，支撑脚的脚尖和膝关节要尽可能地转向传球方向，利用腰的扭转协助摆腿和踢球。

（四）脚背外侧踢球

脚背外侧踢球与脚背正面踢球的动作基本相同，只是用脚背的外侧触球，在踢球的一刹那，脚背要绷直，脚趾用力下扣，脚尖内转，踢球的后中部，如图 13-4 所示。

图 13-4　脚背外侧踢球

踢弧线球时，支撑脚踏在球两侧左右处，身体稍向支撑脚一侧倾斜，踢球脚的脚腕用力，并以外脚背切削球的侧后方。踢球后，踢球腿向支撑脚一侧的前上方摆出，以加大旋转力量。

二、停球技术

停球是指运动员有目的地用身体的合理部位把运行中的球停在所需要的控制范围内。在比赛中停球不是最终目的，而是为传球、运球、过人和射门做准备。常用的停球方式有脚内侧停球、脚底停球、脚背正面停球、胸部停球、大腿接球和腹部接球等。

（一）脚内侧停球

特点是：脚接触球的面积大，易将球停稳，并且便于改变方向和结合下一个动作，多用来停地滚球、停反弹球和停空中球。

1. 停地滚球

支撑脚正对来球，膝关节微弯曲，停球腿屈膝外转并前迎，脚尖稍翘起，当脚与球接触前的一刹那开始后撤，在后撤过程中用脚内侧接触球，缓冲来球力量，把球控制在衔接下一动作所需要的位置上。

2. 停反弹球

支撑脚踏在球的落点的侧前方，膝关节弯曲，上体稍向前倾并向停球方向微转，同时停球腿提起，踝关节放松，用脚内侧对准来球的反弹路线，当球落地反弹刚离地面时，用脚内侧踢球的中上部。

3. 停空中球

一种方法是，根据来球的高度，将停球脚前迎，脚内侧对准来球路线，在脚与球接触前的刹那开始后撤。在后撤过程中用脚内侧触球，缓冲来球力量，把球控制在所需要的位置上；另一种方法是，将脚提起稍高于选择的停球点，在脚与球接触的一刹那开始下切，在下切过程中用脚内侧切于球的侧上部，将球停在地上。接空中球时，先提大腿，腿弓正对来球。触球时，小腿放松下撤。

（二）脚底停球

特点是：脚底接触面积大，易将球停稳。比赛中多用于停正面来的地滚球和反弹球。

1. 停地滚球

支撑脚站在球的侧后方，膝关节微弯曲，停球脚提起，膝关节自然弯曲，脚尖翘起高过脚跟（脚跟离地面稍低于球高），踝关节放松，用前脚掌触球的中上部。

2. 停反弹球

支撑脚踏在球落点的侧后方，当球着地的一刹那，用前脚掌对准球的反弹路线，触球的后上部。

（三）脚背正面停球

这种接球方法适用于接高处下落的球。一种接法是身体正对来球，接球腿屈膝提起，以脚背对准来球，当球与脚接触的一刹那，小腿和脚跟放松下撤，缓和来球力量，使球落在身前；另一种接法是在球接近地面时，用正脚背触球，随球下撤落地。

（四）胸部停球

胸部停球面积大、有弹性、位置高，适用于停高球和平直球。胸部停球有挺胸停球和收胸停球两种方法。

1. 挺胸停球

一般用来停高于胸部的下落球。身体正对来球，两脚前后开立，重心落在两脚之间，两膝微弯曲，两臂自然张开，上体稍后仰，收下颚，当球与胸部接触前的一刹那，脚跟提起，向上挺胸，使球弹起，然后落于体前，如图 13-5 所示。

图 13-5　挺胸停球

2. 收胸停球

一般用来停胸部高度的水平球。身体正对来球，两脚前后开立，两臂自然张开，挺胸迎球。当球与胸部接触的刹那间迅速收胸、收腹以缓冲来球力量，把球停在身前。

（五）大腿接球

这种方法适用于接高球。接球时，大腿抬起迎球，当与球接触的一刹那即随球下撤，使球落在身前，也可用大腿上抬垫球，使球平稳弹下，如做转体接球时，以支撑腿为轴向左（右）转体，把球接到身体左或右侧。

（六）腹部接球

这种方法适用于接反弹球。身体正对来球，两脚平行站立，当球从地上弹起时，两臂张开，上体前倾，提气，收腹，缓冲来球力量，将球接在身前，如图 13-6 所示。

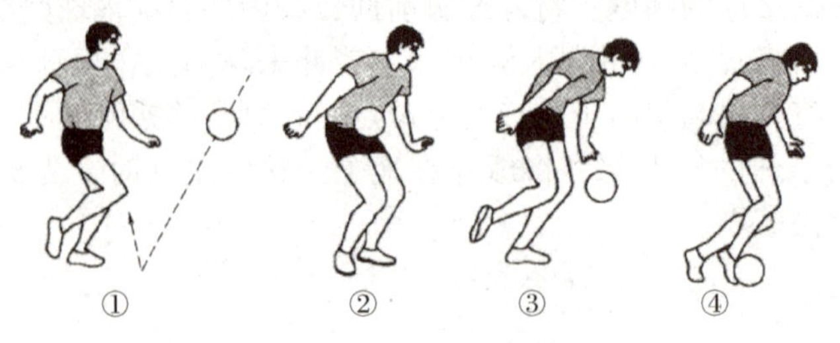

图 13-6　腹部接球

三、运球技术

运球是运动员在跑动中用脚连续推拨球，使球处于自己的控制范围内的动作，是完成个人突破与战术配合必不可少的技术。常用的运球方法有脚背正面运球、脚背内侧运球和脚背外侧运球等。

脚背内侧和外侧运球灵活，便于迅速奔跑和改变方向，是比赛中常用的运球方法。跑动时身体自然放松，上体前倾，步幅可大可小。脚背外侧运球时，运球脚提起，脚尖稍内转，以脚背外侧推球前进；脚背内侧运球时，运球脚提起，脚尖稍向外摆，以脚背内侧推球前进。

四、头顶球技术

头顶球是运动员在比赛中为了争取时间和取得空中优势，用头部的前额部位击球的动作，常用来传球、抢截球和射门，是进攻和防守中不可缺少的重要技术之一。头顶球分前额正面顶球和前额侧面顶球，这两个部位都可以做原地顶球、跑动中顶球、跳起顶球和鱼跃顶球等。

（一）原地前额正面顶球

身体正对来球，两脚前后开立，膝关节微弯曲，两臂自然张开，上体稍向后仰，眼睛注意来球。当球运行到身体垂直部位前的一刹那，后脚用力蹬地，身体重心由后脚跟移向前脚的同时，迅速向前摆体，颈部紧张、快速摆头，用前额正面顶球的后中部，接着上体随球继续前摆，如图 13-7 所示。

图 13-7 原地前额正面顶球

（二）原地前额侧面顶球

两脚前后开立，出球方向的同侧脚在前，两膝微屈，上体和头部稍向出球的相反方向侧屈，身体重心放在后脚上，两臂自然张开，两眼注视来球。当球运行到出球方向同侧肩上方的一刹那，脚用力蹬地，上体迅速向出球方向扭摆，同时用力摆头，以前额侧面顶球的后中部。

五、抢截球技术

抢截球是防守中的主要行动，是转守为攻的积极手段。抢截球包括抢球和截球两个方面。

（一）正面跨步抢球

图 13-8 正面跨步抢球

面向对手两脚前后开立，两膝微屈，在对手运球脚触球后即将着地或刚着地时，支撑脚立即用力后蹬，抢球脚以脚内侧对着球跨出，膝关节弯曲，上体前倾，身体重心移至抢球脚上，另一脚立即前跨，如双方脚同时触球时，则要顺势向上提拉，使球从对方脚背滚过，同时身体重心要迅速跟上，把球控制好，如离球稍远可用脚尖抢截，如图 13-8 所示。

（二）侧面冲撞抢截

当与对方平行跑争球时，身体重心要降低，两臂紧贴身体。当对方后侧脚着地时，可用肩和上臂做合理冲撞动作，使对方失去平衡，从而截获其球。侧面冲撞抢截用于抢截者和运球者平行跑动时抢截球。

（三）侧后铲球

防守者追到距运球者侧后 1 米左右，可用脚掌或脚背外侧进行铲球。当运球者将球拨动时，先蹬腿，抢球腿跨出，以脚掌或脚掌外侧在地面滑行，将球踢出，小腿、大腿、臂部、上体依次着地。侧后铲球适用于对手运球刚越过防守者时。

六、假动作

假动作必须在接近对方适当距离时进行，假动作慢，真动作快、突然，真假的动作衔接要快速、适当，做到真真假假，使对方捉摸不定，防不胜防。

（一）踢球假动作

传球前可假向左（右）方做踢球动作，诱使对方向该方向堵截，待其重心移动后，突然向右（左）方踢球突破。

（二）接球假动作

接球前，如对方上前抢截，可假做向左（右）接球，诱使对方堵截左（右）侧，然后突然改为向右（左）接球。

（三）运球假动作

对方迎面抢截球时，可采用身体虚晃动作，使对方捉摸不定，从而越过对手。如果对手侧面抢截，则可以先快速带球前进，诱使对方追赶，这时带球人可突然降低速度或做假动作停球，使对手也放慢速度，然后突然加速甩开对手，带球切进，运球射门。

七、守门员技术

守门员的技术、反应敏捷程度、竞争意识，直接影响全队最后一道防线。

（一）接地滚球

接地滚球分直立接球和单膝跪立接球两种。直立接球时，两脚要自然并拢不留空隙，脚尖对准来球，上体前屈，两臂自然下垂，手指自然张开，手心向前，两手接球底部。接球后，两臂同时弯曲，并互相靠拢，将球抱至胸前。单膝跪立接球时两腿向侧前方开立，前腿弯曲，后腿跪立，膝关节接触地面，并靠近前脚跟，不留中空，上体前倾，两臂下垂，掌心对准来球方向，两手接球底部，并将球抱至胸前，如图 13-9 所示。

图 13-9　接地滚球

（二）接高球

手指自然张开，拇指相对，食指与拇指成“桃形”，当手触球时，手腕和手指适当用力将球接住，同时屈肘，回缩并下引，顺势翻掌将球抱于胸前。要求判断球路与落点要准，跑动、起跳要准，控制高度要快。

（三）接平球

接球前，两臂屈肘置于胸前两侧，在球接触胸前的一瞬间，两臂夹紧，收缩两手，抱住球的侧上部，迅速置于胸前。

八、掷界外球技术

掷界外球时要充分发挥蹬地、腰腹和手腕力量，整个动作过程要连续不断。

（一）原地掷界外球

手指自然张开，持球的后半部，两脚前后或左右站立，膝微屈，将球举在手后，上体后仰，掷球时两脚蹬地，收腹屈体，两臂快速前摆将球掷出，如图 13－10 所示。

图 13-10　原地掷界外球

（二）助跑掷界外球

助跑时将球持于胸前，在最后一步迈到的同时，将球举至头后，蹬地、收腹、向前快速摆臂，并用扣腕力量将球掷出。

第三节 足球基本战术

一、进攻战术

（一）宽度

比赛中一旦本方获得控球权，就应充分利用比赛场地的所有空间向对方发动进攻。无球队员要尽量利用场地的宽度，积极跑动，最大限度地松懈防守队员之间在左右方向上的联系与整体性，为本方插入队员创造更好的、可利用的防守空当。

（二）深度

在充分利用场地宽度的同时，又要充分利用场地的纵深距离，进攻队员要有意识地在不同方位上形成不同距离的纵深梯次，使防守队员前后之间的联系处于无序和散乱状态。进攻队员要积极向防守队员身后的空当区域穿插与突破，并应时刻意识到防守队员身后球门前的空当是进攻队员首先要争取利用的区域。

（三）灵活

在进攻时的战术配合中，运动员要在按照赛前制定的全队战术打法的总体规划基础上，根据比赛中的实际情况，灵活机动地改变和调整战术行动的实施方案，随机应变。

（四）渗透

进攻时，要充分利用所有比赛场地空间，不断地通过传球、运球和无球队员的积极跑位等各种有效技术手段向对方球门逼近，向对方球门前层层渗透。进攻队员要观察敏锐、反应迅速、动作突然，向防守队员身后的防守漏洞穿插、渗透、传球或运球突破，以争取迅速接近对方球门，射门得分。

二、防守战术

（一）延缓

快速防守、延缓对方的进攻速度是防守成功的重要因素。当本方失去控球权的瞬间，每一个队员都要意识到不能让对手发动快攻。此时，离球最近的队员要以最快的速度封堵对方控球队员向前传球或运球发动进攻的路线，以争取让本队的其他队员有时间回防到位，形成稳固的防守体系。

（二）纵深

快速回防到位，迅速构成纵深层次防守体系是防守成功的重要条件。当队员封堵对方控球队员的传球或运球路线时，其他无球的防守队员要快速地盯防自己身边可能接到球的对手，迅速回到自己的防守位置上，将自己防守区域内的对手纳入自己的防守范围之内，并迅速与其他同伴共同建立起完整的防守体系。

（三）平衡

加强保护、争取防守力量平衡和局部优势是防守成功的基础。当对方控球继续向本方球门区域进攻时，防守队员要向中路收缩，减少防守队员之间的防守距离，压缩身后防守空当，争取在局部防守中获得防守力量的优势。这样可以大大提高防守队员间相互支援的有效性，特别是对防守队员身后空当的防守保护及补位的及时性和有效性。

（四）控制

紧盯控制，阻止对方射门是防守成功的最终体现。当对方已经攻到本方球门前射门有效区域内时，攻方的得球队员随时有起脚射门的威胁。首先，对控球队员严密控制，封堵控球队员的射门角度，阻止其起脚射门；其次，对有可能接球的队员进行紧逼盯人，限制其活动的自由，更不让其接球射门。对于在球区附近出现的任何射门机会，都要尽最大的努力破坏掉。

（五）守中寓攻

积极防守是进攻的前奏，因此在防守时要有重新得球发动进攻的充分思想准备。在防守过程中，守队的前锋队员要有意识地占据能够为本方抢球成功后发动快攻的位置，从而对攻方的后卫线构成潜在的威胁，使攻队的后卫队员有明显的后顾之忧，达到为本方后防线减轻防守压力的效果。

三、定位球

（一）直接任意球进攻

直接任意球是可以直接射门得分的罚球。罚球时，应有两名罚球队员站在罚球位置上，这样可以使对手产生疑问，不能确定哪一位是主罚队员。在罚球区中路附近的直接任意球射门方式一般有以下几种：弧线球射门、快速射门、战术配合射门。

（二）间接任意球进攻

间接任意球是主罚队员不能直接踢球射入对方球门的任意球。其方法有：快速一拨即射、空中抢点射门及空中掩护射门，声东击西，攻其不备。

（三）角球进攻

角球进攻有两个有利条件：一是罚角球可以直接射门得分，二是进攻队员直接接得角球没有越位犯规。角球的进攻方法一般有以下几种：直接踢弧线球射门、将球直接踢向威胁区域、中短距离配合战术角球。

（四）掷界外球进攻

掷界外球应当考虑以下几个方面：尽快将球掷出，发动快速进攻，掷给无人防守的同伴，向前掷球，掷出的球应当便于接球队员接控。若掷球队员示意接球队员用头顶回，则应掷胸部高度的球，从而保证球被传至掷球队员脚下，接球队员要为掷球队员创造足够的空间。

（五）防守直接任意球

由于直接任意球可以直接射门得分，因此防守直接任意球的首要任务是防止对手直接射门。比赛中常常采取布置防守人墙的方法来封堵对手射门的有效角度和面积。在布置人墙时应明确以下几个问题：由谁来组织布置人墙、由多少人来排防守人墙、排人墙的队员何时可以散开。

（六）防守间接任意球

在罚球区内防守间接任意球时，人墙应当尽可能地保护更大的球门区域面积。当全部队员都必须退到球门线上排人墙时，守门员应当在人墙的中心位置。当球一被踢出，全体防守队员应当立刻向球压上，这样可更好地封堵射门的角度，也可使对手处于越位犯规状态。

（七）防守角球

防守角球与防守直接和间接任意球的原则基本相同。守门员除位置外还要注意脚的姿势，应当斜向站位在球门线上，在保证能看到罚球队员的同时，又能对罚球区内的防守和进攻队员的活动进行全面观察。除守门员外，对方罚角球时，前门柱和后门柱处应各有 1~2 名防守队员，专门负责防守两个门柱区域的来球和攻方队员的攻击活动。防守队员在抢点和空中争顶能力方面都应有较强的实力。

第四节　比 赛 规 则

一、比赛时间

正式的国际足球比赛分为上、下两个半场，每半场 45 分钟，中间休息不得超过 15 分钟。

二、队员人数与换人

每队上场队员不得多于 11 名，其中必须有一名守门员。如果一队的场上队员少于 7 人，则比赛不能开始。奥运会足球比赛中，每场比赛最多可以使用 3 名替补队员；场外和场上队员未经裁判员许可不能擅自进出场地。比赛时，守门员和其他队员的位置不能随意交换，如需要交换，须经过裁判员同意。

三、裁判员

一场正式的足球比赛由一名裁判员、两名助理裁判员和一名第四官员担任裁判工作。裁判员的职责：有场上最终判决权，决定比赛时间是否延长、比赛是否推迟和中止。助理裁判员的职责：示意越位及球出界，协助裁判员的场上判罚，但没有最终判决权。

四、任意球

足球比赛的任意球分两种，一种是直接任意球的判罚，主要是针对恶意踢人、打人、绊倒对方的行为；另外用手拉扯、推搡对方，手触球也属于这一类；辱骂裁判员、辱骂他人也要判罚直接任意球。这种任意球可直接射门得分。如果这些行为发生在罚球区，就要判罚点球。还有一种是间接任意球的判罚，危险动作、阻挡、定位球的连踢就属于这一类。这种任意球不能直接射门得分，只有当球进门前，触及另外一名队员才可得分，罚球区内这种犯规不能判罚点球。

无论直接任意球还是间接任意球，防守方都要退出 9. 15 米线以外。如果不按要求退出 9. 15 米，裁判员可出示黄牌。

五、罚球点球

在罚球区内直接任意球的犯规要判罚球点球。罚球点球时，双方队员不能进入罚球区。如防守方进入罚球区，进球有效，不进则重罚；如进攻方进入罚球区，进球应重踢，如不进则为防守方球门球。在罚点球时，守门员可以在球门线上左右移动，但不可以向前移动。

六、红、黄牌

足球裁判员在判罚时，根据犯规性质不同可出示两种不同颜色的牌。对于足球比赛中出现的一些严重犯规，裁判员要出示红、黄牌。如果是恶意犯规或暴力行为要出示红牌。故意手球、辱骂他人或同一场比赛同一人得到两张黄牌时，也要被出示红牌。

比赛中，有违反体育道德行为，用语言和行为表示不满的就要被出示黄牌。连续犯规、故意延误比赛、擅自进出场地的队员也要被出示黄牌。

七、伤停补时

足球比赛有时根据场上情况在比赛时间上需要补时。有时是一两分钟，最长时可达五六分钟，时间长短的确定由裁判员决定。造成补时的原因主要有：一是处理场上受伤者；二是拖延时间；三是其他任何原因。

八、越位

足球比赛构成越位要满足以下条件：在同伴传球时脚触球的瞬间，在对方半场内如果同伴的位置与最后第二名对方队员的位置相比更靠近对方球门线，这时该队员处于越位位置。需要说明的是与对方最后第二名队员处于平行时不判越位。处于越位位置的队员裁判员在下列情况下被判罚越位犯规：干扰比赛、干扰对方队员、利用越位位置获得利益。

九、暂停比赛

正式足球比赛一般场上不能暂停，只有在极特殊的情况下，如队员受伤或发生意外纠纷才鸣哨暂停。恢复比赛是在比赛停止时球所在的地点坠球，重新开始比赛。足球比赛道德水准普遍很高，通常一方如看到场上有受伤队员，都会将球踢出界。恢复比赛时，对方也会将球踢回。

十、进球

当球的整体从球门柱间及横梁下越过球门线，而此前未违反竞赛规则，即为进球得分。有时在比赛中会看到球打到横梁后落地又弹回场内，裁判员可以根据自己的观察来确认球是否越过球门线，这种判决有时会引起很大争议。

十一、计胜方法

足球比赛分组循环赛期间的积分为胜一场积 3 分，平 1 场积 1 分，负 1 场积 0 分，最终以积分多少决定小组名次。如积分相等，则根据赛前规程确定的不同名次判定标准的规定来排定名次。

十二、比赛开始

正式的国际比赛，在国际足联公平竞赛旗及参赛双方国旗的引导下，参赛队伍伴随国际足联公平竞赛曲列队入场；按规定位置站定，然后先奏客队国歌，再奏主队国歌。比赛场地的选择是以裁判员掷硬币的方式决定，猜中者选择上半场比赛的进攻方向，另一方开球开始比赛。

第十四章　乒 乓 球

知识目标

1. 了解乒乓球运动的起源与发展；
2. 了解乒乓球的基本技战术；
3. 了解乒乓球的比赛规则。

素养目标

1. 具备勇敢、自信、积极向上的品质；
2. 增强集体荣誉感和责任感。

第一节　乒乓球运动概述

乒乓球被称为中国的“国球”，是一种世界流行的球类体育项目，包括进攻、对抗和防守。

乒乓球起源于英国，“乒乓球”一名起源自 1900 年，因其打击时发出“Ping Pong”的声音而得名。1926 年 1 月，在德国柏林举行了一次国际乒乓球赛，共有 9 个国家的 64 名男运动员参加了比赛。同年 12 月，国际乒乓球联合会正式成立，并把在伦敦举行的欧洲锦标赛命名为第一届世界乒乓球锦标赛。

乒乓球组织机构有国际乒乓球联合会、亚洲乒乓球联盟、中国乒乓球协会等。

一、乒乓球起源

乒乓球起源于英国。19 世纪末，欧洲盛行网球运动，但由于受到场地和天气的限制，英国有些大学生便把网球移到室内，以餐桌为球台，书为球网，用羊皮纸做球拍，在餐桌上打来打去。

1890 年，英国运动员吉布从美国带回一些作为玩具的赛璐珞球，用于乒乓球运动。几位驻守印度的英国海军军官偶然发觉在一张不大的台子上玩网球颇为刺激。后来他们改用实心橡胶代替弹性不大的实心球，随后改为空心的塑料球，并用木板代替了网拍，在桌子上进行这种新颖的“网球赛”，于是乒乓球就这样诞生了。

二、乒乓球发展

乒乓球运动的发展大约经历了六个阶段：

（一）第一阶段

1926—1951 年，欧洲乒乓球运动的鼎盛时期。在这期间，规则的改变和器材的改革，有力地促进了技术的发展。如球台由 4.8 尺长增至 5 尺，球网由 6.5 寸高降为 6 寸，球从软球改为硬球。对比赛时间也做出规定：一场三局两胜的单打，不得超过 1 小时，五局三胜的比赛不得超过 1 小时 45 分钟，禁止用手指旋转球的那卡尔式发球。

（二）第二阶段

1952—1959 年，日本乒乓球震动世界乒坛。

（三）第三阶段

1959—1969 年，中国乒乓球队崛起，朝鲜乒乓球队崭露头角。

（四）第四阶段

1971—1979 年，欧洲队复兴，中国乒乓球队重整旗鼓。

（五）第五阶段

1981—1988 年，中国乒乓球队攀上世界高峰，演变成“中国乒乓球队对垒世界各国队”的局面。

（六）第六阶段

1991 年以后，世界各国乒乓球队对垒中国乒乓球队，成绩卓著，欧洲队领先 5~6 年。中国乒乓球走出低谷，重攀高峰。

多年来中国选手一直在乒乓球项目中有着极为出色的表现：男子项目中的王涛、孔令辉、刘国梁，女子项目中的邓亚萍、乔红、王楠、张怡宁等冠军球员群星璀璨。多年来中国乒乓球队一直以“梦之队”的姿态出现在奥运赛场上，乒乓球项目也是中国代表团最为稳固的夺金点之一。

自 1952 年成立至 2023 年，中国乒乓球队已走过整整 71 年的风雨历程，虽然在成绩上也有过低谷、在训练上也走过弯路，但始终处在世界乒坛强队的阵营中，创造了一支运动队长达半个世纪长盛不衰的奇迹。

中国的乒乓球在世界的舞台上取得了十分辉煌的战绩，是世界乒坛中的传奇神话！在乒

乒球项目上，中国无疑是强国，但更是一个礼仪之邦。国乒从很早的时候就有这样一个不成文的潜规则，比赛中不能给对手 11∶0 的尴尬局面，给予对手足够的尊重。

然而在2016年的里约奥运会上，日本选手水谷隼在男团决赛击败许昕之后，嚣张地在刘国梁面前摔拍挑衅庆祝，这一幕让很多中国球迷都感到难以接受。坐在场边的刘国梁更是当场就被激怒，下令马龙、许昕和张继科全力以赴，最终国乒 3∶1 击败日本队夺冠。

三、球拍类型

（一）正胶海绵拍

正胶就是胶皮颗粒向上、高度与直径相等的胶皮。它弹性好，击球稳且速度快，略带下沉的感觉，适合近台快攻型的球员使用。如果觉得自己手腕动作灵活，而大臂和腰腹力量不够，那最好选择以速度制胜的正胶球拍。

（二）生胶海绵拍

生胶就是颗粒向上、直径大于高度的胶皮。特点是击球有下沉，搓球旋转弱，适合近中台选手使用。

（三）反胶海绵拍

反胶就是粘贴时粗面向下、黏性较大的光面向上的一种胶皮，全欧洲的选手均采用此种胶皮。反胶打球的旋转力强，所以打法以旋转为主的球员（如弧圈球、削球）必谙此道。当然，反胶容易制造旋转，也容易吃转儿，掌握有一定难度。

（四）长胶海绵拍

一般来说，高度超过 1.5 毫米的胶皮称为长胶。这种胶皮的胶粒很软，颗粒细长，支撑力小。主动制造旋转的能力很差，主要依靠来球的强旋转或冲力大来增加回球的旋转度。初学者和技术不高的爱好者不适合用长胶。

（五）防守型海绵拍

用拍一般以削球为主，属于旋转型打法，故而横拍削球手多以反胶为主，反手则花样繁多。

球拍上，多标明“进攻”“全面”“防守”等类型的分类标识，可供爱好者选择。初学者，不妨选用控球容易的低档球拍来矫正动作，待水平逐渐提高、形成稳定的打法后，再挑选针对性较强的中高档球拍。

第二节　乒乓球基本技术

乒乓球技术主要有握拍法、基本姿态、基本步法、发球、攻球、搓球、弧圈球等。

一、握拍法

（一）直式握拍法

直式握拍法的特点是正反手都用球拍的同一面击球，一般情况下，不需两面转换，出手较快；正手攻球快速有力，攻斜、直线球时拍形变化不大，对手不易判断，便于从速度、球路和力量上取得主动；手腕动作灵活，发球可做较多变化。但反手攻球时，因受身体阻碍较难掌握，不易起重板；攻削交替时手法变化大，影响击球速度和准确性；防守时照顾面积较小。直式握拍法的手势如图 14-1 所示。

图 14-1　直式握拍法的手势

（二）横式握拍法

横式握拍法的特点是照顾的面积比直拍大，攻球和削球时握拍的手法变化不大；反手攻球不受身体阻碍，便于发力；削球时用力方便，便于发挥手臂的力量和掌握旋转变化。但在不定期击左右两面来球时，需要转动拍面，动作大，影响摆臂速度；攻直线球时，动作明显被对方识破；台内正手攻球较难掌握。横式握拍法的手势如图 14-2 所示。

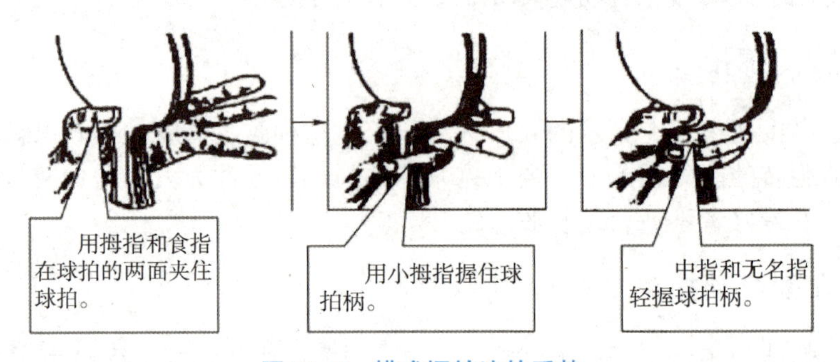

图 14-2　横式握拍法的手势

（三）握拍注意事项

（1）握拍不能过大、过小或太深、太浅，以免影响手腕动作的灵活性和击球的发力。

（2）不论直握或横握，在准备击球前或击球后，手指不要用力握拍。这样，一方面便于使拍形恢复到准备击球的状态；另一方面也可使手的各部分肌肉及时放松，以免由于握拍过紧而造成手腕、前臂的僵硬。

（3）握拍法易犯错误和纠正方法，如表 14-1 所示。

表 14-1　握拍法易犯错误和纠正方法

编号	易犯错误	原因	现象	纠正方法
1	握拍过深	握拍概念不清	妨碍拍形调节	（1）建立正确的握拍法概念 （2）体会正确的握拍方法 （3）在挥拍练习时，强化正确动作
2	握拍过浅	握拍概念不清	（1）不利于控制拍形 （2）影响击球发力	（1）建立正确的握拍法概念 （2）体会正确的握拍方法 （3）在挥拍练习时，强化正确动作
3	拍后三指过屈	握拍概念不清	（1）妨碍拍形调节 （2）影响击球发力	练习时，在拍后适当位置做一标记，限定三指位置
4	拍后三指张开	握拍概念不清	（1）妨碍拍形调节 （2）不便于反手击球	（1）建立正确的握拍法概念 （2）体会正确的握拍方法 （3）在挥拍练习时，强化正确动作

二、基本姿态

正确的基本姿态应该是：两脚平行站立、提踵、前脚掌内侧用力着地、两脚间距离比肩稍宽。两膝微屈并稍内扣、上体略前倾、重心置于两脚之间。两眼注视来球。以右手握拍为例，持拍向左成半横状，使手臂保持自然弯曲，置于身体右侧，肘略外张，手腕放松，将球拍向左成半横状，使拍形保持自然后仰。球拍置于腹前，离身 20～30 厘米，如图 14-3 所示。做到“注视来球、上体微倾、屈膝提踵、重心居中”。

两脚开立比肩略宽是为了保持身体重心的稳定性。两脚脚尖指向同一方向，对快速起动移动有着重要的作用，它可以直接蹬地启动，从而缩短了步法移动的时间。

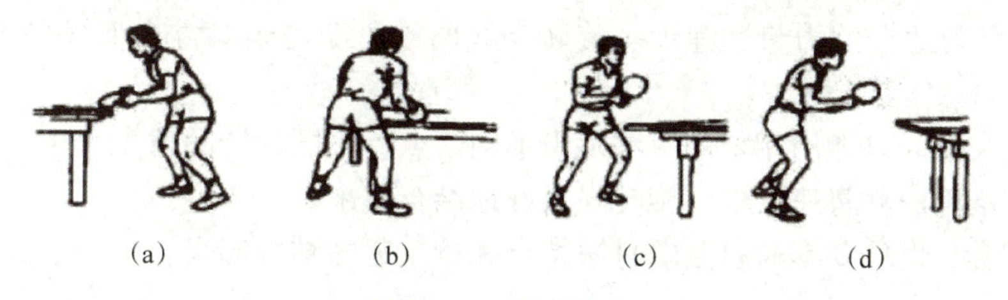

图 14-3　基本姿态

（a）直板侧面图；（b）直板后面图；（c）横板正面图；（d）横板侧面图

三、基本步法

（一）单步

击球时，以一脚的前脚掌为轴，另一脚向前或向左、向右移动一步，身体重心也随之移动到摆动腿上，然后挥臂击球。来球距身体较近时常用这种步法。

（二）跨步

击球时，以一脚向前后或向左右的不同来球方向跨出一大步，身体重心随即移动到摆动腿上，另一脚迅速跟上，以便保持在最佳的距离上。一般在来球距离身体较远，来球速度较快，可借助对方力量击球时使用这种步法。

（三）并步

移动时，先以与来球异方向的脚向另一只脚并一步，然后与来球同方向的脚再向来球的方向迈一步迎击来球。由于并步移动范围大，能保持重心稳定，一般在来球速度不算太快时可以使用。如削球的左右移动、快攻、拉弧圈球等，就常用这种步法。

（四）跳步

以与来球异方向的脚先起动，用力蹬地，两脚一同离地向左或向右移动。蹬地脚先落地，另一脚跟着落地，站稳后击球。这种步法照顾范围比单步大。小跳步还可用来作为还原步法，调整攻球的位置。它通常与单步、跨步综合运用。

（五）交叉步

击球时，以靠近来球方向的脚作为支撑脚，远离来球方向的脚迅速向来球方向在体前跨出一大步，腰和髋关节随势将支撑脚带向来球方向，在支撑脚落地前的瞬间击球，运用交叉步接短球或削突击来球较多。

四、发球

发球技术是乒乓球的重要技术，是乒乓球前三板技术之首，是唯一的由运动员完全根据自己意志，以任何适合的力量、速度、旋转、线路、角度击到对方台面任何合法位置的技术。发球技术的总体要求如下：

（1）出手突然，且能用相似的手法发出不同落点、不同旋转的球。

（2）落点准确，并将速度快、旋转强很好地结合起来。

（3）要配套，发球要有与自己的打法特点和抢攻紧密结合起来。

（一）发正手平击球

特点：速度一般，基本不旋转或略有上旋，是掌握其他复杂发球的基础技术，初学者首先要学会这种发球方法。

发正手平击球如图 14-4 所示。

图 14-4　发正手平击球

（1）击球前动作。

①选位：左脚稍前，身体略向右转，左手掌心托球置于身体右侧前方。

②引拍：左手将球向上抛起，同时右臂内旋，使拍面角度稍前倾，向身体右后方引拍。

③迎球：右臂从身体右后方向右前方挥动。

（2）击球时：当球从高点下降至稍高于球网时，击球中上部向左前方发力。球击出后第一落点在球台中间。

（3）击球后：手臂继续向左前方随势挥动，迅速还原。

（4）发力部位以前臂为主，动作过程中身体重心从右脚移至左脚。

（二）发正手下旋球

特点：球速较慢、旋转变化大。由于发球手法近似，能通过旋转变化迷惑对方，使其不易判断球的旋转强度，造成回击时下网、出界或出高球。发正手下旋球如图 14-5 所示。下旋加旋转发球动作方法如下：

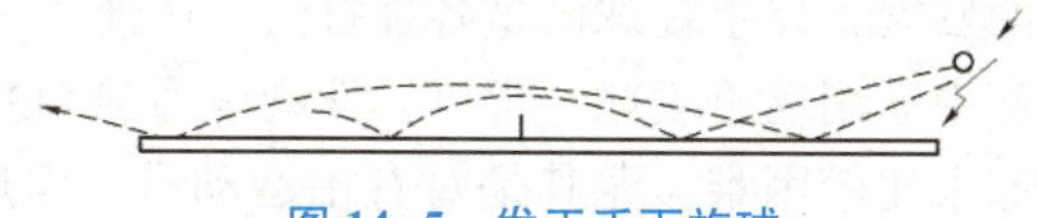

图 14-5　发正手下旋球

（1）击球前动作。

①选位：左脚稍前，身体略向右偏倾，左手掌心托球置于身体右前方。

②引拍：左手将球向上抛起，同时右臂外旋，直握拍手腕作伸，横握拍手腕略向外伸展。

③迎球：右臂从身体右后上方向左前下方挥动。

（2）击球时：当球从高点下降至稍高于或平于网高时，前臂加速向左前下方发力，同时直握拍手腕作屈同时内收，击球中下部向底部摩擦。球击出后第一落点接近于球网。

（3）击球后：手臂继续向左前下方随势挥拍，迅速还原。

（4）发力部位以前臂和手腕为主，动作过程中身体重心从右脚移至左脚。

（三）反手发球技术

（1）击球前动作。

①选位：右脚稍前或平站，身体略向左转，左手掌心托球置于身体左前方。

②引拍：左手将球向上抛起，同时右臂外旋，使拍面角度稍前倾，向身体右后方引拍。

③迎球：右臂从身体后方向前方挥动。

（2）击球时：当球从高点下降至稍高于球网时，击球中上部向右前方发力。球击出后第一落点在球台中央。

（3）击球后：手臂和手腕继续向右前方随势挥动，迅速还原。

（4）发力主要部位以前臂为主，动作过程中身体重心从左脚移至右脚。

（四）反手发下旋加转球

（1）击球前动作

①选位：右脚稍前或平站，身体略向左偏斜，左手掌心托球置于身体左前方。

②引拍：左手将球向上抛起，同时右臂内旋，直握拍手腕作屈，横握拍手腕向外伸展，使拍面角度后仰，向身体左后上方引拍。

③右臂从身体左后上方向右后前下方挥动。

（2）击球时：当球从高点下降至稍高于或平于网高时，前臂加速向左前下方发力，同时直握拍手腕作伸，横握拍手腕作内收，击球中下部向底部摩擦。球击出后第一落点接近球网右前下方。

（3）击球后：手臂继续向右前下方随势挥动，迅速还原。

（4）发力部位以前臂和手腕为主，动作过程中身体重心从左脚移至右脚。

五、攻球

（一）反手攻球

当今随着乒乓球运动的发展，反手攻球已是各种打法的运动员，特别是进攻类型运动员不可缺少的一项技术。比赛中运用反手攻球，常可以发动威力强大的全台进攻，大大加强了攻势。虽然反手攻球掌握起来比较困难，尤其是对直拍运动员，但展望乒乓球运动的未来，它将是必备的技术之一。

特点：站位近、动作小、球速快、路线活、带上旋，击球点在台内，回球具有突击性，是对付台内球并争取主动的一种攻球技术。

（1）击球前动作

①选位：站位靠近球台。左大角度来球时，上左脚；中间或偏右开球时，上右脚。

②引拍：手臂自然弯曲，前臂伸向台内，根据来球旋转强弱程度，手臂相应内旋或外旋，调整拍面角度。

③迎球：前臂向前挥动。

（2）击球时：当球跳至高点期，下旋强时，前臂、手腕向前上方发力，拍面稍后仰击球中下部，下旋弱时，前臂、手腕向前发力，拍面垂直击球中部。

（3）击球后：随势挥臂动作小，迅速还原成击球前的准备姿势。

（4）发力部位以前臂、手腕为主，动作过程中身体重心放至迎球前上步脚上。

（二）正手攻球

正手攻球是乒乓球攻球技术的重要组成部分，如图 14-6 所示。正手攻球具有快速有力的特点，能体现积极主动、快速进攻的指导思想。比赛时，正手攻球运用得好，就能使自己处于主动，使对方陷入被动。因此，无论什么打法的运动员，都必须很好地掌握这项技术。

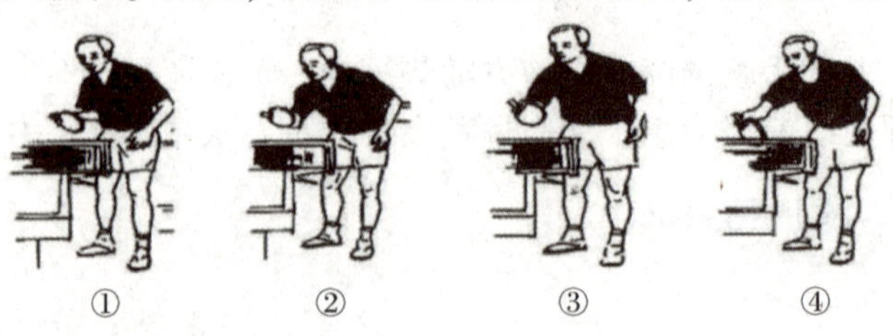

图 14-6　正手攻球

特点：站位近、动作小、球速快、路线活、带上旋，击球点在台内，回球具有突击性，是对付台内球并争取主动的一种攻球技术。

（1）击球前动作如图 14-7 所示。

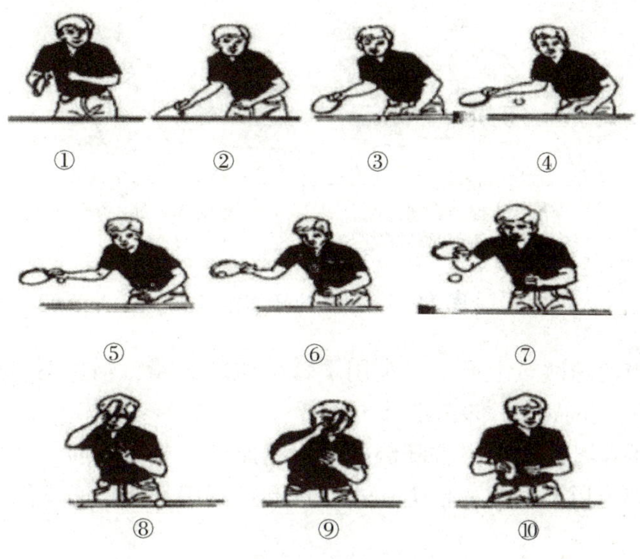

图 14-7　击球前动作

①选位：站位靠近球台，右方大角度来球时，上右脚；中间或偏左方向来球时，上左脚。

②引拍：手臂自然弯曲迎前，前臂伸向台内，根据来球旋转程度，手臂相应地作内旋或外旋调整拍面角度。

③迎球：前臂、手腕向前挥动。

（2）击球时：当来球跳至高点期，下旋强时，拍面稍后仰，击球中下部，前臂、手腕向前上方发力。下旋时若拍面垂直，击球中部，前臂、手腕向前为主，适当向上用力。上旋时拍面稍前倾，击球中上部，手臂直接向前用力。

（3）击球后：随势挥臂动作小，迅速还原。

（4）发力主要部位以前臂、手腕为主，动作过程中身体重心放置迎前的上步脚上。

六、搓球

搓球技术是近台还击下旋球的一种基本技术。由于回球路线较短，缺乏前进力，多在台内，因而可造成对方回球困难。此外，搓球又比较稳健，旋转和落点变化也较多，故可用作过渡技术，用以寻找进攻机会。搓球动作与削球相似，又比较易学，是削球必须掌握的入门技术。

反手快搓动作方法如图 14-8 所示。

（1）击球前动作。

①选位：右脚移前，身体离台 40 厘米。

②引拍：手臂自然弯曲并内旋，使拍面角度稍后仰，后仰动作小，前臂向左上方提起，将球拍引至身体左前上方。

③迎球：手臂向右前下方迎球。

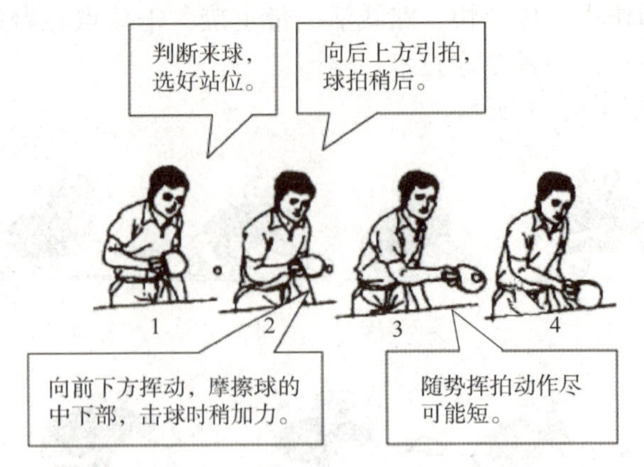

图 14-8 反手快搓动作方法

（2）击球时：当前球跳至上升期，利用手臂前送的力量，借助对方来球前进力，前臂、手腕向右前下方用力，拍面稍后仰，击球中下部。

（3）击球后：手臂继续向前下方随势挥动，迅速还原成击球前的准备姿势。

（4）发力主要部位以手臂前送借力还击，运动过程中身体重心从左脚移至右脚。

七、弧圈球

弧圈球技术是一种带有强烈上旋的攻球技术，它能够制造适当的弧线，回击低而强烈的下旋球，命中率高，落台后前冲力大，攻击力强，比赛中即可主动攻击，又可在相持或被动时作为过渡技术，在回击低球和下旋球时比较稳健，故比快攻有更多的发力进攻时机，高水平的弧圈球对快攻以及削球等各种打法，都具有较大的“杀伤力”。由于横拍正手、反手拉弧圈球都很方便，所以，以弧圈球为主打法的运动员多半执横拍，而直握拍反手拉弧圈球时，球拍的前倾角度较难达到要求。弧圈球根据击球位置的不同可划分为正手弧圈球、反手弧圈球、侧身弧圈球；根据击球方法和弧线高度的不同可划分为加转弧圈球（也叫高吊弧圈球）和前冲弧圈球。

（一）正手加转弧圈球

特点：与一般攻球相比，站位稍远，动作稍大，球速稍慢，弧线曲度大、上旋特别强，第一弧线较高，第二弧线较低，落台后前冲并向下滑落，对方回击不当，容易出高球或出界，一般用它对付下旋球，可创造扣杀机会。

（1）击球前动作。

①站位离台约 60 厘米，左脚稍前，身体重心放在右脚上，两膝微屈，收腹含胸，身体略向右转。

②引拍：右肩下沉，右臂自然弯曲，前臂后引并下沉，将拍引至身体右后下方，同时，前臂内旋，使拍面微前倾。

③迎球：待来球弹起飞到高点期时，在上臂带动下，以前臂为主向上兼向前挥拍迎球（与此同时，右侧腰、髋向左上方转动）。

（2）击球时：在来球的下降期，以前倾拍形击球的中上部，球拍击球瞬间，右脚前掌蹬地，右侧腰、髋向左上方转动，前臂在上臂带动下向上兼向左前方发力摩擦击球，同时，

还要充分利用手腕的力量，使球强烈上旋。

(3) 击球后：手和臂顺势向左前上方挥动，并迅速还原成准备姿势，动作过程中，身体重心从右脚移到左脚上。

(二) 正手前冲弧圈球

(1) 特点：弧线低而长，上旋强，球速快，有一定力量，弹起后前冲力大，并向下滑，是弧圈球运动员的主要得分手段。

(2) 动作方法（见图 14-9）：球拍自然引至身体与台面同高，拍形前倾与水平面成 35°~40°夹角，当球从台面弹起还未达到高点时，腰部向左转动，手臂向前上方挥动，上臂带动下臂加速内收，手腕略微转动，在高点期用球拍摩擦球的中上部，使之成为较低的弧线落至对方的台面上，击球后重心移至左脚上。

图 14-9 正手前冲弧圈球

第三节 乒乓球基本战术

一、发球、接发球抢攻战术

(一) 发球抢攻战术

发球抢攻是我国乒乓球运动员的重要战术之一。近年来，世界各种类型打法的运动员都越来越重视这一战术，并有了较大的发展。

发球抢攻的战术意识首先是尽量争取发球直接得分；其次是迫使对方回球质量不高，从而赢得有力进攻机会；最后才是迫使对方接发球不具备杀伤力，从而自己进行抢攻。

（二）接发球战术

特点：由某一单项攻（冲）球技术所形成，进攻性强，可变接发球的被动地位为主动地位，也可直接得分，是乒乓球运动各种打法特别是进攻型打法的主要战术，常用的接发球战术主要有以下几种：

（1）用快拨、快推或拉球回击，争取形成对攻的相持局面。

（2）用快搓摆短回接，使对方难以发力抢攻或抢位。

（3）对各种侧旋、上旋或不强烈的下旋短球，可用“快点”技术回接，“快点”突击性强，回球速度快并且路线变化多。

（4）接发球抢攻或抢位。

以上四种接发球战术，在比赛中可与场上具体情况结合起来运用，采用多种回接方法，给对方制造出各种困难，使其无法适应，从而破坏其发球抢攻或抢位的站位意图。

二、对攻战术

对攻，是进攻型打法选手互相对垒时常采用的一项重要战术。快攻类打法，主要是依靠正手攻球、反手攻球、反手推挡或快拨技术，充分发挥快速多变的特点，以达到调动对方、有效攻球的目的。弧圈类打法，主要是依靠正、反手两面弧圈球技术，充分发挥旋转的威力，以达到牵制对方、增加攻击效力的目的。

常用的战术：攻对方两角、侧身攻、攻追身、轻与重的结合、攻防结合。

三、拉攻战术

特点：连续正手快拉以创造进攻机会，机会出现后，采用突击和扣杀的手段来得分，拉攻战术是快攻类打法对付削球类打法的主要战术之一。

（1）正手拉球后过渡为扣杀。

（2）反手拉球后过渡为扣杀（一般为两面进攻型运动员遇到反手位大角度的削球时所采用）。

四、搓攻战术

搓攻战术是进攻型选手的一项辅助战术，主要是利用搓球的旋转和落点变化，为进攻创造机会，但搓球次数要适宜（不可过多），一般快搓一两板就行。

常用的搓攻战术如下：

（1）搓球落点变化，伺机进行突击。

（2）搓球转与不转相结合，变化落点伺机突击。

（3）搓拉与落点变化相结合，伺机突击。

五、削攻结合战术

削攻结合的特点是：由削球和攻球结合而成，常以逼对方两个大角加转削球为主，伺机反攻；或以转、低、稳、变的削球，迫使对手在走动中拉攻，使其回球质量不高，从中寻找机会反攻，这种战术有稳、逼、变、凶、攻的特点，是攻削结合打法的主要战术。乒乓球战术类型如图 14-10 所示。

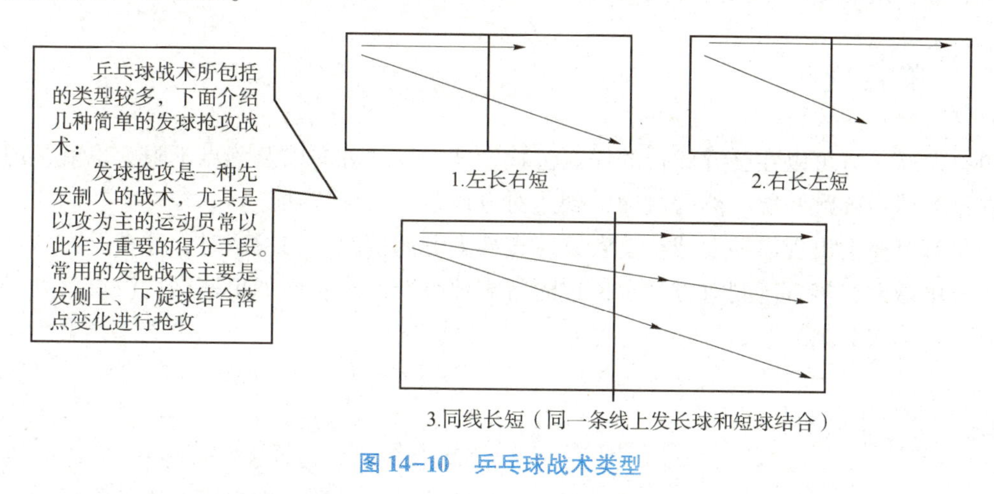

图 14-10　乒乓球战术类型

第四节　比 赛 规 则

一、发球与选位

很多正规的比赛在开始前，都会让运动员“猜球”或是“抛硬币”来决定哪方先发球。

（一）猜球

由裁判执球，在球桌以下的位置进行左右手执球位置更换，当最终球的位置确定好后，由其中一方的运动员进行猜球，选择左手或右手，选好后裁判同时举起双手，向猜球方展示乒乓球的位置。猜对了则可以选择先发球或选择发球位置，另一方则选择剩余的未选选项。

（二）抛硬币

由裁判手执硬币，在抛出前让双方运动员各自选择硬币的一面。最后，裁判抛起硬币后接住，硬币哪一面朝上，则哪方运动员可以优先选择发球或选择发球位置。

二、计分规则

乒乓球每场 11 分，比赛每方球员轮流发两球，发完后交换发球，谁先达到 11 分谁获得该场胜利，进行下一局比赛。但当双方球员比分达到 10：10 时，则需要进行附加赛，即双方球员每人轮流发一球，直至一方超过另一方两分则获得胜利。

一般比赛分为三局两胜（初赛）、五局三胜（复赛/半决赛）、七局四胜（决赛）三种。五局三胜和七局四胜，在决胜局也就是大比分在 2：2 或者 3：3 时后的最后一局比赛，当一方赢得 5 分，则需要双方队员交换场地。

三、单打规则

单打发球一方可以在己方球台的任意位置发球，发球方向以及落点不限，也就是说，只要球在己方球台弹跳一次，然后过网，到达对方球台即发球成功。

而单打里还会出现需要发球重发和发球直接失分的情况。当发球时，球在己方球台弹跳过网中擦中球网，接着落到对方球台，这时就需要重新发球；而如果擦网后没有落到对方球台，则算发球失分。

四、双打规则

乒乓球双打发球自发球方的右手边开始，只能将球发对角，即发至对方的右手边，若发至对方的左手边，则判定发球失分；每边球员轮流接球一次，一名球员未接或是连续接球两次，则为失分。若发球至对方中线位置，需要重新发球。当一方发球两次后，则原发球方的两位球员需要交换站位，由另一位球员接球。

第十五章　羽 毛 球

知识目标

1. 了解羽毛球的各项赛事和硬件要求；
2. 了解羽毛球基本技战术；
3. 了解羽毛球的比赛规则。

素养目标

在羽毛球运动中学会与同伴合作，学会通过羽毛球运动来调节情绪，缓解日常学习中的压力，享受羽毛球运动所带来的乐趣，体验成功的感觉。

第一节　羽毛球运动概述

羽毛球是一项隔着球网，使用长柄网状球拍击打用羽毛和软木制作而成的一种小型球类的室内运动项目。羽毛球比赛在长方形的场地上进行，场地中间有网相隔，双方运用各种发球、击球和移动等技战术，将球在网上往返对击，以不使球落在本方有效区域内，或使对方击球失误为胜。

羽毛球运动的起源有很多说法，但最认可的是起源于14—15世纪的日本。而现代羽毛球运动起源于印度，形成于英国。1875年，羽毛球运动正式出现于人们的视野中。1893年，英国的羽毛球俱乐部逐渐发展起来，成立了第一个羽毛球协会，规定了场地的要求和运动的标准。1939年，国际羽联通过了各会员国共同遵守的第一部《羽毛球规则》。2006年，国际羽毛球联合会（IBF）的正式名称更改为羽毛球世界联合会（BWF），即世界羽联。

羽毛球运动的最高组织机构是世界羽联，1934年在伦敦成立。中国最高组织机构是中国羽毛球协会，1958年9月11日在武汉成立。

一、羽毛球赛事

由世界羽联主办的世界重大羽毛球赛有以下几种：

（一）汤姆斯杯羽毛球赛

汤姆斯杯羽毛球赛即世界男子团体羽毛球锦标赛，在偶数年举行。比赛由三场单打、两场双打组成。历史上夺得汤姆斯杯冠军最多的国家是印度尼西亚队，截至2023年共14次。

（二）尤伯杯羽毛球赛

尤伯杯羽毛球赛即世界女子团体羽毛球锦标赛，1956年举行首届比赛，两年一届，在偶数年举行。比赛由三场单打、两场双打组成。历史上夺得尤伯杯冠军最多的国家是中国队，截至2023年共11次。

（三）世界羽毛球锦标赛

世界羽毛球锦标赛即世界羽毛球单项锦标赛。设有男、女单打、双打和混合双打五个比赛项目。1977年起为三年一届，1983年改为两年一届，在奇数年进行。2005年改为每年一届，但奥运年不举办。

（四）苏迪曼杯羽毛球赛

苏迪曼杯羽毛球赛即世界羽毛球混合团体比赛。1989年开始举办，两年一届，在奇数年举行，比赛由五个单项组成。

（五）世界杯羽毛球赛

世界杯羽毛球赛属于邀请性比赛，由国际羽联邀请当年成绩优异的选手参加。创办于1981年，1997年国际羽联决定从1998年起改为主办由世界顶尖级选手参加的明星赛，并准备尝试奖金丰厚的羽毛球大满贯赛事。

（六）全英羽毛球锦标赛

全英羽毛球锦标赛由英格兰羽毛球协会于1899年创办，是世界上历史最悠久的羽毛球赛事。最初由英国和英联邦国家选手参加，现在已成为全球性的羽坛大会战。

（七）奥运会羽毛球比赛

羽毛球1992年成为奥运会正式比赛项目，只设4个单项比赛，无混双比赛。1996年亚特兰大奥运会起增设混双项目。

（八）国际系列大奖赛

国际系列大奖赛始于1983年，由在全年不同时间和在不同国家举办的六个级别的系列赛组成，主要包括超级赛和大奖赛。在12站超级赛中获得积分最高的前8名/对选手参加年终举办的超级系列赛总决赛，但在任一单项比赛中每个下属协会最多每队两名选手报名参加。

（九）全球华人羽毛球锦标赛

全球华人羽毛球锦标赛是由海峡两岸羽毛球爱好者共同倡导和发起的一项传统的国际羽

毛球赛事，是全球华人当中最具号召力、规格最高、最具影响力的羽毛球品牌赛事，自1993年创办以来，本着“以球会友，切磋球艺，强身健体，团结华人”为宗旨，得到了社会各界前所未有的关注。

没有大张旗鼓，没有鲜花掌声，37岁的林丹用一条微博将自己国家队生涯的终点定格在2020年7月4日，一个时代的大幕就此轻轻落下。从2000年进入中国羽毛球队以来，赛场上，林丹共获得20个世界大赛冠军头衔（两届奥运会、五届世锦赛、六届汤姆斯杯、五届苏迪曼杯以及两届世界杯）；赛场外，他在世界羽坛的影响力达到了极致。

当传奇落幕，诸多媒体称林丹是当之无愧的羽毛球“历史最佳”。世界羽联撰文称，林丹是21世纪羽坛最卓越的运动员，对这项运动发展的影响更是难以估量，“作为一名大赛型选手，林丹为后来者树立了难以企及的标杆。没有林丹赢不下的大赛，没有林丹征服不了的对手。”

英雄谢幕，但辉煌犹在，虽然林丹的体育生涯告一段落了，但是属于他的荣耀是不会被磨灭的，他的运动精神永在，他的故事值得激励下一代人。

二、羽毛球硬件要求

（一）球场

羽毛球球场为一块长方形场地，长13.40米，宽6.10米（单打场地宽5.18米），双打球场对角线长14.723米，单打球场对角线长14.366米。球场各线宽均为4厘米，丈量时要从线的外沿算起。球场各条界线最好是白色、黄色或其他易于辨别的颜色。

所有场地线都是它所确定区域的组成部分。理想的羽毛球比赛场地用弹性木材拼接而成，国际比赛已采用化学合成材料做成可移动的球场。按国际比赛规定，羽毛球场上空12米以内，球场四周2米以内（含相邻的两个球场），不得有任何障碍物。球场四周的墙壁最好为深色，同时应避免风的干扰。如由于客观条件的限制达不到上述要求，经有关部门批准，可以制定切合实际的补充规定。

（二）球网

羽毛球球网长6.10米，宽76厘米，用深色优质的天然或人造纤维细绳制成。网孔为方形，边长为15~20毫米，网的上沿缝有75毫米宽的双层白布，把细钢丝绳或尼龙绳从白布夹层穿过，然后牢固地张挂在两根网柱之间。球场中央网高1.524米，球网两端高1.55米。球网的两端必须与网柱系紧，它们之间不应有缺缝。

（三）网柱

从球场地面起：网柱高为1.55米，网柱必须稳固地与地面垂直，并使球网保持紧拉状

态，网柱应放置在双打边线中点上。

（四）球

羽毛球应有16根羽毛固定在球托部，羽毛长64~70毫米，但每一个球的羽毛从托面到羽毛尖的长度应一致。羽毛顶端围成圆形，直径为58~68毫米，球托直径25~28毫米，底部为圆形，羽毛球重4.6~5.5克。

（五）球拍

球拍拍面应为平面，以拍弦穿过框架十字交叉或以其他形式编织而成。球拍的框架，包括拍柄在内，总长度不超过680毫米，宽不超过230毫米。球拍框一般为椭圆形，拍框长度不超过290毫米，弦面长不超过280毫米，宽不超过220毫米。球拍没有重量限制。球拍不允许有附加物和突出部分，不允许改变球拍的规定式样。

第二节　羽毛球基本技术

一、握拍法

羽毛球运动最基本的握拍法有正手握拍法和反手握拍法，以右手握拍为例：

（一）正手握拍法

凡从身体右侧来球至头顶运用正手握拍法击球，如图15-1所示。正手握拍法击球即虎口对准拍柄上方侧内沿，小指、无名指和中指并握，食指稍分开，大拇指与中指靠近。

（二）反手握拍法

凡从身体左侧来球，运动员应先转身（背对网）后用反手握拍法击球，如图15-2所示。反手握拍法即在正手握拍的基础上，拇指和食指将拍柄稍外转，拇指顶贴在拍柄内侧的宽面上。

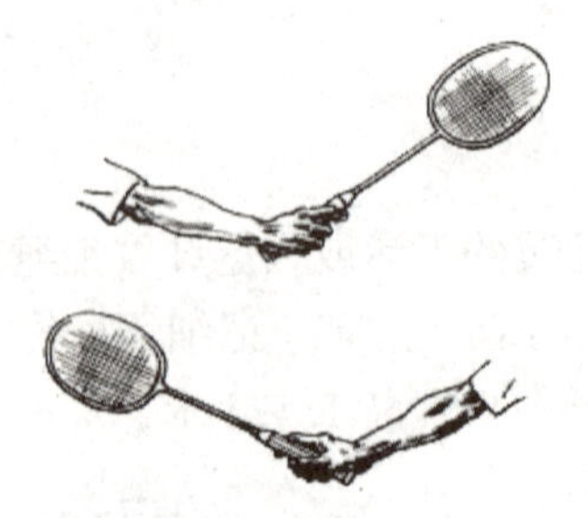

图15-1　正手握拍法

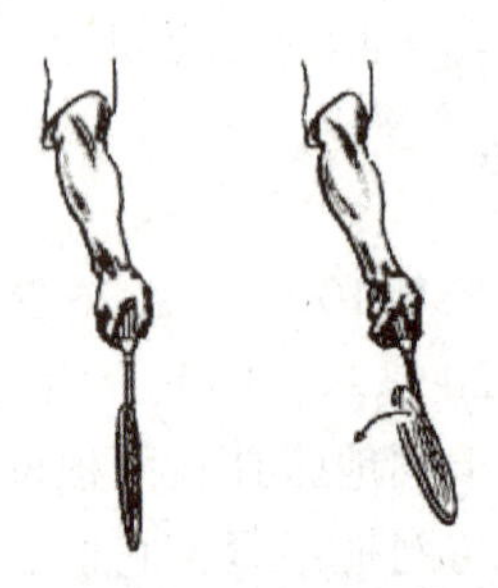

图15-2　反手握拍法

二、发球与接发球

（一）发球

图 15-3　发球

发球有正手发球和反手发球两种，如图 15-3 所示。按球在空中飞行的弧线又可将发球分为发高远球、发平高球、发平快球、发网前球和发旋转飘球等。

（二）接发球

如果说发球发得好是走向胜利的开始，那么接发球接得好则是走向胜利的第一步。发球方要利用多变的发球打乱接球方的阵脚，争取主动，而接发球方则是通过多变的接发球破坏对方的企图。

三、击球法

（一）高远球

高远球（见图 15-4），可以逼迫对方退离中心位置，到底线去击球，削弱对方进攻威力，消耗对方的体力。高远球的滞空时间长，易于争取时间，可摆脱被动局面。

图 15-4　高远球

（二）吊球

吊球（见图 15-5）即把对方击来的球从后场轻巧地还击到对方的网前地区。吊球是调动对方、打乱对方阵脚、配合战术的一种击球技术。在后场进攻中，常和高远球、杀球结合运用。如能做到这三种击球的前期动作一致，就能造成对方判断上的失误，以巧取胜。

（三）杀球

杀球（见图 15-6）即把高球在尽量高的击球点上用力扣压下去，这种球力量大、弧线直、下落快，是一种主要进攻技术。杀球技术有正手、反手和绕头顶杀球三种。

图 15-5　吊球

图 15-6　杀球

（四）放网前球

放网前球（见图 15-7）即将对方的吊球或网前球用球拍轻轻一托，使球一过网顶就朝下坠落。

图 15-7　放网前球

（五）搓球

搓球（见图 15-8）是放网前球技术的一种发展，它动作细腻，击球点较高，利用

"搓""切""挑"的动作，摩擦球托底部，使球改变在空中的正常运行轨道，沿横轴翻转或纵轴旋转越过网顶，给对方回击造成困难，为自己创造进攻的机会。

图 15-8　搓球

（六）推球

推球（见图 15-9）与网前的假动作相配合，在引诱对手上网时，突然将球快速推到后场底角。利用这种进攻技术，常能直接得分。

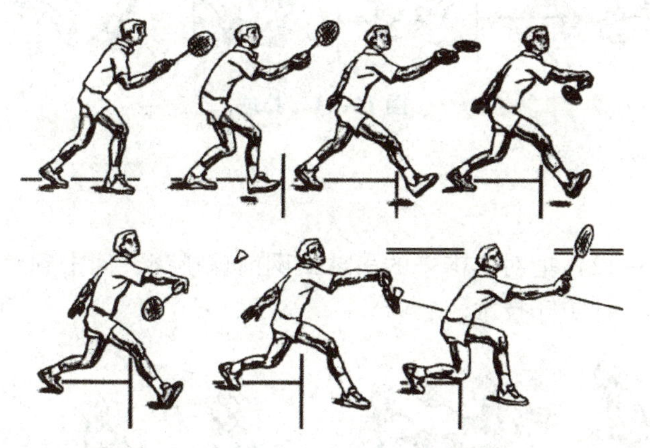

图 15-9　推球

（七）勾球

勾球（见图 15-10）即在网前回击对角线球。勾球与搓球、推球结合起来运用，常能达到声东击西的效果。

（八）扑球

扑球（见图 15-11）即当对方发网前球或回击网前球，球越过网顶时，弧度较高，运动员迅速上步在网前举拍扑杀。扑球用力有轻有重，飞行的弧线较短，落地较快，常使对方挽救不及，是双打中常用的一种进攻技术。

图 15-10　勾球

图 15-11　扑球

（九）挑高球

挑高球（见图 15-12）把对方击来的吊球或网前球挑高，回击到对方后场，这是在比较被动的情况下采取的一种防守技术。

图 15-12　挑高球

（十）抽球

抽球（见图 15-13）是击球平飞过网的一种打法。抽击时，击球点在肩部以下的两侧，是下手击球速度较快的一项进攻技术，在双打中运用得最多。

图 15-13　抽球

（十一）接杀球

接杀球（见图 15-14）是转守为攻的打法，分为挡网前球、抽后场球和挑高球。

图 15-14　接杀球

四、步法

羽毛球的步法要快速灵活，这样才能有效地控制全场。单个步子有蹬步、跨步、垫步、蹬跨步、蹬转步、交叉步、并步、小碎步、腾跳步等。由这些组成上网、后退、两侧移动和起跳腾空等综合步法。从中心位置起动，移动到任何击球位置，一般不超过 3 步。

下面以右手持拍者为例来说明几种综合步法：

（一）上网步法

由中心位置起动，不论正手球或反手球，根据来球的远近，可采用 1 步、2 步或 3 步上网击球。但最后一步总是要求右脚在前，重心落在右脚上。

（二）后退步法

由中心位置后退，根据来球的远近，可采用 1 步、2 步或 3 步后退击球。最后一步是右脚在后，重心在右脚上。若反手部位击球，左脚退后一步，需上身向左转体后，右脚再跨出一步。

（三）两侧移动步法

向右侧移动：若来球较近，用左脚掌内侧起蹬，右脚同时向右侧转跨一大步；若来球较远，左脚可向右垫一小步再起蹬，右脚同时向右转侧跨一大步。向左侧移动：若来球较近，用右脚掌内侧起蹬，左脚同时向左侧转跨一大步；若来球较远，左脚可先向左侧移半步，上体向左转身的同时右脚向左（前交叉）跨一大步。

（四）起跳腾空步法

步子到位后，为争取战机和更高的击球点，应单脚或双脚起跳，居高临下，凌空一击。

第三节　羽毛球基本战术

战术是根据对手的技术、打法、体力和思想意志等因素，从发挥自己的长处，弥补自己的短处出发，为争取比赛胜利而采取的各种策略。

一、单打战术

（一）发球抢攻

发球抢攻即从发球的第一拍起，争取控制对方，攻杀得分。一般以发网前低球结合平快球、平高球，争取第三拍主动进攻。

（二）攻后场

对后场还击力量较差的对手，可以攻后场底线两角，乘机进攻。

（三）攻前场

对基本功差的选手，可将其引到网前，争取得分。

（四）打四方球

若对手步法较慢，体力稍差，技术不全面，可通过快速准确的落点攻击对方场区的四个角落，伺机向空当进攻。

（五）杀吊上网

当对手打来后场高球，先以杀球配合吊球把球下压，落点要选择在场区的两条边线附近，使对手被动回球。若对手还击网前球时，迅速上网搓球、勾球或平推球，创造在中后场大力扣杀的机会。

（六）守中反攻

先以高远球诱使对方进攻，在对手强攻不下、疏于防守时，即可突击进攻，或在对手体力下降、速度缓慢时，再发动进攻。

二、双打战术

（一）发球、接发球战术

双打的发球往往是决定胜负的关键。发球要根据对方情况，选择好站位，注意球路、落点的变化，争取主动。因双打的发球线比单打短 76 厘米，不利于发高球，往往以发网前球为主。接发球时如果判断起动快，有较好的出手手法，常可以扑球使对方被动，或是以搓、推获得主动进攻的机会。

（二）攻人（2 打 1）

集中攻击对方有明显弱点的队员。当另一名队员前来协助时，露出空隙，可攻空隙；当另一名队员放松警惕时，可攻其不备。

（三）攻中路

当对方处于并排防守站位时，可攻对方两人的中间。当对方前后站位时，就可把球下压或轻推在两边线半场处。

（四）攻后场

遇到后场扣杀能力差的对手，可采用平高球、推平球、接杀挑底线，把对方一人紧逼在底线两角移动。当对手被动还击时，大力扑杀。如另一对手后退支援时，即可攻网前空当。

（五）后攻前封

当本方处于主动进攻前后站位时，后场队员逢高球必杀，迫使对方接球挡网前，为本方前场队员创造封网扑杀机会。前场队员要积极封锁前场，迫使对方被动挑高球，一旦对方挑高球达不到后场，就为本方创造了得分机会。

（六）守中反攻

在防守中寻找反攻的机会，以达到摆脱被动转为主动进攻的局面。等到有利时机就运用反抽或挡网前回击对方的杀球，从守中反攻，争得主动权。

第四节 比赛规则

羽毛球竞赛的具体规定如下：

一、单打

（1）每场比赛采取三局两胜制。

（2）率先得到 21 分的一方赢得当局比赛。

（3）如果双方比分打成 20∶20，获胜一方需超过对手 2 分才算取胜。

（4）如果双方比分打成 29∶29，则率先得到第 30 分的一方取胜。

（5）首局获胜一方在接下来的一局比赛中率先发球。

二、双打

（1）每球得分 21 分制。规则：21 分制，任何一方只要将球打“死”在对方的有效位置，或者因为对方出现违例或失误，均可得分。

（2）增加技术暂停。规则：除非特殊情况（比如地板湿了，球打坏了），球员不可再提出中断比赛的要求。但是，每局一方以 11 分领先时，比赛进行 1 分钟的技术暂停，让比赛双方擦汗、喝水等。

（3）平分后的加分赛。规则：每局双方打到 20 平后，一方领先 2 分即算该局获胜；若双方打成 29 平后，一方领先 1 分，即算该局取胜。

（4）发球员的顺序与单打中的顺序一样，即以分数的单数或双数来决定，只有发球方在得分时才交换发球区。得分方有发球权，如果本方得单数分，从左边发球；得双数分，从右边发球。除此以外，运动员继续站在上一回合的各自发球区不变，以此保证发球员的交替。

①如果双方在 A/B 组合和 C/D 组合之间进行，A/B 一方选择先发球。假如 A 站在两人的右手区域，那么 A 先发球给对角线位置上的 C。

②如果 A/B 一方得分，那么 A 和 B 需要交换彼此的站位区，还由 A 来发球，将球发给 D（A/B 一方得分 C 和 D 两人不换位置）。

③如果此时 C/D 一方得分，那么双方四名队员都不换位置，发球权交给 C/D 一方，由刚才接发球的 D 来发球，D 发球给刚刚发球的选手 A。

④如果 D 发球后 C/D 一方得分，那么 C 和 D 交换位置继续由 D 发球给 B。

⑤如果 D 发球后得分的是 A/B 一方，那么双方队员不用换位，发球权交给 B。

三、合法发球

（1）一旦发球员和接发球员都站好各自的位置，任何一方都不允许延误发球。

（2）发球员和接发球员应站在斜对角的发球区内，脚不触及发球区和接发球区的界线。

（3）从发球开始，直到球发出之前，发球员和接发球员的两脚必须都有一部分与球场接触，不得移动。

（4）发球员的球拍应首先击中球托。

（5）在发球员的球拍击中球瞬间，整个球应低于发球员的腰部。

（6）在击球瞬间，发球员的拍杆应指向下方，使整个拍头明显低于发球员的整个握拍手。

（7）发球开始后，发球员必须连续向前挥拍，直至将球发出。

（8）发出的球，应向上飞行过网，如果未被拦截，球应落在规定的接发球区内（即落在线上或界内）。

四、违规发球

（1）根据规则的规定，如果发球不合法，应判“违例”。

（2）发球员发球时未能击中球，应判“违例”。

（3）一旦双方运动员站好位置，发球员挥拍时，发球员的球拍第一次向前挥动即为发球开始。

（4）发球员应在接发球员准备好后才能发球，如果接发球员已试图接发球则应被认为已做好准备。

（5）发球开始后，发球员的球拍击中球或者未能击中球均为发球结束。

（6）双打比赛，发球员或接发球员的同伴站位均不限，但不得阻挡对方发球员或接发球员的视线。

五、羽毛球比赛方法及主要规则简介

（一）比赛的项目

男子单打、女子单打、男子双打、女子双打、混合双打、男子团体、女子团体。

（二）比赛中的站位

1. 单打

（1）发球员的分数为0或双数时，双方运动员均应在各自的右发球区发球或接发球。

（2）发球员的分数为单数时，双方运动员均应在各自的左发球区发球或接发球。

（3）如“再赛”，发球员应以该局的总分数来确定站位。若总分为15分（单数），双方运动员均应在各自的左发球区发球或接发球；若总分为16分（双数），双方运动员均应在各自的右发球区发球或接发球。

（4）球发出后，双方运动员就不再受发球区的限制可自由击到对方场区的任何位置，运动员的站位也可以在自己这方场区的界内或界外。

2. 双打

（1）一局比赛开始和获得发球局的一方，都应从右发球区开始发球。

（2）只有接发球员才能接发球。如果他的同伴去接球或被球触及，发球方得 1 分。

①每局开始首先发球的运动员，在该局本方得分为 0 或双数时，都必须在右发球区发球或接发球；得分为单数时，则应在左发球区发球或接发球。

②每局开始首先接发球的运动员，在该局本方得分为 0 或双数时，都必须在右发球区接发球或发球；得分为单数时，则应在左发球区接发球或发球。

③上述两条相反形式的站位适用于他们的同伴。

（3）任何一局的本方发球员失去发球权后，由该局首先发球员发球，然后首先发球员的同伴发球，接着由他们的对手之一发球，然后再有另一对手发球，如此传递发球权。

（4）运动员不得有发球错误和接发球的错误，或在同一局比赛中有两次发球。

（5）一局胜方的任一运动员可在下一局先发球，负方中任一运动员可先接发球。

（6）球发出后就不再受发球区的限制了。运动员可在本方场区自由站位和将球击到对法场区的任何位置。

（三）比赛规则

1. 交换场区

（1）以下情况运动员应交换场区：

①第一局结束。

②第三局开始。

③第三局中或只进行一局的比赛进行至一方得到 11 分时。

（2）运动员未按以上规则交换场区，一经发现立即交换，已得分数有效。

合法发球：发球任何一方都不允许非法延误发球。发球员和接发球员都必须站在斜对角线发球区内发球和接发球，脚不能触及发球区的界限；两脚必须都有一部分与地面接触，不得移动，直至将球发出；发球员的球拍必须先击中球托，与此同时整个球必须低于发球员的腰部；击球瞬间球杆应指向下方，从而使整个球明显低于发球员的整个握拍手部；发球开始后，发球员的球拍必须连续向前挥动，直至将球发出；发出的球必须向上飞行过网，如果不受拦截，应落入接发球员的发球区。

2. 羽毛球的违例

（1）发球不合法违例。

（2）发球员发球时未击中球。

（3）发球时，球过网后挂在网上或停在网顶。

（4）比赛时出现以下情况也属违例：

①球落在球场边线外。

②球从网孔或从网下穿过。

③球不过网。

④球碰屋顶、天花板或四周墙壁。

⑤球碰到运动员的身体或衣服。

⑥球碰到场地外其他人或物体。

（5）比赛时，球拍或球的最初接触点不在击球者网的这一方（击球者击球后，球拍可以随球过网）。

（6）比赛进行中出现以下行为属违例：
①运动员球拍、身体或衣服触及网或网的支持物。
②运动员的球拍或身体，以任何程度侵入对方场区。
③妨碍对手，如阻挡对方仅靠球网的合法击球。
（7）比赛时，运动员故意分散对方注意力的任何举动，如喊叫、故作姿态等。
（8）比赛时出现以下行为属违例：
①击球时，球夹在或停滞在拍上紧接着又被拖带。
②同一运动员两次挥拍连续击中球两次。
③同一方两名运动员连续各击中球一次。
④球碰球拍继续向后场飞行。
（9）运动员违反比赛连续性的规定。
（10）运动员行为不端。

3. 重发球

（1）有不能预见或意外的情况，应重发球。
（2）除发球外球挂在网上或停在网顶，应重发球。
（3）发球时，发球员和接发球员同时违例，应重发球。
（4）发球员在接发球员未做好准备时发球，应重发球。
（5）比赛进行中，球托与球的其他部分完全分离，应重发球。
（6）司线员未看清球的落点，裁判员也不能做出决定时，应重发球。
（7）重发球时，最后一次发球无效，原发球员重发球。

4. 死球

（1）球撞网并挂在网上，或停在网顶上。
（2）球撞网或网柱后开始在击球这一方落向地面。
（3）球触及地面。
（4）“违例”或“重发球”。

5. 发球区错误

（1）发球顺序错误。
（2）从错误的发球区发球。
（3）在错误的发球区准备接发球，且对方球已发出。

6. 发球区错误的裁判方法

（1）如果错误在下一次发球击出前发现，应重发球；只有一方错误并输了这一回合，则错误不予纠正。

（2）如果错误在下一次发球击出前未被发现，则错误不予纠正。

（3）如果因发球区错误而“重发球”，则该回合无效，纠正错误重发球。

（4）如果发球区错误未被纠正，比赛也应继续进行，并且不改变运动员的新发球区和新发球顺序。

第十六章　武　术

知识目标

1. 了解武术的特点和作用；
2. 了解武术的基本战术；
3. 了解二十四式太极拳的动作要点；
4. 了解武术的比赛规则。

素养目标

1. 具备宽以待人、严于律己的道德情操；
2. 弘扬民族文化，提高对健身武术的热爱，为终身锻炼奠定基础。

第一节　武术运动概述

武术，拥有消停战事、维护和平的实力。作为中华儿女的生存技能，中国传统武术伴随着中国历史与文明发展，走过了几千年的风雨历程，成为维系中华民族生存和发展的魂以及承载中华儿女基因构成的魄。止戈为武。武，是拥有维护自身安全和权益的实力。我们修习武术，是让我们从身到心、由魂而魄得到提升而充满安全感，精壮神足，具有安然自胜的实力。

2020 年 1 月 8 日，武术被列入第四届青年奥林匹克运动会正式比赛项目。2021 年 4 月 29 日，中华人民共和国教育部经研究，决定成立教育部中国武术教育指导委员会。

一、武术的内容和分类

我国历史悠久、地域辽阔，伴随这个特点产生、发展的武术运动可谓根深叶茂、内容丰富，而且分类方式很多，如传统分类中有以是否“主搏于人”而分为内家与外家，有按山川地域分为少林、武当、峨眉等门派，还有南拳北腿、东枪西棍之说；目前有人依习武范围与目的将武术划分为竞技武术、学校武术、民间传统武术和军事武术等，也有根据体育竞技比赛项目将武术分为长拳、南拳、太极拳等。一般按运动形式可将武术分为以下三大类。

（一）功法运动

功法运动是以单个武术动作作为主体进行练习，以达到健体或增强某方面体能的运动。例如，专习浑元桩可以调心、调身、调息，长时间站马步桩可以增强腿力等。

传统功法运动的内容丰富多彩，按其形式与内容可分为内功（内养功）、外功（外壮功）、轻功（弹跳）、硬功（击打和抗击打）四种。其中前人根据实践经验总结出来的有些功法一直延续至今，如“拍打功”“沙包功”等仍是提高武术专项技能的有效训练方法和手段。

（二）套路运动

套路运动是指以技击动作为内容，以攻守进退，动静疾缓，刚柔虚实等矛盾运动的变化规律为依据编成的整套练习，主要内容有拳术、器械、对练、集体演练。

（1）拳术：是指徒手练习的套路动作。拳术的种类很多，如长拳、太极拳、南拳、形意拳、八卦拳、通臂拳、象形拳等。

（2）器械：是指手持兵器进行练习的套路运动，器械又可分为长器械、短器械、双器械、软器械。目前最常用的器械是刀、剑、枪、棍，它们也是武术竞赛的主要项目。

（3）对练：是指在单练基础上，两人或两人以上在预定条件下进行的假设攻防练习。其中包括徒手对练、器械对练、徒手与器械对练等。

（4）集体演练：是指6人以上徒手或手持器械同时进行练习的演练形式。练习时可变换队形，可用音乐伴奏，要求队形整齐，动作协调一致。

（三）搏斗运动

搏斗运动是两人在一定条件下按照一定的规则进行斗智、较力、较技的实战练习形式。

目前，武术竞赛中正在开展的有散打、推手等。

（1）散打：又称散手，古称手搏、白打等，由于比赛是以徒手相搏相较的运动形式进行，又称“打擂台”，现在的散打是两人按照一定的规则使用踢、打、快摔等方法制胜对方的竞技项目。

（2）推手：是两人遵照一定的规则使用捋、挤、按、探、肘、靠等手法，双方粘连黏随，寻机借劲发力将对方推出，以此来决定胜负的竞技项目。

二、武术的特点和作用

（一）武术的特点

1. 动作具有攻防技击性

武术动作的攻防技击性是它的本质特性。例如，散打的技术与实用技击术基本是一致的，集中体现了武术攻防格斗的特点，只是从体育的观念出发，竞赛中以不伤害对方为原则，严格规定了禁击部位和保护器具。作为中国武术特有表现形式的套路运动，虽然拳种不同，风格各异，有的还有地方特色，但无论何种套路，其共同特点是以踢、打、摔、拿、击、刺等攻防动作构成套路的主要内容。虽然套路中不少动作的技术规格与技击原形不同，或因连接贯穿及演练技巧的需要，穿插了一些不具备攻防意义的动作，但通过一招一式表现出来，攻与防的内在含义仍然是套路技术的核心。

2. 具有内外合一、形神兼备的运动特色

既讲究动作形体规范，又要求精气神传意，内外合一的整体运动观是中国武术的一大特色。所谓内，是指人的精神、意识和气息的运行；所谓外，是指人体手眼身步的活动，如太极拳要求“以意识引导动作”；形意拳讲究“内三合、外三合”等。套路演练在技术上特别要求把内在的精气神与外部的形体动作紧密结合，做到手到眼到，形断意连，使意识、呼吸、动作协调一致。这一特点充分体现了武术作为一种文化形式在长期的历史演变中备受中国古代哲学、医学、美学等方面的渗透和影响，形成了独具民族风格的运动形式和练功方法。

3. 内容丰富多彩，具有广泛的适应性

武术的内容和练习形式丰富多样，不同类别武术项目的练习方法、动作结构、技术要求、运动风格和运动负荷不尽相同，分别适应不同年龄、性别、职业、体质的需要。人们可以根据自己的条件和兴趣爱好加以选择。同时，武术运动不受时间、季节的限制，场地器材也可以因陋就简，这种广泛的适应性给开展群众性体育活动创造了有利条件。

（二）武术的作用

1. 壮内强外的健身作用

中国人民千百年来的习武实践和多年的科学研究，都说明了武术由于注重内外兼修，对身体有着多方面的良好影响，经常练习能得到壮内强外的效果。例如长拳类套路，包括屈伸、回环、跳跃、平衡、翻腾、跌、扑等动作，通过内在神情贯注和呼吸的配合，以及人体各个器官的积极参与，尤其是坚持基本训练能增强人体肌肉力量，提高肌肉韧带的伸展性，加大关节运动幅度，有效地发展柔软性；而散打对抗中的判断、起动、躲闪格挡或快速还击等，对人体的反应速度、力量、灵巧、耐力都有良好的促进作用。太极拳和许多武术功法练习一样，注重调息运气和意念活动，长期练习对治疗多种慢性疾病和调节人体内环境平衡均有良好的医疗保健作用。

2. 提高防身自卫能力

武术以技击动作为主要内容，通过练拳习武，不仅可以增强体质，还可以学习一定的攻防格斗技术，掌握防身自卫的知识和方法，提高人体的灵活性和对意外情况的应变自卫能力，若长期坚持系统练习，还可以直接为国防、公安建设服务。

3. 培养道德情操的教育作用

在长期的发展中，武术继承和发扬了中华民族重礼仪、讲道德的优秀传统。“习武以德为先”说明武术的练习历来十分重视武德教育。尚武崇德的精神可以培养青少年尊师重道、讲礼守信、宽以待人、严于律己等良好的心理素质和高尚的道德情操。同时，武术的练习，特别是在追求技艺提高的过程中，需要具备吃苦耐劳、坚持不懈的精神，这不仅能培养坚韧不拔、自强不息的意志品质，也是一种修身养性的重要手段，有益于人的全面发展。

4. 娱乐观赏，丰富文化生活

武术运动具有很高的观赏价值，套路运动的节奏美，踢、打、摔、拿、跌巧妙结合的方

法美，内外合一、形神兼备的和谐美引人入胜。搏斗对抗中双方激烈的争夺，精湛的攻防技巧，敢打敢拼的斗志，可以给人一种美的享受和精神上的激励。群众性的武术活动讲究“以武会友”，即通过习武的共同爱好，可以切磋技艺，扩大交往，交流思想，增进友谊，丰富人们的业余文化生活。

第二节　武术基本技术

一、拳术基本动作

（一）手形

1. 拳

五指卷紧，拇指压于食指、中指第二指节上。

2. 掌

拇指外展或弯曲，其余四指伸直并拢向后伸张。

3. 勾

屈腕，五指撮拢，或拇指与食指、中指撮拢成刁勾。

（二）手法

手法如图 16-1 所示。

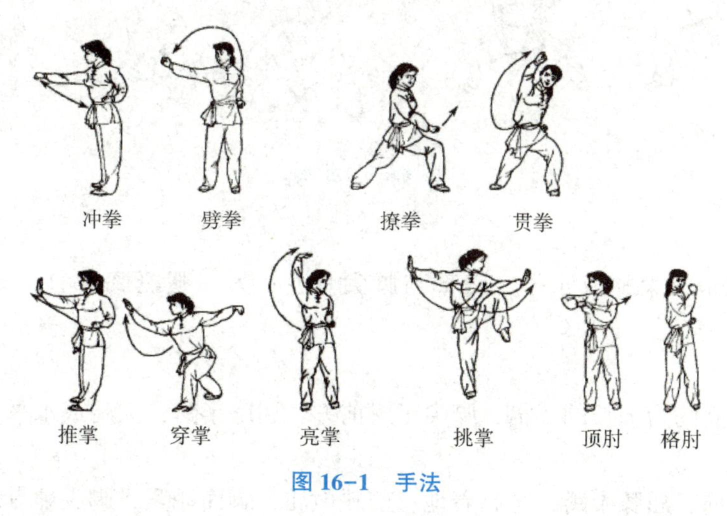

图 16-1　手法

1. 冲拳

拳从腰间旋臂向前快速击出，力达拳面。

2. 劈拳

拳自上向下快速劈击，臂伸直，力达拳轮。

3. 撩拳

拳自下向前上方弧形撩击，力达拳眼或拳心。

4. 贯拳

拳从侧下方向斜上方弧形横击，力达拳面。

5. 推掌

掌由腰间旋臂向前立掌推击，力达掌外沿。

6. 穿掌

手心向上，臂沿身体某一部位穿出，力达指尖。

7. 亮掌

臂微屈，抖腕翻掌，举于体侧或头上。

8. 挑掌

臂由下向上翘腕立掌上挑，力达四指。

9. 顶肘

屈肘握拳，肘尖前顶或侧顶，力达肘尖。

10. 格肘

向内横拨为里格，向外横拨为外格。

（三）步形

步形如图 16-2 所示。

图 16-2　步形

1. 弓步。

前脚全脚着地，大腿成水平，膝部与脚尖垂直；另一腿挺膝伸直，脚尖里扣，斜向前方。

2. 马步

两脚左右开立约为脚长的 3 倍，脚尖正对前方，屈膝半蹲，大腿成水平。

3. 虚步

后脚尖斜向前，屈膝半蹲，全脚着地；前腿微屈，脚面绷紧，脚尖虚点地面。

4. 仆步

一腿全蹲，另一腿平铺接近地面，全脚着地。

5. 歇步

两腿交叉，屈膝全蹲，前脚全脚着地，脚尖外展，后脚脚跟离地。

（四）步法

步法如图 16-3 所示。

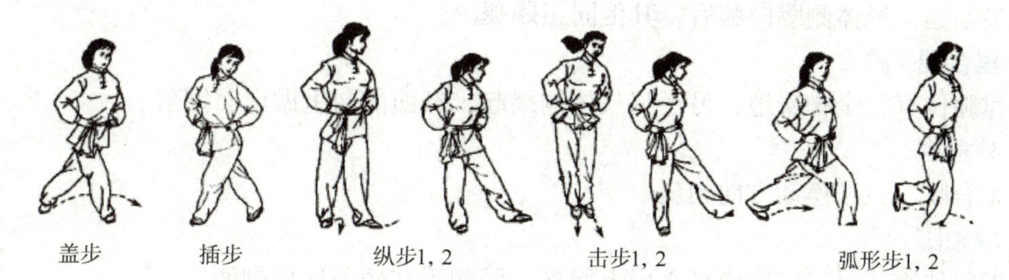

图 16-3 步法

1. 盖步

一脚经另一脚前横迈一步，两腿交叉。

2. 插步

一脚经另一脚后横迈一步，两腿交叉。

3. 纵步

一脚提起，另一脚蹬地前跳落地。

4. 击步

后脚击碰前脚，身体腾空落地。

5. 弧形步

两脚迅速连续向侧前方沿弧形行走。

（五）腿法

腿法如图 16-4 所示。

图 16-4 腿法

1. 正踢腿

支撑腿伸直，全脚着地；另一腿膝部挺直，脚尖勾起前踢，接近前额。

2. 侧踢腿

脚尖勾起，经体侧踢向脑后，其他同正踢腿。

3. 里合腿

支撑腿伸直，全脚着地，另一腿从体侧踢起，经面前向里做扇面摆落。

4. 外摆腿。

同里合腿，只是摆动方向相反。

5. 单拍脚

支撑腿伸直，另一腿脚面绷平向上踢摆；同侧手在额前迎拍脚面。

6. 弹腿

一腿由屈到伸向前弹出，高不过腰，膝部挺直，脚面绷平。

7. 蹬腿。

另一腿由屈到伸，脚尖勾起，用脚跟猛力蹬出，高不过胸，低不过腰。

8. 踹腿

一腿由屈到伸，脚尖勾起内扣或外摆用脚底猛力踹出，高踹与腰平，低踹与膝平，侧踹时上身斜倾，脚高过腰部。

9. 后扫腿

上身前俯，两手扶地。支撑腿全蹲做轴，扫转腿伸直，脚尖内扣，脚掌擦地，迅速后扫一周。

（六）平衡

平衡如图 16-5 所示。

图 16-5　平衡

1. 提膝平衡

支撑腿直立正直站稳，另一腿在体前屈膝高提近胸，小腿斜垂里扣，脚面绷平内收。

2. 腿平衡

半蹲，另一腿脚尖勾起并紧扣于支撑腿的膝后。

3. 燕式平衡

挺胸展腹，后举腿伸直高于水平，脚面绷平。

4. 望月平衡

上体侧倾拧腰向支撑腿同侧方上翻，挺胸塌腰。另一腿在身后向支撑腿的同侧方上举，小腿屈收，脚面绷平。

（七）跳跃翻腾

跳跃翻腾如图 16-6 所示。

图 16-6　跳跃翻腾

1. 腾空飞腿

摆动腿高提，起跳腿上摆伸直，脚面绷平，脚高过肩，击手和拍脚连续快速，准确响亮。

2. 旋风脚

摆动腿直摆或屈膝，起跳腿伸直，向内腾空转体 270°，异侧手击拍脚掌，脚高过肩，击拍响亮，转体 360°落地。

3. 腾空摆莲

摆动腿要高，起跳腿伸直，向外腾空转体 180°，脚面绷平，脚高过肩；两手依次击拍脚面。

4. 侧空翻

一脚蹬地，另一腿向上摆起，体前屈，在空中做侧翻动作。腾空要高，翻转要快，两腿要直。

5. 旋子

一腿摆起，另一腿起跳腾空；两腿伸直后上举在空中平旋，脚面绷平，挺胸，塌腰，抬头、旋转一周后落地。

二、刀术基本方法

刀术基本方法如图 16-7 所示。

图 16-7　刀术基本方法

（一）缠头刀

刀尖下垂，刀背沿左肩贴背绕过右肩，头部正直。

（二）裹头刀

刀尖下垂，刀背沿右肩贴背绕过左肩，头部正直。

（三）扎刀

刀刃朝下、朝上或朝左，刀尖向前直刺为扎，力达刀尖，臂与刀成一直线。

（四）撩刀

刀刃由下向前上为撩，力达刀刃前部。

（五）劈刀

刀由上向下为劈，力达刀刃，臂与刀成一直线。抡劈刀沿身体右侧或左侧抡一立圆，后抡劈要求与转体协调一致。

（六）斩刀

刀刃朝左（右），向左（右）横砍，高度在头与肩之间，力达刀刃，臂伸直。

（七）带刀

刀尖朝前，由前向侧后抽回为带刀。

（八）推刀

刀尖朝下，刀刃朝前，左手附于刀背前部向前推出为立推刀，刀尖朝左为平推刀。

（九）扫刀

刀刃朝左（右），向左（右）横砍，与踝关节同高为扫，力达刀刃。旋转扫刀要求旋转一周或一周以上。

（十）截刀

刀刃斜向上或向下为截，力达刀刃前部。

（十一）砍刀

刀向右下方或左下方斜劈为砍。

（十二）挂刀

刀刃由前向上、向后或向下、向右为挂，力达刀背前部。上挂向上、向后贴身挂出；下挂向下、向后贴身挂出；轮挂贴身立圆挂一周。

三、剑术基本方法

（一）刺剑

立剑或平剑，向前直出为刺，力达剑尖，臂与剑成一直线。

（二）劈剑

立剑，由上向下为劈，力达剑身，臂与剑成一直线。

（三）挂剑

立剑，剑尖由前向上、向后或向下、向后为挂，力达剑身前部。

（四）撩剑

立剑，由下向前上方为撩，力达剑身前部。正撩剑前臂外旋，手心朝上，贴身弧形撩出；反撩剑前臂内旋，其余同正撩。

（五）云剑

平剑，在头顶或头前上方平圆绕环为云。上云剑在头顶由前向左后绕环；左或右云剑在头前上方，向左后或右后绕环。

（六）绞剑

平剑，剑尖向左或右小立圆绕环为绞，力达剑前部。

（七）点剑

立剑，提腕使剑尖猛向前下为点，力达剑尖。

（八）崩剑

立剑，沉腕使剑尖猛向前上为崩，力达剑尖。

（九）截剑

剑身斜向上或斜向下为截，力达剑身前部。

（十）斩剑

平剑向左或右横出，高度在头与肩之间为斩，力达剑身。

（十一）剪腕花

以腕为轴，立剑在臂两侧向前上贴身立圆绕环，力达剑尖。

第三节　一段长拳

第一段

1. 起势

两手握拳，屈肘抱于两腰侧，拳心朝上，脸向左转，眼向左侧方平视，如图 16-8 所示。

要点：挺胸，直腰，两肩后张，两拳紧贴腰侧，拳面与腰壁相齐。

2. 马步双劈拳

左脚向左开步，两拳同时从腰侧向腹前错臂交叉，左拳在里，拳背均朝外；然后两腿成马步，两拳同时向外抡臂侧劈（平举），拳眼朝上；眼看左拳，如图 16-9 所示。

图 16-8　起势

图 16-9　马步双劈拳

要点：开步、抡劈和半蹲必须同时进行，定势要挺胸、塌腰、两臂松沉，两拳与肩平行。

3. 拗弓步冲拳

先将右拳屈肘抱于右腰侧，拳心朝上；以左脚跟和右脚掌为轴上体左转，成左弓步；左臂外旋使拳心朝上，接着屈肘收抱于左腰侧；右拳成直拳前冲，拳眼朝上，如图 16-10 所示。要点：动作要连贯，冲拳必须用力。冲出后右肩前顺、左臂后牵、右拳略高于肩，左脚不要拔跟，右脚不要外侧掀起。

4. 蹬腿冲拳

左腿不动，右腿屈膝提起，向前平伸蹬出，脚尖翘起；右拳同时外旋使拳心朝上，接着屈肘收抱于右腰侧；左拳随之成直拳向前冲出，拳眼朝上；眼看左拳，如图 16-11 所示。

要点：收拳、冲拳、蹬腿必须同时进行，右腿必须以脚跟着力向前平蹬，左腿必须稳固；上体仍须挺胸，可略向前倾，防止后仰。两肩要松沉，左肩前顺，右肩后牵。

5. 马步冲拳

右脚向前落步，脚尖里扣；左脚同时以脚掌为轴使脚跟里转，上身随之左转成马步；同时，左拳和左臂外旋使拳心朝上，屈肘收抱于左腰侧；右拳随即向右侧方成直立拳平伸侧冲，拳眼朝上；眼看右拳，如图 16-12 所示。

要点：落步、转身、屈膝半蹲必须和收拳、冲拳协调一致完成；蹲马步时两肩稍向后张，左肘向后牵引，右拳略高于肩。

6. 马步双劈拳

两脚不动，两腿直起；左拳从左腰侧向腹前下伸，拳背朝外；同时右拳和右臂内旋使拳眼朝下，从右侧方向下、向腹前内收；收至腹前时，在左拳外面与左拳错臂交叉，拳背朝外；眼向右平视，如图 16-13 所示。接着两腿屈膝成马步，两拳同时向外抡臂侧劈、平举，拳眼朝上，眼看右拳，如图 16-14 所示。

图 16-10 拗弓步冲拳

图 16-11 蹬腿冲拳

图 16-12 马步冲拳

图 16-13 马步双劈拳

7. 拗弓步冲拳

先将左拳屈肘收抱于左腰侧，拳心朝上；右脚跟和左脚掌同时碾地使上身右转，成右弓步，右拳和右臂外旋使拳心朝上，接着屈肘收抱于右腰侧，同时左拳成立拳前冲，拳眼朝上，如图 16-15 所示。

8. 蹬腿冲拳

右脚不动，左脚屈膝提起，向前平伸蹬出，脚尖翘起，同时左拳和左臂外旋使拳心朝上，屈肘收抱于左腰侧，右拳随之成直拳向前冲出，拳眼朝上，眼看右拳，如图 16-16 所示。

9. 马步冲拳

左脚向前落步，脚尖里扣，右脚同时里转，上身随之右转，两腿屈膝成马步，同时右拳和右臂外旋使掌心朝上，屈肘收于右腰侧，左拳随即向左侧方成直拳平伸侧冲，拳眼朝上，眼看左拳，如图 16-17 所示。

图 16-14　两腿屈膝成马步　图 16-15　拗弓步冲拳　图 16-16　蹬腿冲拳　图 16-17　马步冲拳

第二段

10. 弓步推掌左转

右脚随之向前上步，成右弓步；右脚上步同时，左拳和左臂外旋使拳心朝上，屈肘抱于左腰侧；右拳随之变成侧立掌向前平伸推出，掌指朝上；眼看右掌，如图 16-18 所示。

要点：转身、上步、收拳、推掌的动作要协调一致；推掌时，必须挺胸、塌腰，腕关节向拇指一侧上屈，以小拇指一侧着力向前推出；推出之后，腕关节尽量向上侧屈，肘臂伸直，肩部松沉并向前顺，掌指高与眉平。

11. 拗弓步推掌

两脚不动，步形不变，上体右转；右掌变拳屈肘收抱于右腰侧，拳心朝上；左拳同时变成侧立掌向前平伸推出，掌指朝上；眼看左掌，如图 16-19 所示。

要点：左肩前顺，右肩后牵，防止两脚拔跟、掀脚。

12. 弓步搂手砍掌

上身向后转，面向左前方，成左弓步；左掌直腕成俯掌，于转身之同时从左向后平摆横搂；眼随左掌，如图 16-20 所示。紧接着，左掌变拳，臂外旋使拳心朝上，屈肘收抱于左腰侧；右拳同时变掌，臂外展，从后由外向身前成仰掌平摆横砍；眼看右掌，如图 16-21 所示。

要点：转身、搂手、收拳、砍掌的动作必须协调一致，同时不必过快；砍掌时，肘腕关节都须伸直；砍掌之后，掌心略高过肩，两肩松沉。

图 16-18　弓步推掌左转　图 16-19　拗弓步推掌　图 16-20　弓步搂手砍掌　图 16-21　左掌变拳

13. 弓步穿手推掌

左拳变掌，从左腰侧由右掌上面向前平伸穿出，掌心朝上；同时右掌和右臂内旋使掌心朝下成俯掌，顺左臂下面屈肘收于胸前，如图 16–22（a）所示。上动不停，左掌和左臂内旋变勾，勾尖朝下；此时上体右转，面向右前方，成右弓步；右掌同时成侧立掌向前平伸推出，掌指朝上；眼看右掌，如图 16–22（b）所示。

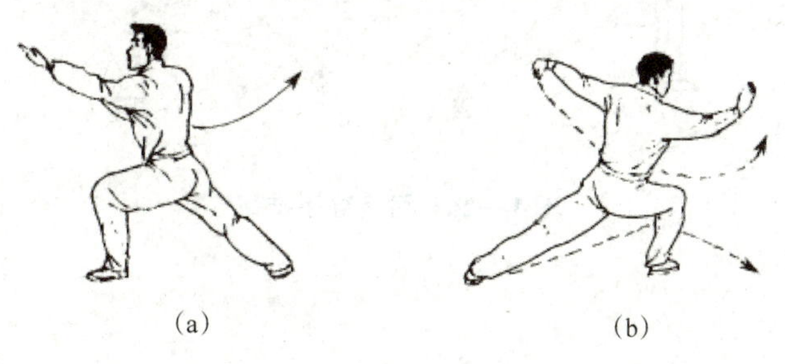

图 16–22　弓步穿手推掌

要点：穿掌与收掌，转向、勾手与推掌的动作，必须同时进行，要紧密相接，协调连贯。推掌后，掌腕要尽量向上侧屈，掌指高与眉平；勾腕要尽量向下屈，勾顶略高过肩。

14. 弓步推掌

上动稍停，左勾手变为掌屈肘收抱于左腰侧，掌指朝下；左脚向前上步，成左弓步；右掌同时变拳，臂外旋使拳心朝上，屈肘收抱于右腰侧；左掌随之成侧立掌向前平伸推出，掌指朝上；眼看左掌，如图 16–23 所示。

15. 拗弓步推掌

两脚不动，步型不变，上身左转；左掌变拳屈肘收抱于左腰侧，拳心朝上；右拳同时变为侧立掌向前平伸推出，掌指朝上；眼看右掌，如图 16–24 所示。

16. 弓步搂手推掌

上身从右向后转成右弓步；右掌直腕成俯掌，同时从右向后平摆横搂；眼随右掌，如图 16–25（a）所示。接着，右掌变拳，臂外旋使拳心朝上，屈肘收抱于右腰侧；左拳变掌，臂外展从后由外向身前成仰掌平摆横砍，眼看左掌，如图 16–25（b）所示。

图 16–23　弓步推掌　　图 16–24　拗弓步推掌　　图 16–25　弓步搂手推掌

17. 弓步穿手推掌

右拳变掌，从右腰侧经左掌上面向前平伸穿出，掌心朝上；同时左掌和左臂内旋使掌心朝下成俯掌，顺右臂下面屈肘收于胸前，如图 16–26（a）所示。上动不停，右掌和臂内旋变勾，勾尖朝下；上身此时左转成左弓步；左掌同时成侧立掌向前平伸推出，掌指朝上；眼看左掌，如图 16–26（b）所示。

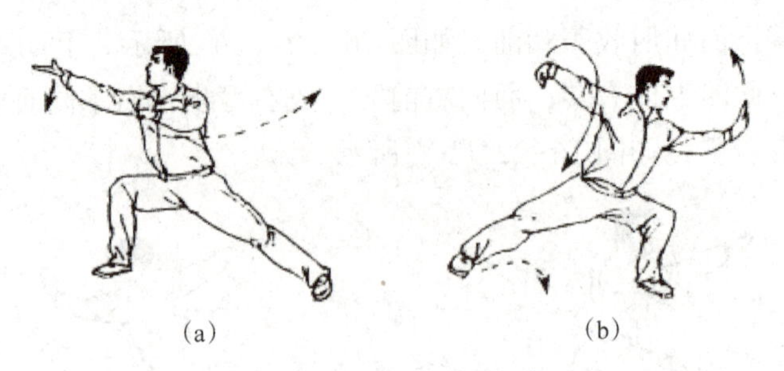
(a)　(b)

图 16-26　弓步穿手推掌

第三段

18. 虚步上架

上动稍停，左脚尖里扣，上身右转，右脚撤回半步以脚前掌虚点地面，身体重量落于左腿，成右虚步；同时左掌变拳，向上屈肘横举在头顶上方，拳心朝向身前，拳眼朝下；右勾手随之变拳，臂内旋使拳眼朝下，向下屈肘附在右膝上面，拳心朝向身后，拳面朝下；眼向右前方平视，如图 16-27 所示。

要点：上架之拳、肘略向身后展张；下栽之拳、肘略向前牵引；必须挺胸、塌腰，虚实分明，身体重量完全落于左腿。

19. 马步下压

左腿伸直立起，右腿屈膝提起，右拳同时从下由里向外抡臂绕环，至右前方时成仰拳平举，左拳下降至背后，如图 16-28（a）所示。上体不停，左脚蹬地跃起，上身同时从左向后转；右脚在转身后立即落于左脚原位，左脚随之落于上身左侧，两腿屈膝成马步；右拳于右脚落地之同时，屈肘收抱于右腰侧，拳心朝上；左拳向后、向上抡臂，左脚落地形成马步，同时臂外旋，屈肘以前臂为力点，从上向身前下压，大臂垂直，前臂举平，拳心朝上；眼看左拳，如图 16-28（b）所示。

要点：纵步时先使左膝略屈，然后以脚掌蹬地，伸腿跃起；纵起后，上身即在空中做向后转的动作；转身后，必须使右脚先行落地，左脚随后落地。右拳外抡必须与提步同时进行；右拳屈肘抱腰必须与右脚落地同时进行；左前臂下压与左脚落步同时。

20. 拗弓步冲拳

左脚跟和右脚掌同时碾地使上身左转，成左弓步；左拳同时屈肘收抱于左腰侧，拳心仍朝上；右拳随即从右腰侧成直拳向前平伸冲出，拳眼朝上；眼看右拳，如图 16-29 所示。

图 16-27　虚步上架

(a)　(b)

图 16-28　马步下压

图 16-29　拗弓步冲拳

21. 马步冲拳

左脚尖里扣，右脚跟里转，上身右转，成马步；同时右拳和右臂外旋使拳心朝上，屈肘收抱于右腰侧；左拳随即向左侧方成直拳平伸侧冲，拳眼朝上；眼看左拳，如图 16-30 所示。

22. 虚步上架

上动稍停，右脚尖里扣，上身左转，左脚撤回半步以脚前掌虚点地面，成左虚步；同时右拳和右臂外展，向上屈肘横举于头顶上方，拳心朝向身前，拳眼朝下；左拳随之内旋使拳眼朝下，向下屈肘附在左膝上面，拳心朝向身后，拳面朝下；眼向左前方平视，如图 16-31 所示。

23. 马步下压

右腿伸直立起，左腿屈膝提起，左拳同时从下由里向外抡臂绕环，至左前方时成仰拳平举，右拳下降至背后。上动不停，右脚蹬地纵起，上身同时从左向后转；左脚在转身后立即落于右脚原位，右脚随之落于上身右侧，两腿成马步；同时左拳屈肘收抱于左腰侧，拳心朝上；右拳向后、向上抡臂，在成马步的同时，臂外旋，屈肘以前臂为力点，从上向身前下压，大臂垂直，前臂举平，拳心朝上；眼看右拳，如图 16-32 所示。

24. 拗弓步冲拳

右脚跟和左脚掌同时碾地使上身右转，成右弓步；右拳同时屈肘收抱于右腰侧，拳心仍朝上；左拳随即从左腰侧成直拳向前平伸冲出，拳眼朝上；眼看左拳，如图 16-33 所示。

图 16-30　马步冲拳

图 16-31　虚步上架

图 16-32　马步下压

图 16-33　拗弓步冲拳

25. 马步冲拳

右脚尖里扣，左脚跟里转，上体左转成马步；同时左拳和左臂外旋使拳心朝上，屈肘收抱于左腰侧；右拳随即向右侧方成直拳平伸侧冲，拳眼朝上；眼看右拳，如图 16-34 所示。

第四段

26. 弓步双摆掌

右脚尖里扣，左脚尖外展，上身左转成左弓步；左拳同时在身前下伸、内收，与右拳一起变掌，从右向上、向左弧形绕环，至左侧方时，两掌均成侧立掌，左掌直臂平举，右掌屈肘使掌心靠近左肘臂，掌指均朝上；眼看左掌，如图 16-35 所示。

要点：转身和两臂绕环要同时进行，协调一致。两掌绕环时，肩关节必须放松，不要僵硬；绕环结束时，两腕尽量向上侧屈，左掌指高与眉齐，右掌指高与鼻齐，两肩松沉。

27. 弓步撩掌

左脚跟稍向外展，左腿全蹲，右腿伸直平铺，成仆步；上身右转，向右脚处前探；转身同时左掌和左臂内旋，反臂上举成勾手，勾尖朝上；同时右掌成俯掌，从身前向右脚处横搂；眼随视右掌，如图 16-36（a）所示。上动不停，右掌继续向身后搂去，至身后反臂后举成勾手，勾尖朝上；上身同时前移，成右弓步；上身前移，同时左勾手变掌，臂外旋使掌心朝下，以掌心为力点，从后向下、向前撩起，成仰掌平举；眼看左掌，如图 16-36（b）所示。

要点：上述两动作必须连贯一致；仆步时左腿全蹲，上体向仆腿的一面探伸；转入弓步时，上身不要立起，要从低处向前探伸移动。撩掌时腕要直、肩要松、高不过肩；反臂勾手，腕关节尽量上屈，臂向上举；上身要挺胸，同时塌腰。

图 16-34　马步冲拳

图 16-35　弓步双摆掌

(a)　(b)

图 16-36　弓步撩掌

28. 推掌弹踢

右勾手变拳，屈肘收抱于右腰侧，屈腕使掌指朝下，掌心朝前；左掌开始变拳，屈肘收抱于左腰侧，拳心朝上；同时右掌成侧立掌从腰侧向前平伸推出，掌指朝上；右脚不动，左脚随之向前平伸弹踢，脚面绷平；眼看右掌，如图 16-37 所示。

要点：收拳、推掌、弹踢无先后之分，必须协调一致。形成推掌弹踢的姿势后，上身稍向前倾，推掌之肩前顺，收拳之肩后举；立地之腿必须站立稳固。

29. 弓步上架推掌

左脚向前落地，成左弓步；同时右掌和右臂内旋，屈肘横架于头顶上方成横掌；右拳变掌，向前成侧立掌平伸推出，掌指朝上；眼看左掌，如图 16-38 所示。

要点：落地要轻，推掌要快，动作要协调一致。

30. 弓步双摆掌

上动稍停，左脚尖里扣，右脚尖外展，上身随之从右向后转，成右弓步；两掌同时向上、向右弧形绕环，至右侧方时，两掌均成侧立掌，右掌直臂平举，左掌屈肘使掌心靠近右肘臂，掌指均朝上；眼看右掌，如图 16-39 所示。

图 16-37　推掌弹踢

图 16-38　弓步上架推掌

图 16-39　弓步双摆掌

31. 弓步撩掌

右脚跟稍向外展，右腿全蹲，成左仆步；上身随之左转，向左脚处前探；同时右掌和右臂内旋，反臂上举成勾手，勾尖朝上；左掌成俯掌，从身前向左脚处横搂；眼随视左掌，如

图 16-40（a）所示。左掌向身后搂去，至身后反臂举成勾手，勾尖朝上；上身同时前移，成左弓步；右勾手于上身前移时变掌，臂外旋使掌心朝下，以掌心为力点，从后向下、向前撩起，成仰掌平举；眼看右掌，如图 16-40（b）所示。

32. 推掌弹踢

左勾手变掌抱于腰侧，屈腕使掌指朝下，掌心朝前；右掌开始变拳；上动不停，右掌变拳抱于腰侧，拳心朝上；左掌同时成侧立掌从腰侧向前平伸推出，掌指朝上；左脚不动，右脚随之向前平伸弹踢，脚面绷平；眼看左掌，如图 16-41 所示。

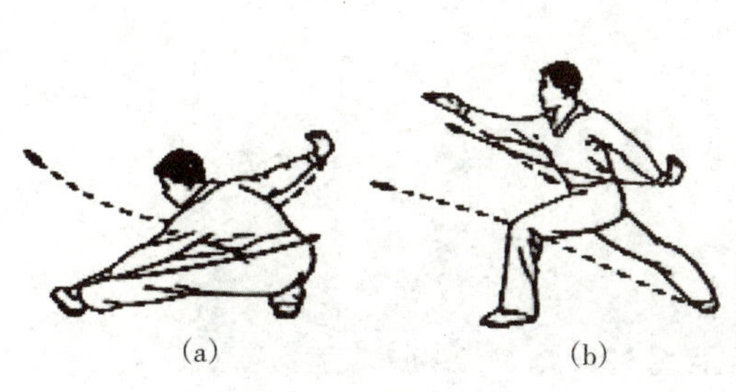

图 16-40　弓步撩掌

图 16-41　推掌弹踢

33. 弓步上架推掌

右脚向前落步，成右弓步；同时左掌和左臂内旋，屈肘横架于头顶上方，成横掌；右拳随即变掌，向前成侧立掌平伸推出，掌指朝上；眼看右掌，如图 16-42 所示。

34. 收势

右脚跟稍向外展，右腿伸直立起，上身向左转正，左脚随之向右脚处靠拢并步；并步两掌变拳，屈肘收抱于两腰侧，拳心均朝上；脸向左转，眼向左侧方平视。接着，脸转向正前方，两拳变掌，直臂下垂，呈立正姿势，如图 16-43 所示。

图 16-42　弓步上架推掌

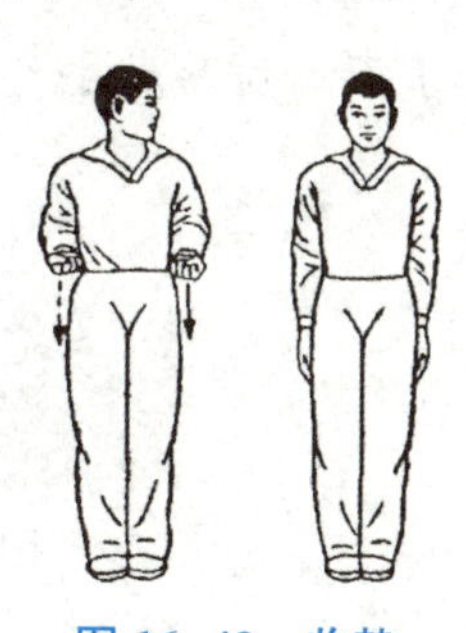

图 16-43　收势

第四节　二十四式太极拳

1. 起势

起势如图 16-44 所示。

并步直立，双脚开立，两臂前举，屈腿按掌。

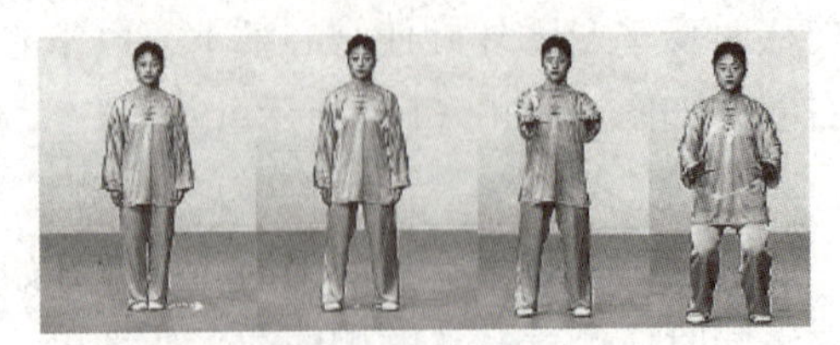

图 16-44 起势

2. 野马分鬃

野马分鬃如图 16-45 所示。

图 16-45 野马分鬃

左野马分鬃

a. 抱手收脚；b. 转体上步；c. 弓步分手。

右野马分鬃

a. 转体撇脚；b. 抱手收脚；c. 转体上步；d. 弓步分手。

左野马分鬃

a. 转体撇脚；b. 抱手收脚；c. 转体上步；d. 弓步分手。

3. 白鹤亮翅

白鹤亮翅如图 16-46 所示。

半跟左抱，后坐右转，虚步分手。

图 16-46 白鹤亮翅

4. 搂膝拗步

搂膝拗步如图 16-47 所示。

图 16-47 搂膝拗步

左搂膝拗步

a. 转体摆臂；b. 摆臂收脚；c. 上步屈肘；d. 弓步搂推。

右搂膝拗步

a. 转体撇脚；b. 摆臂收脚；c. 上步屈肘；d. 弓步搂推。

左搂膝拗步

a. 转体摆臂；b. 摆臂收脚；c. 上步屈肘；d. 弓步搂推。

5. 手挥琵琶

手挥琵琶如图 16-48 所示。

半跟展臂，后坐错手，虚步合手。

图 16-48　手挥琵琶

6. 倒卷肱

倒卷肱如图 16-49 所示。

图 16-49　倒卷肱

右倒卷肱

a. 右转撤手；b. 左退卷肱；c. 虚步推掌。

左倒卷肱

a. 左转撤手；b 右退卷肱；c 虚步推掌。

右倒卷肱

a. 右转撤手；b. 左退卷肱；c. 虚步推掌。

左倒卷肱

a. 左转撤手；b. 右退卷肱；c. 虚步推掌。

7. 左揽雀尾

左揽雀尾如图 16-50 所示。

转体撤手，抱手收脚，转体上步，弓步绷臂，转体摆臂，转体后捋，弓步前挤，后坐引手，弓步前按。

图 16-50　左揽雀尾

8. 右揽雀尾同左揽雀尾只是左右相反

9. 单鞭

单鞭如图 16-51 所示。

转体运臂，收脚勾手，转体上步，弓步推掌。

图 16-51　单鞭

10. 云手

云手如图 16-52 所示。

转体松勾，云手收步，云手开步，云手收步，云手开步，云手收步。

图 16-52　云手

11. 单鞭

单鞭如图 16-53 所示。

转体勾手，转体上步，弓步推掌。

图 16-53　单鞭

12. 高探马

高探马如图 16-54 所示。

后脚跟步，后坐翻掌，虚步推掌。

图 16–54　高探马

13. 右蹬脚

右蹬脚如图 16–55 所示。

穿手提脚，上步翻手，分手弓步，抱手收脚，翻手提脚，分手蹬脚。

图 16–55　右蹬脚

14. 双峰贯耳

双峰贯耳如图 15–56 所示。

收脚并手，落步收手，右弓贯拳。

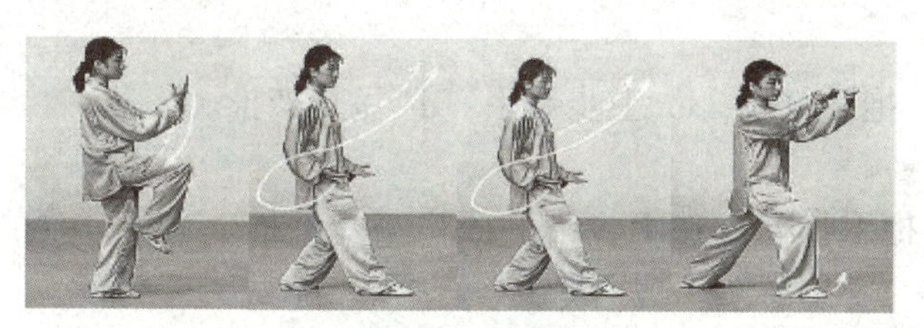

图 15–56　双峰贯耳

15. 转身左蹬脚

转体分手，收脚合抱，提膝翻手，分手蹬脚。

16. 左下势独立

左下势独立如图 16–57 所示。

收脚勾手，屈蹲开步，仆步穿掌，弓腿起身，独立挑按。

图 16–57　左下势独立

17. 右下势独立

右下势独立如图 15-58 所示。

落脚勾手，屈蹲开步，仆步穿掌，弓腿起身，独立挑按。

图 15-58　右下势独立

18. 左右穿梭

左右穿梭如图 16-59 所示。

图 16-59　左右穿梭

右穿梭

a. 落脚转体；b. 抱手收脚；c. 上步错手；d. 弓步架推。

左穿梭

a. 转体撇脚；b 抱手收脚；c. 上步错手；d. 弓步架推。

19. 海底针

海底针如图 16-60 所示。

后脚跟步，后坐提手，虚步插掌。

图 16-60　海底针

20. 闪通臂

闪通臂如图 16-61 所示。

提手收脚，上步分手，弓步推掌。

图 16-61　闪通臂

21. 转身搬拦捶

转身搬拦捶如图 16-62 所示。

转身扣脚，转体握拳，垫步搬拳，转体收拳，上步拦掌，弓步打拳。

图 16-62　转身搬拦捶

22. 如封似闭

如封似闭如图 16-63 所示。

图 16-63　如封似闭

穿手翻掌，后坐引收，弓步按掌。

23. 十字手

十字手如图 16-64 所示。

转体扣脚，弓腿分手，转体落手，收脚合抱。

图 16-64　十字手

24. 收势

收势如图 16-65 所示。

翻掌分手，垂臂落手，并脚还原。

图 16-65　收势

第五节　比 赛 规 则

一、比赛场地

武术比赛在地毯上进行，场地的规格由比赛内容决定。

（1）单练和对练项目的场地为 14 米×8 米的长方形，四周内沿边线宽 5 厘米，场地的长边中间各有一条长 30 厘米，宽 5 厘米的中线标记。比赛场地四周至少有 2 米宽的安全区。

（2）集体项目的场地为 16 米×14 米的长方形，四周内沿边线宽 5 厘米，比赛场地四周至少有 1 米宽的安全区。

（3）武术比赛场地上空至少有 8 米（从地面量起）的无障碍空间。

（4）两个武术比赛场地之间相距 6 米以上。

二、武术比赛通用规则

裁判员对场上运动员所出现的明显错误，视情节轻重给予相应的扣分。明显错误包括：

（1）比赛过程中，运动员的器械和服装违反规定（比赛时，运动员必须穿比赛服和武术鞋或运动鞋）；

（2）运动员上场比赛时佩戴耳环、项链和手镯等饰品；

（3）比赛过程中，场上队员身体的某一部位接触界线外地面；除太极拳外，运动员参加其他拳术比赛时必须系软腰带。

三、武术套路比赛规则

（一）得分种类

各项比赛满分为 10 分。长拳、剑、刀、枪和棍的评分标准为动作规格分值为 5 分，劲力、协调分值为 2 分，精神、节奏、风格、内容、结构和布局分值为 3 分。

（二）武术套路的规定时间

（1）长拳、南拳、刀术、剑术、枪术和棍术自选套路不得少于 80 秒。如按年龄分组比赛，青年组不少于 80 秒，少年组不少于 70 秒，儿童组不少于 70 秒。

（2）太极自选套路为 3~4 分钟（到 3 分钟时，裁判长鸣哨示意）；太极拳规定套路为 5~6 分钟（到 5 分钟时，裁判长鸣哨示意）。

（3）其他项目单练不得少于 1 分钟；对练不得少于 50 秒。

（三）武术竞赛术套路的内容规定

（1）弓步不少于 4 次，仆步和虚步不少于 2 次。

（2）不得少于 8 组不同组别的主要剑法。

（3）剑术套路必须有三种不同组别的平衡，其中必须有两种持久性平衡。

（4）必须有指定动作。

第十七章　健美操

知识目标

1. 了解健美操的健身价值和分类；
2. 了解健美操的基本动作；
3. 了解第三套全国健美操套路。

素养目标

自觉通过健美操运动改善心理状态，增强自信心，提高身体素质，全面发展体能。

第一节　健美操概述

一、健美操的起源与发展

健美操最早是美国太空总署为宇航员设计的室内体能训练内容。健美操的魅力在于音乐融进了当时流行的迪斯科，动作融合了时尚的霹雳舞等现代舞蹈。鲜明强烈的节奏催人奋进，激情奔放的身体动作很具感染力，使人们在轻松、愉悦的气氛与心态中达到锻炼的目的。健美操已成为大学生健身热潮中的“动感地带”。

20 世纪 80 年代初，当世界性的健美操热刚刚踏进国门的时候，最先接受它的是高校，得到普及的是高校，开始向社会推广的也是高校。一时间各种类型的健身健美操中的流行旋律、时尚动作占据了校园文化阵地，开创了高等院校健美操蓬勃发展的新局面。无数大学生开始认识健美操、参与健美操，并受益于健美操。

高校健美操热促进了学校体育教学的改革，健美操已被列入学校体育教学大纲，这为健美操在学校的普及奠定了良好的基础。不仅如此，随着健美操运动的迅速推广，高校之间的健美操竞赛活动也日渐频繁，使健美操运动的发展形成了良性循环。高校的健美操热也促进了全民健身热潮的兴起，其新颖的锻炼方式、良好的锻炼效果很快被向往健美的人群所接受，越来越多的以健美操为主要健身方式的健身中心、健身俱乐部应运而生，成为健身市场一道亮丽的风景线。

二、健美操的健身价值

健美操作为一项很有特色的运动，从增强人体健康的角度来说，具有良好的作用，尤其是对于改善心肺功能、控制体重、减肥和塑造体型、提高协调性和韵律感具有较好的效果。有氧运动可以从几分钟到几小时，因而对于健身者来说，选择适合自己运动强度的练习方式是非常重要的。

三、健美操的分类

根据不同的目的和任务，健美操可分为健身健美操和竞技健美操两大类。

（一）健身健美操简介

1. 传统有氧健美操

传统有氧健美操是健美性健美操的核心内容，是不同类型健美操的基础，以提高人体的心肺功能和有氧代谢能力为目的，可采用单个步法组合配合上肢运动进行练习。

2. 搏击健美操

运动时，传统有氧操、搏击健美操、拉丁健美操结合拳击、武术、跆拳道的基本动作，配合音乐节奏挥拳、踢腿，由于瞬间爆发力强、肢体伸展幅度大，运动量比传统健美操更大。

3. 拉丁健美操

拉丁健美操以有氧运动为基础，结合拉丁舞的基本动作，舞姿优美、热情奔放，有强烈的动感。练习拉丁健美操可以使人在轻松的娱乐中，达到减肥瘦身的效果。

4. 街舞健身操

街舞健身操是由黑人街头即兴舞蹈演变而来的街舞，融入了有氧舞蹈。肢体动作夸张，节奏搭配明显，全身上下自由舞动，最吸引人之处是以全身的活动带来热情澎湃的感觉。

5. 踏板健美操

踏板健美操是一种中高强度的运动，通常在一块4~10英寸（1英寸=2.54厘米）的踏板及地面上做健美操的动作和步法。它具备了健美操的所有特点，加上板的高度可以调节，健身者根据自身情况很容易达到运动减肥的有效强度，更能有效地提高自身的协调性。

6. 健身球健美操

健身球最早在瑞士作为康复医疗的设备，后来演变成一个新兴的健身运动项目。健身球不仅有很好的损伤恢复和康复功能，而且还可以提高人的柔韧性、力量，锻炼人的平衡能力，改善人的姿态。

7. 皮筋健美操

皮筋健美操主要是利用皮筋的弹性，在动作一张一弛的过程中，使肌肉得到很好的锻炼，作为一项有氧运动，皮筋健美操能够有效地提高人体的心肺功能。

8. 哑铃健美操

哑铃健美操利用小哑铃的重量进行有氧操训练，可以增加有氧运动的强度，能有效地减少身体多余的脂肪，塑形、美体作用明显。

9. 动感自行车

这是一种室内固定自行车有氧训练，在健身教练的指导下，配合动感的音乐和不同难度的阻力，来模仿自行车在平地、上坡、下坡等路面条件下不同方式的运动，达到提高心肺功能，消耗体内过剩脂肪的目的。

（二）竞技健美操简介

竞技健美操起源于传统的有氧健身操，比赛项目有男子单人、女子单人、混合双人、三人(三名运动员性别任选)、集体六人操。比赛时间限制在1分45秒左右。比赛场地为7米×7米(6人操场地为10米×10米)。比赛服装也有专门的规定，一般为紧身的专业健美操服。

健美操——全民健身的利器

2019年11月18日，第八届全国全民健身操舞总决赛在深圳龙岗拉开帷幕。该赛事是国家体育总局立项的大型群众体育赛事，大赛比赛项目包含有有氧健身操（舞)、时尚健身课程、街舞、民族健身操(舞)、广场健身操(舞）五大类，70多个小项，是这今为止覆盖地域最广、参赛人数最多、年龄跨度最大的单项全民运动赛事。

2014全国20个省市(北京、上海、天津、山东、浙江、江西、山西、福建、河南、湖北、宁夏、四川、青海、贵州、云南、广东、河北、广西、辽宁、海南）共约3万名运动员参加了本届大赛的分区赛，总决赛参赛人员超过10000人。间接参与者及密切关注者超过一百万人，影响覆盖超过一亿人。

第二节　健美操基本动作

基本动作是健美操运动的基础，是最小的动作元素。健美操是由若干个健美操基本动作组成的，这些基本动作是健美操的主要表现手段。几个单个动作组成健美操的“短句”，短句一般以八拍为单位，几个短句连在一起形成组合，完整的成套动作就是由几个组合组成的。因此，初次进入健美操殿堂，首先需要学习基本动作。基本动作主要包括基本步法、上肢动作和基本手形等。

一、健美操基本步法

基本步法是健美操动作中的最小单位，是组成组合动作、成套动作的基础。通过基本步法的练习，可以提高练习者的协调性、节奏感和韵律感。健美操基本步法分为无冲击、低冲击和高冲击三类动作，具体动作包括弹动、半蹲、弓步、提踵、踏步、漫步、脚尖前点地、脚跟前点地、脚尖侧点地、脚尖后点地、并步、迈步点地、迈步屈腿、迈步吸腿、迈步弹踢、侧交叉步、吸腿、后屈腿、踢腿、弹踢腿、并步跳、迈步吸腿跳、迈步后屈腿跳、并腿纵跳、开合跳、分腿半蹲跳、并腿滑雪跳、弓步跳、吸腿跳、后屈腿跳、弹踢腿跳、摆腿跳、后踢腿跑、侧并小跳。健美操基本步法如图 17-1 所示。

图 17-1　健美操基本步法

二、上肢基本动作

（1）自然摆动：屈肘前后摆动，可以同时或依次摆动。

（2）臂屈伸：上臂固定，肘屈伸，臂屈时肱二头肌收缩，臂伸时肱三头肌收缩。

（3）直臂上摆：臂由下摆提至前平举或侧平举。

（4）冲拳：握拳由腰间冲至某位置。

（5）屈臂提拉：臂下举至胸前平屈。

（6）推：手掌由肩侧推至某位置。

三、基本手形

基本手形如图 17-2 所示。

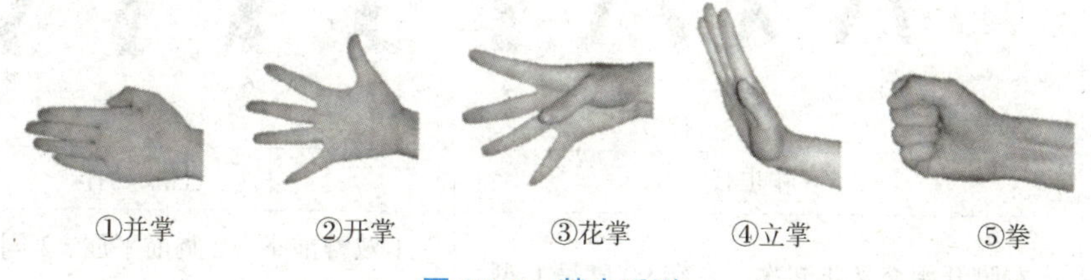

图 17-2　基本手形

第三节 第三套全国健美操套路

健美操大众锻炼标准测试套路（三级）图解和说明如下：

组合一

动作	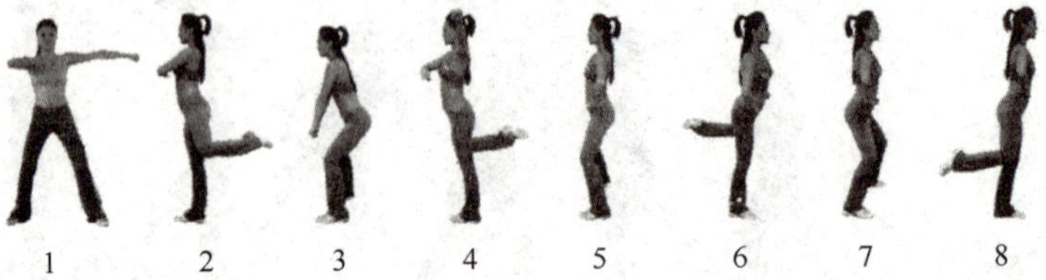	1 2 3 4 5 6 7 8	
节拍		下肢步伐	上肢动作
预备姿势		站立	
一	1-4	右脚开始向侧迈步后屈腿 2 次，2 时右转 90 度	1-2 右臂摆至侧上举，左臂摆至胸前平屈，3-4 同 1-2，但方向相反
	5-8	向右迈步后屈腿 2 次，6 时右转 180 度	双手叉腰
动作	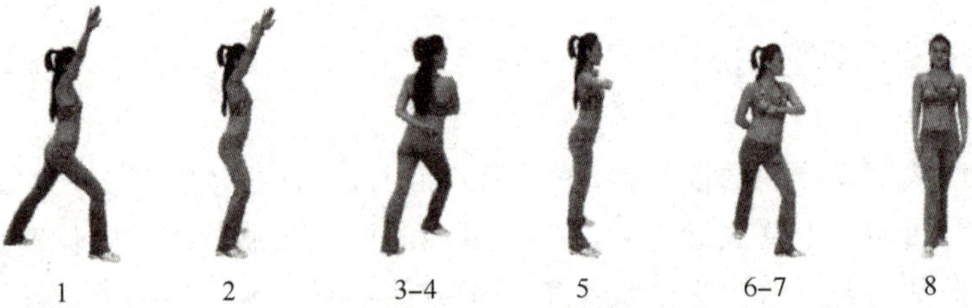	1 2 3-4 5 6-7 8	
节拍		下肢步伐	上肢动作
二	1-2	1/2V 字步	1 右臂侧上举，2 左臂侧上举
	3-8	6 拍漫步。8 右转 90 度	随脚的动作自然前后摆动
动作	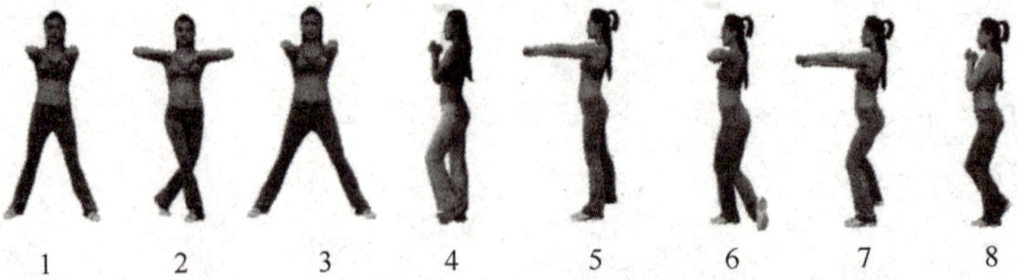	1 2 3 4 5 6 7 8	
节拍		下肢步伐	上肢动作
三	1-8	右脚开始交叉步 2 次，左转 90 度呈 L 型	1 双臂前举，2 胸前平屈，3 同 1，4 击掌。5-8 同 1-4

续表

动作		 1　-　2　3-4　5-6　7-8	
节拍		下肢步伐	上肢动作
四	1-4	右脚侧并步跳，12 后漫步	1-2 双臂侧上举，3-4 右臂摆至体后，左臂摆至体前
	5-8	左转 90 度左脚开始小马跳 2 次	5-6 右臂上举，7-8 左臂上举
第五至八个八拍，动作相同，但方向相反			

组合二

动作		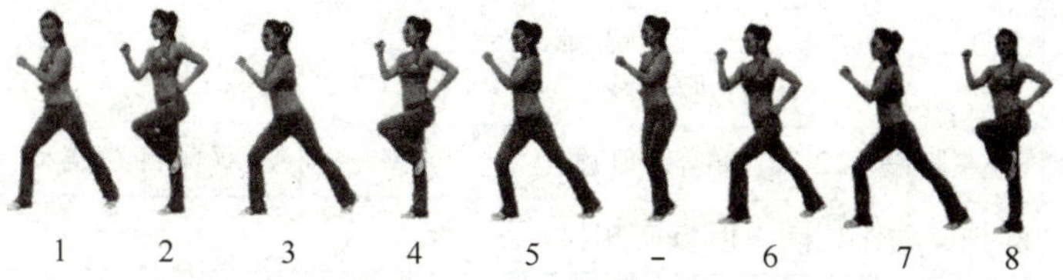 1　2　3　4　5　-　6　7　8	
节拍		下肢步伐	上肢动作
四	1-4	右臂向右面上步吸腿 2 次	双臂自然摆动
	5-6	左腿向后交换步	双臂随下肢动做自然摆动
	7-8	右脚上步吸腿	双臂自然摆动
动作		 1　2　3　4　5-6　7-8	
节拍		下肢步伐	下肢动作
二	1-4	左脚开始向右侧交叉步	双臂随步伐向反方向臂屈伸
	5-8	右转 45 度，左脚做漫步	5-6 双臂肩侧屈外展，7-8 经体前交叉摆至侧下举

续表

动作		1 2 3 4 5 – 6 7 – 8	
节拍		下肢步伐	上肢动作
三	1-4	左脚开始十字步，同时左转 90 度	双臂自然摆动
	5-8	左脚开始向侧并步跳 2 次	双臂自然摆动
动作	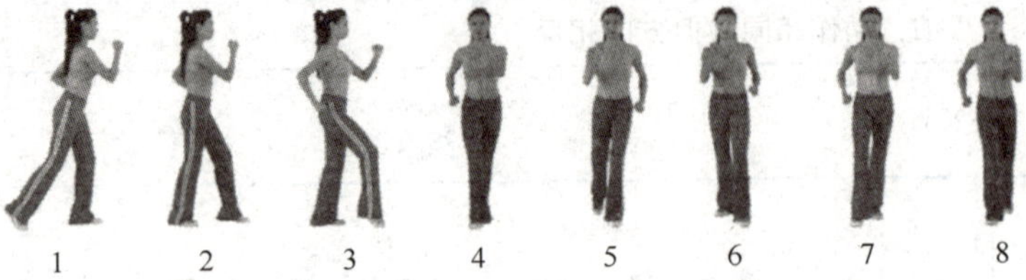	1 2 3 4 5 6 7 8	
节拍		下肢步伐	上肢动作
四	1-8	左脚漫步 2 次，左转 90 度	双臂自然摆动
第五至八个八拍，动作相同，但方向相反			

组合三

动作	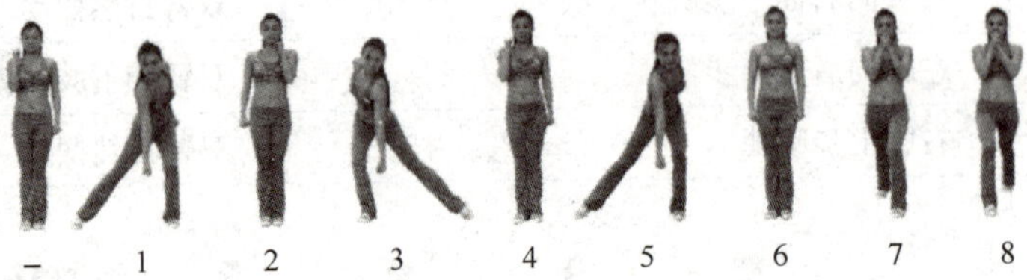	– 1 2 3 4 5 6 7 8	
节拍		下肢步伐	上肢动作
一	1-6	右脚开始做侧点地 3 次	1-2 右臂向下臂屈伸，3-4 左臂向下臂屈伸 5-6 同 1-2 动作
	7-8	左脚开始向前走 2 步	击掌 2 次
动作	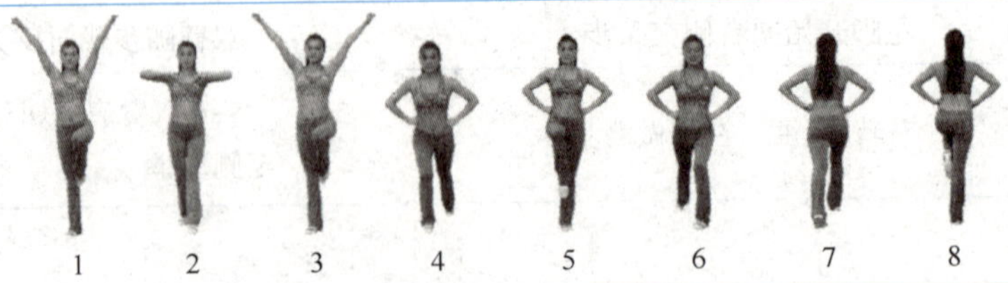	1 2 3 4 5 6 7 8	

续表

节拍		下肢步伐	上肢动作
二	1-4	左脚开始吸腿跳 2 次	1 侧上举，2 双臂胸前平屈，3 同 1，4 叉腰
	5-8	吸右腿跳，向后落地，转体 180 度，吸右腿	双手叉腰
动作		 1 2 3 4 5 6 7 8	
节拍		下肢步伐	上肢动作
三	1-4	左脚开始向前走 3 步吸腿跳，同时左转体 180 度	1-3 叉腰，4 击掌
	5-8	右脚开始向前走 3 步吸腿	5-6 手臂同时经前向下摆，7-8 经肩屈外展至体前击掌
动作		 1 2 3 4 5 6 7 8	
节拍		下肢步伐	上肢动作
四	1-8	左脚开始侧并步 4 次，呈 L 型	双臂做屈臂提拉 4 次
第五至八个八拍，动作相同，但方向相反			

组合四

动作		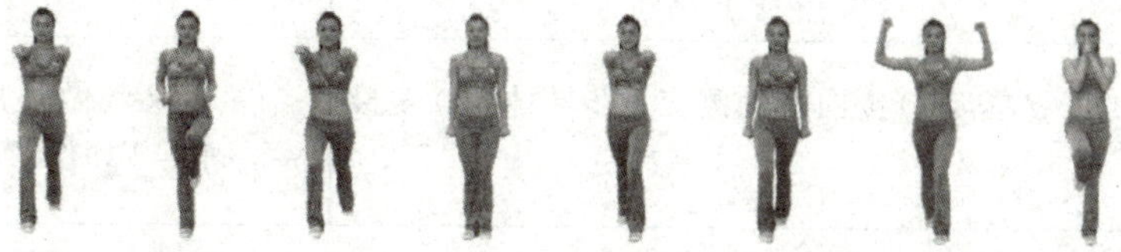 1 2 3 4 5 6 7 8	
节拍		下肢步伐	上肢动作
一	1-4	右腿上步吸腿	双臂做向前冲拳、后拉 2 次
	5-8	左脚向前走 3 步吸腿	手臂同时经前向下摆，8 击掌

续表

动作		1 2–3 4 5–6 7–8	
节拍		下肢步伐	上肢动作
二	1-4	1 右脚向侧迈步，2-3 向右前 1/2 前漫步，4 左脚向侧迈步	1 侧上举，2-3 随脚的动作自然摆动，4 同 1 动作
	5-8	右脚向左前方做漫步	双臂自然摆动
动作		1 2 3 4 5 6 7 8	
节拍		下肢步伐	上肢动作
三	1-6	右脚开始上步吸腿 3 次	1 肩侧屈外展，2 击掌，3-6 同 1-2 动作
	7-8	左脚前 1/2 漫步	双臂自然摆动
动作	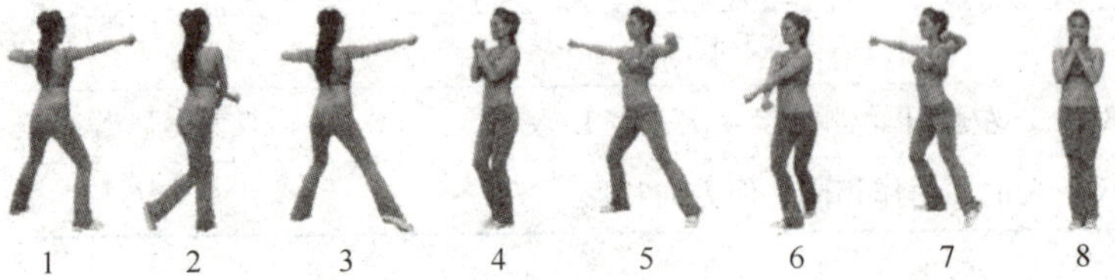	1 2 3 4 5 6 7 8	
节拍		下肢步伐	上肢动作
四	1-8	左转 90 度向左做侧交叉步转体 180 度接侧交叉步	1-4 双臂做外展、内收、外展、击掌，5-8 同 1-4 动作
第五至八个八拍，动作相同，但方向相反			

第四节　比赛规则

一、健身健美操比赛

健身健美操分规定动作比赛与自选动作比赛：规定动作比赛主要强调动作的准确性、熟练性、动作整齐一致性及精神面貌和团队精神；自选动作比赛在完成方面与规定动作比赛的要求相仿，不同之处在于编排及其创意，成套编排突出艺术性与安全性。其中艺术性包括：主题健康、充满活力、富有激情、编排新颖、有创意、动作类型丰富、动作的转换自然流畅、充分利用场地和空间、队形变化新颖；安全性主要指成套动作中没有对身体造成伤害的因素（不安全的动作），不鼓励在成套动作中出现竞技健美操的难度动作，如果出现将不予加分，并对出现的错误进行扣分，可见健身健美操比赛强调的是其健身性。

二、竞技健美操比赛

正规的健美操比赛分为男子单人、女子单人、混合双人、三人、六人共计五个比赛项目、其中三人与六人没有性别的规定。按照规则的要求，每套比赛动作必须包括难度动作、操化动作组合与过渡连接动作三部分，每部分都有具体的规定。例如，选择的难度必须含有4组难度类型，即动力性力量组（俯卧撑、旋腿等）、静力性力量组（支撑与水平）、跳与跃组、平衡与柔韧组，每缺一组动作就要扣去1分。操化动作组合是指多种步法和手臂动作演绎的多元化、复杂化的配合形式，这些遍布在成套动作中的操化组合能充分显示运动员高水准的身体协调能力。过渡连接动作在难度与难度之间、难度与操化动作之间具有连接与过渡的作用。

三、数字规则

健美操规则的部分数字化体现了评分的量化标准、量化标准保证了裁判评分的客观性与公正性。

（一）场地大小

单人、双人和三人操为7米×7米、六人为10米×10米、健身健美操场地是12米×12米，出界按人次扣分。

（二）成套时间

竞技健美操为1分45秒，并有加减5秒的范围，健身健美操比较灵活，一般在3~5分钟，时间不足或超过均酌情扣分。

（三）难度规定

成套最多12个难度，其中最多6个地面难度、2个俯撑落地难度。违反该规定，每次扣1分。有4组难度类型，每类难度级别从0.1至1.0分，国际比赛难度价值至少在0.3分以上。

（四）拖延出场

运动员被叫后20秒内未出场，被扣0.5分；60秒内未出场，视为弃权。

（五）总分值

总分值=艺术分（最高10分）+完成分（最高10分）+难度总分÷2。

（六）其他

除单人操外，其他项目要有3次托举动作，多于或少于3次都要扣1分/次。

第十八章　跆拳道

知识目标

1. 了解跆拳道的价值和特点；
2. 了解跆拳道的基本技术；
3. 了解套路拳道的品势。

素养目标

1. 提高速度、反应、灵敏、力量和耐力素质，提高内脏器官的机能和神经系统的灵活性；
2. 传承跆拳道的道义精神，练就正直、刚毅的品质。

第一节　跆拳道概述

一、跆拳道的起源

跆拳道古称跆跟、花郎道，是起源于古代朝鲜的民间武艺。早在公元688年，新罗王国统一了朝鲜，经济繁荣，百业兴旺，建立了一种“花郎制度”。到真兴王时，便创立了“花郎道”。花郎道是花郎制度的组织形式，即将年轻人组织到一起进行武艺锻炼。其宗旨是“事君以忠，事亲以孝，事友以信，临阵无退，杀身有择”。以此磨炼人的意志、锻炼人的体魄，培养造就了一批又一批忠君孝亲、英勇顽强、无所畏惧的战士。在一本描写新罗风俗习惯的书《帝王韵记》中，记载着跆拳道活动。

二、跆拳道的价值

练习跆拳道需要活动全身的肌肉和关节，因此，它是一项较全面的运动。人类一直很重视生命的维持和需要，所以无论对内环境还是外环境的变化，都能及时地做出适当的调整。外环境，就是指为了生存下去，人体与外界不可分割的那些关系；内环境，则是为了保持机体机能的统一与平衡。

三、跆拳道的特点

（一）以腿为主，手足并用

精湛多变的腿法是跆拳道有别于其他技击术的重要特征。腿法所占的比例高达70%以上。因为腿的长度和力量是人体中最长最大的，而且攻击时放长击远、威慑力大。因此提倡腿法的运用。腿的技法有很多种形式，可高可低，可近可远，可左可右，右直右屈，可转可旋，威胁力极大，是比赛时得分和实用制敌的有效方法。其次是手法。手臂的灵活性很好，可以自如地控制完成防守和进攻动作，同时也可以变化为拳、掌、肘、肩的多种用法，进行实战。在跆拳道比赛中，手法往往只用于防守格挡，进攻时主要运用多变的腿法得分或重创对手。规则的导向作用也促使跆拳道向着腿法灵活多变的方向发展。在竞赛规则以外的跆拳道实战中，人体的一些主要关节部位亦可以用来作为进攻的武器，或防守的盾牌。这是跆拳道技术的本质，如人体的手、肘、膝、脚等关节部位，是跆拳道实战中最常用、最有效的击打武器。

（二）方法简练，刚直硬打

不论是在比赛时还是在实战中，不论是腿法还是手法，跆拳道的进攻方法都是十分简捷而实效的。对抗时双方都是直接接触，以刚制刚，用简练硬朗的方法直接击打对方，多用连续快速的腿法组合进攻。此外，或拳或腿，速度快，变化多。防守的动作也是以拳、掌、手、臂直接格挡为主，随即是连续的反击动作，很少使用躲闪防守法，追求刚来刚往，硬拼硬打。尽可能保持或缩短双方间的距离，以增加击打的有效性，在近距离拼斗中争取比赛或实战的胜利。

（三）内外兼修，功法独特

跆拳道以赤手空拳在专心致志情况下进行训练和比赛。长期训练手快脚疾，产生常人难以达到的破坏力。这就是内功和外力综合作用的效应。跆拳道理论认为，经过专门训练，人的关节部位能产生不可思议的威力。特别是拳、肘、膝和脚四个部位，尤以脚和手为甚。若长期专门练习跆拳道，人可以达到内外合一的程度，即内功和外力达到统一的巅峰。由于无法确定人体关节部位武器化的威力和潜力到底有多大，一般采用木板、砖瓦等无生命物体作为参照物进行测试，而不以人体作为目标。

（四）以击破为测试功力的手段

跆拳道在向外推广时，大多是以这种击破的方式向人们展示其威猛无比的功夫，这种方法是用拳、掌或脚分别击碎木板、砖瓦，以此检验和测试练习者的功力。这种独特的方法现已成为跆拳道训练、晋级升级、表演比赛的一个主要内容。

（五）强调气势，发声扬威

无论品势还是竞技跆拳道，都要求在气势上给人以威严，多以发出洪亮并带有威慑力的声音来显示自己的能力。尤其是在竞技跆拳道比赛中，双方练习者都会以规则允许的发声来提高自己的斗志，借以在气势上压倒对手，甚至在出击时配合击打效果使裁判认可，争取在心理上战胜对手。所以，跆拳道练习者都要进行专门的发声练习。

（六）礼始礼终，培养良好道德品质

跆拳道给人们留下的较深的印象是，跆拳道练习者始终是在不同的场合行礼鞠躬。这是因为跆拳道练习者始终把“礼”作为训练内容，强调“礼始礼终”，即练习活动都要从礼开始，以礼结束，并突出爱国主义。要求跆拳道练习者在练习技术的同时，在道德修养方面也要不断提高自己。跆拳道练习者通过行礼的方式向长辈、教练、老师、队友鞠躬施礼，养成发自内心的行礼习惯，养成恭敬谦虚、友好忍让的态度和互相学习的作风，养成坚韧不拔的意识品质。

第二节　跆拳道基本技术

一、前踢

以左势实战姿势开始。右脚向后蹬地，身体重心前移至左脚；右脚蹬地顺势屈膝提起，左脚以前脚掌为轴外旋约 90°；同时，右腿迅速以膝关节为轴伸膝、送髋、顶髋，把小腿快速向前踢出，力达脚尖或前脚掌。踢击目标后，右腿迅速放松弹回，落回原地仍成左势实战姿势。

动作要领：

（1）膝关节上提时大小腿折叠，膝关节夹紧，小腿和踝关节放松，有弹性。

（2）踢击时顺势往前送髋；高踢时往上送髋。

练习方法：

（1）从右势实战姿势开始。

（2）左脚蹬地重心前移至右脚，右脚支撑；左脚随蹬地屈膝上提膝关节，上体略后仰。

（3）右脚以脚掌为轴外旋约 90°；同时，左腿迅速伸膝向前上踢击，左腿上直，力达脚尖或前脚掌。

（4）踢击目标后，小腿快速放松回收，左脚落回成左势实战姿势。

二、横踢

右脚蹬地，重心移到左脚，右脚屈膝上提，两拳置于胸前；左脚前脚掌辗地内旋，髋关节左转，左膝内扣；随即左脚掌继续向内旋转 180°，右腿膝关节向前抬置水平状态；小腿快速向右前横踢出；击打目标后迅速放松收回小腿，右脚落回成实战姿势。

动作要领：膝关节夹紧，向前提膝，尽量走直线；支撑脚外旋 180°；髋关节往前顺，身体与大小腿成直线，严格注意击打的力点在正脚背；踝关节放松，击打的感觉是“面团”“鞭梢”。横踢攻击的主要部位有头部、胸部、腹部和肋部。

三、后踢

左脚掌为轴内旋约 90°，上身旋转重心移到左脚，右腿屈膝收腿直线踢出，重心前移落下。

动作要领：

（1）起腿后大腿与小腿折叠成一团。

（2）动作延伸，用力延伸。

（3）转身、踢膝、出腿一次性完成，不能停顿。

（4）击打目标在正后方稍偏右。

四、劈腿

实战姿势开始。右脚蹬地，重心前移至左脚；同时，右腿以髋关节为轴屈膝上提，两手握拳置于胸前；随即充分送髋，上提膝关节至胸部；右小腿以膝关节为轴向上伸直，将右腿直举于体前，右脚过头；然后放松向下，以右脚后跟（或脚掌）为力点劈击，一直到前面，成实战姿势。

动作要领：腿尽量往高、往头后举，要向上送髋，重心往高起；脚放松往前落，落地要有控制；起腿要快速、果断；踝关节要放松。劈腿的主要攻击部位有头顶、脸部和锁骨。

五、推踢

实战姿势开始。右脚蹬地，重心前移；右脚以髋关节为轴提膝前蹬；用右脚脚掌向前蹬推，力点在脚掌，推力向正前方。

动作要领：提膝后尽量收紧膝关节；重心往前移，利用身体的重量和力量；推的时候腿往前伸展、送髋；推的路线水平往前。推踢的攻击目标是腹部。

易犯错误：

（1）收腿不紧，直腿起，容易被阻截。

（2）上身太直，重心往下落，腿不能水平前推。

（3）上身过于后仰，重心不能前移，不利于衔接下一个技术。

六、勾踢

从左势实战姿势开始。右脚向后蹬地，身体重心前移至左脚；左脚支撑，右腿屈膝提起；左脚以前脚掌为轴，脚跟向内旋转约 180°，右腿膝关节内扣，右腿向左前方伸出；伸直后，用脚掌向右侧用力屈膝鞭打；然后右腿顺势放松屈膝回收，落回原地成实战姿势。

动作要领：

（1）起腿后右腿屈膝抬过水平，然后内扣。

（2）右脚要随转体尽量向左前伸展。

（3）右脚掌向右鞭打时要屈膝扣小腿。

（4）鞭打后顺势放松。

练习方法：

（1）从左势实战姿势开始。

（2）右脚向后蹬地，身体重心前移至左脚，左脚支撑，右脚屈膝前提。

（3）左脚以前脚掌为轴，脚跟向内旋约180°，同时，右膝稍内扣。

（4）右腿伸膝，右腿向左前方伸直。右脚在屈膝扣小腿动作的带动下，向右用前脚掌做鞭打动作。

（5）右脚鞭打结束后，放松屈膝回收，落回原地成左势实战姿势。

七、后旋踢

实战姿势开始。两脚以两脚掌为轴均内旋约180°，身体右转约90°，两拳置于胸前。上体右转，与双腿拧成一定角度；右脚蹬地将蹬地的力量与上体拧转的力量合在一起，将右腿向后上以髋关节为轴直腿摆起；右腿继续向右后旋摆鞭打，同时上体向右转，带动右腿弧形摆至身体右侧；右腿屈膝回收，右脚落至右后成实战姿势。

动作要领：转身、旋转、踢腿连贯进行，一气呵成，中间没有停顿；击打点应在正前方，呈水平弧线；屈膝起退的旋转速度要快；重心在原地旋转360°。后旋踢攻击的主要部位有面额和胸部。

八、双飞踢

两人从闭势实战姿势开始。攻方先用右横踢攻击对方左肋部，同时，左脚蹬地起跳，身体腾空右转，腾空高度在膝关节以上，但不宜过高；左脚起跳后，在空中用左横踢迅速踢击对方胸部或腹部；左右脚交换，右脚落地支撑，左脚横踢目标后迅速前落，成左势实战姿势。

动作要领：

（1）右腿横踢目标的同时，左脚蹬地起跳。

（2）左脚起跳后迅速随身体右转，横踢目标。

（3）两腿在空中交换，右脚先落地。

练习方法：

（1）从实战姿势开始。

（2）攻方起右腿向前横踢攻击目标。

（3）左脚同时起跳，在空中顺势交换两腿。

九、膝的基本进攻技术

膝关节在跆拳道实战格斗中被用作近距离攻击对方的主要武器之一。这是因为膝关节是人体关节武器化中最具力量的一种，而且使用简单，一旦击中会置敌于死地。膝关节的主要使用技术是顶膝和撞膝技术。

（1）顶膝：准备姿势开始。左脚上前迈半步成左弓步，同时双手自腰间前举，由拳变掌抓对方的肩部或衣襟。随即双手用力向下压拉对方的肩部或衣襟，同时提右膝向上顶击。顶击的主要部位有腹部、裆部、头面部。顶膝时两手的下压、下拉用力和提膝上顶的力量协调进行，形成合力顶击对方，达到置敌于死地的目的。

（2）撞膝：准备姿势开始。左脚掌为轴碾地，身体左转，同时右腿屈膝上提，自右下向左上侧用膝部撞击，两拳抱于腹前。撞击的动作可用膝分别向异侧方向进行。撞击的用力方向是横向的。撞击的主要部位是腹腔神经丛和两软肋部。做动作时，提膝、转体、撞击的动作要连续协调，形成加速撞钟式的动作，以提高杀伤力。

十、旋风踢

两人从闭势实战姿势开始。攻方左脚向右脚右侧前方跨一步，左脚内扣落地，身体向右旋转 180°；左脚落地的同时右腿随身体继续右转向右后摆起，此时身体已转动 360°；左脚蹬地起跳，顺势在空中用左横踢击打对方腹部或头部，右脚落地支撑。

动作要领：

（1）攻方上步转体动作要迅速果断，左脚内扣落地时脚跟对敌。

（2）右脚随身体又转向后右侧摆起时不要太高，以能带动身体旋转起跳为宜。

（3）左脚蹬地起跳，身体腾空，但不过膝，目的是快速旋转出腿。

（4）左脚横踢时，右脚向下落地，要快落站稳，即横踢目标的同时右脚落地。

十一、掌的基本进攻技术

掌法在跆拳道实战中是非常多见的。虽然正式的跆拳道比赛不准使用掌法，但是，掌法在跆拳道品势练习、实战格斗以及防身自卫中，具有非同寻常的攻击效果，轻者致伤，重者致残致命。因而，练好掌法对增强实战格斗和防身自卫能力有着重要的意义。

（1）砍掌（手刀砍）：两脚开立成准备姿势，两手握拳置于腹前，手心向内。左脚前迈步成左弓步，同时右手臂提肘上举，经由右前方将右手由拳变掌提到右前，与头同高；随即前伸右臂，右臂外旋由外向内用右手向左前平砍，掌心向上。砍掌动作左右手刀砍势相同，只是方向相反。砍掌分仰掌砍击和俯掌砍击，攻击部位在颈动脉、锁骨和两肋。

（2）插掌（贯手）：准备姿势开始。左脚向前迈一步成左弓步，同时右手自腰间由拳变掌向前伸臂插出，右臂伸直，力达指尖；左手握拳收于腰间。插掌动作左右掌动作相同，只是方向相反。插掌分立插掌和平插掌两种形式，可仰掌亦可俯掌，攻击部位在脸部、心口、肋间和颈部。

（3）底掌掐击：准备姿势开始。左脚向前迈一步成左弓步，同时右手自腰间由拳变掌向前掐击，利用底掌的大拇指和四指掐击对方的咽喉。掐击动作可左手亦可右手，只是方向相反。攻击的主要部位是对方的咽喉。

（4）掌根推击：亦叫熊掌推击，由准备姿势开始。左脚向前迈一步成左弓步，同时右手自腰间由拳变熊掌向前推出，力点在掌根；左手握拳，拳心向上收于腰间。掌根推击可用左手亦可用右手，动作相同，方向相反。掌根推击的部位在面部、胸部和腹部。

（5）双插掌：准备姿势开始。左脚向前迈一步成左弓步，双手自腰间由拳变贯手向前同时插击。如果改变手形，将贯手改为熊掌，就可将动作变为熊掌双推击。插击或推击的部位主要是胸部、肋部和面部。

十二、肘的基本进攻技术

肘关节由于骨结构本身的特点，使用肘的骨尖部，其击打的力度和威胁都很大。尤其是在贴身的近距离攻击中，肘的威力更能充分发挥，给对方以强有力的打击。因为肘关节前后左右都可以使用，所以肘的进攻动作可以向多个不同方向击出。

（1）顶肘：准备姿势开始。左脚向前迈出一步成左弓步，同时左臂屈肘上提至胸前，左拳置于胸前，拳心向下；右拳变掌提到胸前，用右手掌推动左拳，以左肩关节为轴，左肘关节尖领先，将左肘向前顶击。顶肘的动作左右肘关节都可进行，只是方向相反。顶肘攻击的主要部位是头面部、胸部、腹部和肋部。

（2）挑肘：准备姿势开始。左脚向前迈一步成左弓步，同时右拳自腰间上举，右肘关节屈曲收紧，肘尖自下向上挑起。挑肘动作可用左右肘完成，只是方向相反。挑肘攻击的主要部位有下颌和腹部。挑肘时要拧腰顺肩，以增加挑肘的距离和力量。

（3）摆肘：准备姿势开始。左脚向前迈一步成左弓步，同时，右臂以肩关节为轴，将屈夹紧的大小臂抬平后自外向内或自内向外用力摆击肘尖部；左手拳变掌用力推或压右拳贴紧胸部并助右肘摆动。肘关节由外向内摆动叫内摆击肘，由内向外摆动叫外摆击肘。摆肘攻击的主要部位是两颊部和胸部。

（4）砸肘：准备姿势开始。左脚上前一小步成前行步，同时，右臂以肩关节为轴屈肘上举；当右拳靠近耳侧时肘抬至水平以上，随即右肘用力向下砸。砸肘动作左右肘相同，只是方向相反。砸肘攻击的主要部位有头顶、面部和锁骨，也可用于对方倒地后的下砸攻击动作。

十三、拳的基本进攻技术

拳法是跆拳道实战中最基本而又非常重要的技术。出拳的基本原则是从腰间发力将拳击出，抱拳于腰间时拳心向上，拳击出的过程中要做手臂的内旋动作，拳击至最远端时手臂伸直，拳向下，击打目标后放松收回。

（1）冲拳：由准备姿势开始。两脚开立与肩同宽，两手握拳置于腰间；左脚前迈成左弓步，同时右手拳内旋击出，手臂伸直，力点在拳面。冲拳动作可顺势冲拳（左脚弓步冲左拳），亦可拗式冲拳（左腿弓步冲右拳）。可向上、中、下三个方位冲拳，击打对方的头胸腹和裆部。

（2）抄拳：左脚上成三七步，同时左手前伸抓住对方的衣襟，右手握拳收于腰右侧；两脚不动，重心前移成左弓步；同时左手回拉，右拳从腰间由下向上抄起用拳面击打对方的下颌部。抄拳的动作亦可用左手拳进行。击打的部位除下颌部，还有腹部。

（3）弹拳：两脚前后开立成左三七步，两手握拳，两臂屈肘置于腹前，左拳在内，右拳在外，拳心朝下；重心前移，成左弓步，同时左手臂屈肘上提至胸前；翻肘，以肘关节为轴，前臂向上摆起，用拳背弹击对方的鼻骨、人中穴或眼睛。

（4）截拳：两脚开立，左手握拳屈肘置于胸前，拳眼向上；右手握拳收于右侧腰间，拳心向上；左脚向左迈一步成左弓步，同时左臂以肘关节为轴，臂内旋向前向左侧前方用锤拳截击对方的面部、胸部或肋部。截击的位置在身体左侧前方，用力方向由内向外横向击打。

（5）鞭拳：两脚前后开立成右弓步，左手握拳收于腰左侧，拳心向上；同时右手握拳，右臂屈肘上提至肩高，右臂放置于左肩前方，拳心向内；右臂以肘关节为轴，由内向外用拳背鞭打对方的面部或胸部。左右势动作相同，只是方向相反。

（6）劈拳：两脚左右开立与肩同宽，右手握拳置于右侧腰间，拳心向上；同时左手握紧斜置于腹前，拳心向内；两脚不动，左臂由腹前向左上经脸前向左下直臂抡臂，用锤拳劈击对方的头部、颈部或锁骨。

（7）双冲拳：两脚并步站立，两拳拳心向上置于腹前；右脚前迈一步成左弓步，同时两拳自腰间向前冲击；两臂内旋，以双冲拳击打对方的面部、胸部和腹部。

第三节　跆拳道品势介绍

跆拳道品势路线示意图如图 18-1 所示。

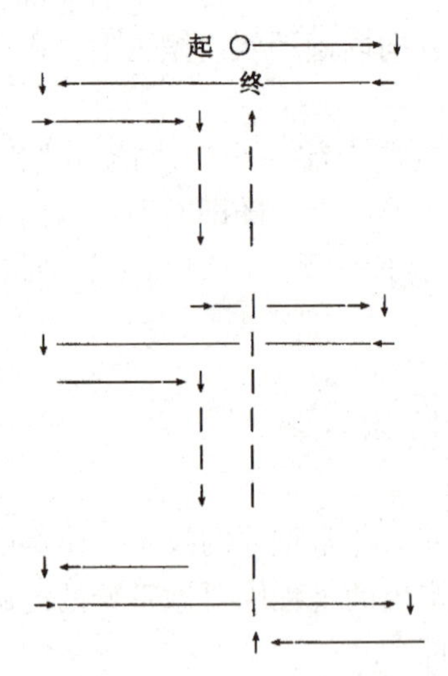

图 18-1　跆拳道品势路线示意图

一、太极一章

太极一章包括准备势和 18 个动作方法以及收势，如图 18-2 所示。

图 18-2　太极一章

准备势：右脚向侧方向横跨一步，两脚与肩同宽，两腿自然站立；两手握拳置于身前，拳心向内；两眼平视前方。

1. 右转身下截

动作方法：身体向左转 90°，前行步站立，同时左手握拳向左下截，右拳收于腰间。收于腰间的拳，拳心向上。

2. 右顺步冲拳

动作方法：右脚向前一步成前行步站立，同时右拳向前内旋平冲，左拳收于腰间。

3. 后转身下截

动作方法：右脚向后撤步，身体以左脚为轴，向右转体 180°，成前行步站立；同时，右臂屈肘向下截拳。

4. 左顺步冲拳

动作方法：左脚向前进一步仍成前行步站立；同时，左拳向前内旋平冲，右拳收于腰间。

5. 左弓步下截

动作方法：身体右转 90°，左脚向侧方向移步，成左弓步；同时，左臂向下截击，左手握拳，拳心向内，右拳收于腰间。

6. 左弓步冲拳

动作方法：两脚原地不动，右拳向前内旋平冲，左拳回收于腰间。

7. 右转身外格

动作方法：右脚向右移步，左脚以脚掌为轴原地内旋，脚尖转向右前方，身体随之右转；同时左拳前伸外格，拳心向上，右拳收于腰间。

8. 前进步冲拳

动作方法：左脚向前进一步成前进步站立，右拳向前内旋平冲，左拳回收于腰间。

9. 后转身内格

动作方法：以右脚掌为轴，身体向左后转 180°，随即左脚向前进一步；同时，右臂向内格挡。

10. 右弓步冲拳

动作方法：右脚向前进一步成右弓步；同时，左拳向前内旋平冲，右拳收于腰间。

11. 右弓步下截

动作方法：以左脚为轴，身体右转 90°，右脚向前移动；右手握拳向右下截击，左拳收于腰间。

12. 右弓步冲拳

动作方法：两脚原地不动，左拳向前内旋平冲，右拳收于腰间，成右弓步冲拳。

13. 左转身上架

动作方法：右脚不动，身体左转，左脚向前移步；同时，左臂屈肘上架，置于额前，拳心向外，成前行步站立。

14. 右前踢冲拳

动作方法：右脚蹬地，屈膝上提，以膝关节为轴伸膝前踢；左脚掌支撑，两臂屈肘置于体侧。右脚放松前落，成前行步站立；同时，右拳向前内旋平冲，左拳收于腰间。

15. 后转身上架

动作方法：以左脚为轴，身体右转 180°，右脚向前移步成前行步；同时，右臂屈肘上架，横置于额前，拳心朝前。

16. 右前踢冲拳

动作方法：右脚支撑，左腿屈膝上提，以膝关节为轴伸膝向前上踢击；同时，两臂屈肘置于体侧，左脚前落成前行步站立，左拳向前内旋平冲，右拳收于腰间。

17. 左弓步下截

动作方法：以右脚为轴，身体右转约 90°，左脚向前上一步，成左弓步；同时，左臂向左下方截击，右拳收于腰间。

18. 右弓步冲拳

动作方法：左脚不动，右脚向前上一步，成右弓步；同时，右拳向前内旋平冲并发声，左拳收于腰间。

收势：以右脚为轴，身体向左后转 180°，左脚后撤与右脚平行成准备势。

二、太极二章

太极二章包括准备势和 18 个动作以及收势，如图 18-3 所示。

图 18-3　太极二章

图 18-3 太极二章（续）

1. 左转身下截

动作方法：身体左转成前行步站立，面向前进方向；同时，左臂向左下方截击，右拳收于腰间。

2. 右顺步冲拳

动作方法：右脚向前进一步成右弓步；同时，右拳向前内旋平冲，左拳回收于腰间。

3. 后转身下截

动作方法：以左脚掌为轴，身体向右后转 180°；同时，右脚向前上一步成前行步；右臂向右下截击，左拳收于腰间。

4. 左顺步冲拳

动作方法：左脚向前进上步成左弓步；同时，左拳向前内旋平冲，右拳收于腰间。

5. 左转身内格

动作方法：以右脚掌为轴，身体左转 90°；同时，左脚向前移步；随即，右臂屈肘内旋内格，拳与胸高，拳心向自己；左拳收于腰间。

6. 上右步内格

动作方法：右脚向前进一步；同时，左臂屈肘向内横格，拳与胸高，右拳回收于腰间。

7. 左转身下截

动作方法：以右脚掌为轴，身体左转 90°；同时，左脚向前移步，左臂左下截击，右拳置于腰间。

8. 右前踢冲拳

动作方法：左脚支撑，右脚屈膝上提，以膝关节为轴由屈到伸向前上方踢击，两臂屈肘自然置于体侧，右脚放松前落，成右弓步；同时，右拳向前内旋平冲，左拳收于腰间。

9. 右转身下截

动作方法：以左脚掌为轴，身体向右后转 180°，右脚向前移步，成前行步站立；同时，右拳下截，左拳收于腰间。

10. 左前蹬冲拳

动作方法：右脚支撑，左腿屈膝上提，以膝为轴由屈到伸向前上方踢击；两臂屈肘自然置于体侧，左脚放松前落，成左弓步，同时，左拳向前内旋平冲，右拳收于腰间。

11. 左转身上架

动作方法：以右脚掌为轴，身体左转 90°；同时，左脚向前移步，成前行步站立；随即，左臂屈肘上架，横置于额前，右拳收于腰间。

12. 进右步上架

动作方法：右脚向前进一步，同时，右臂自下而上屈肘上架，横置于额前，左拳回收于腰间。

13. 左后转身内格

动作方法：以右脚掌为轴，身体向左后转 270°；同时，左脚向前移步；随即，右臂屈肘向内格挡。

14. 右后转身内格

动作方法：以左脚掌为轴，身体向右后转 180°，右脚向前移步；左臂屈肘向内格挡，右拳收回腰间。

15. 右转身下截

动作方法：以右脚掌为轴，身体左转，同时，左脚向前移步；即左臂向左下截击，右拳收于腰间。

16. 左前踢冲拳

动作方法：左脚支撑，右腿屈膝上提，以膝关节为轴由屈到伸向前方踢击；两臂屈肘置于体侧。右脚放松前落成前行步；同时，右拳向前内旋平冲，左拳收于腰间。

17. 左前踢冲拳

动作方法：右脚支撑，左腿屈膝上提，以膝关节为轴由屈到伸向前上方踢击；两臂屈肘自然置于体侧。左脚放松前落成前行步站立；同时，左拳向前内旋平冲，右拳收于腰间。

18. 右前踢冲拳

动作方法：右脚放松前落成前行步站立，右拳同时向前内旋平冲，随即冲拳大喝。左脚支撑，右腿屈膝上提，膝为轴由屈到向前上方踢击；两臂屈肘自然置于体侧。

第四节　比 赛 规 则

跆拳道比赛是由一名主裁判员在场上主持，其他四名边裁判员根据运动员的技术使用情况负责评判并打分。

一、行礼

比赛开始前，双方运动员互相敬礼以表示尊重。场上裁判发出“准备（Joon-bi）”和“开始（Shi-jak）”后，比赛正式开始。

二、比赛时间

跆拳道比赛分为3局，每局2分钟，局间休息1分钟。蓝方和红方选手使用规则允许的技术动作努力击败对手。比赛结果根据双方运动员3局的得分总和来计算，得分多者为胜者。

三、允许攻击的部位

跆拳道竞赛规则允许攻击的部位只有两个，一是头部，二是躯干。在对抗中，允许使用拳和脚的技术攻击躯干被护具包裹的部分，但禁止攻击后背脊柱。允许使用脚的技术攻击对手头部，但不能攻击对手的后脑部位。即可以用脚踢击对手头部和被护甲包裹的躯干部位，但不能用脚踢击对方后脑部分，同时禁止用拳击打头部。运动员可以使用拳的技术击打被护甲包裹的躯干的前面和侧面部位。

四、得分

在比赛中，用脚踢击对手躯干部位一次只能得1分，而用脚击打上对手头部则可以得2分；如果击倒对手，裁判员读秒后再加1分。因此，虽然用脚踢技术击打上对手头部的难度比较大，但许多运动员在比赛中还是千方百计地使用脚击打头部的技术，以尽可能多得分。

五、如何判断得分

在比赛中，判断一名运动员是否得分，关键要看运动员的技术是否准确、被允许、有力及有效。跆拳道赛场上加油声、呐喊声总是不断，判断一方运动员是否得分，可以看双方运动员的进攻和反击时的动作，并随时看一下计分板；一个运动员如果得分了，在1秒钟内裁判员会按压手中的采分器，该运动员的得分也就及时公布在计分板上了。

六、警告和扣分

跆拳道规则对运动员倒地的判罚比较严厉。一般来说，运动员故意倒地就有可能被裁判员判罚一个警告。但如果是意外滑倒和被对手重击倒地或是技术性倒地（即在使用动作时无法控制身体平衡而倒地）则不被判罚。如果一名运动员被对方合理技术击中而身体摇晃或摔倒（一般是被击中头部），裁判员要数秒数到八。如果数到八时，该运动员站起来表示能继续比赛，则比赛继续进行；如果运动员没有站起来，则另一方赢得比赛。

在比赛中，如果一方采用搂抱、推拉对手、消极逃避比赛，用肘、膝顶击对手，摔倒对手、故意用拳攻击对手面部等犯规动作，则会被判罚警告或扣分（一个扣分扣1分）。

场上的教练员打断比赛进程或使用过激言语、行为，严重违犯体育道德也会被主裁判警告或扣分。如果一名运动员累计被扣掉4分，则要被判“犯规败”，也就意味着输掉了这场比赛。在一场比赛中，如果双方打满3局而出现平分的情况时，要进行加时赛。加时赛实行“突然死亡法”，即先得到1分的一方获胜。比赛结束后，运动员在比赛区域内相对而站，听到裁判员的口令后互相行礼，等候裁判员的判定。裁判员举起哪一侧的手臂，就说明哪一侧的运动员获胜。

第十九章　游　　泳

知识目标

1. 进行水中行走练习，熟悉水性；
2. 了解呼吸练习和浮体练习方法；
3. 掌握蛙泳和仰泳的游泳技术动作。

素养目标

1. 提高身体的适应性和免疫力；
2. 增强身体的协调性、灵敏性和耐力。

第一节　熟悉水性

由于水的环境与人们所习惯的陆上环境不同，想要学会游泳就必须先熟悉水性。熟悉水性是通过各种熟悉水性的练习逐步达到的，通常采用“水中行走”“浸水”“呼吸”“浮体和站立”“水中滑行”等练习。初学者通过这些练习体会水的阻力、浮力、压力等特性，消除怕水心理，逐步适应水的环境，并掌握游泳中的一些最基本的动作（如浮体、呼吸、滑行和站立等），为以后的学习和掌握各种游泳技术打下基础。

一、水中行走练习

熟悉水性教学手段之一，是初学者在浅水中进行各种方向、各种方式和速度的行走练习，目的是让初学者体会水的阻力和浮力，初步掌握身体在水中维持平衡的方法，初步消除怕水心理。

（一）练习方法

扶池边或分道线行走；扶池边或分道线跳跃；水中行走；水中跳跃走。

（二）练习提示

在做以上练习时，可结合游戏（如转圈跳舞、水中接力、撒网等），以提高学习兴趣，并且应先动作小、速度慢，再过渡到动作大、速度快，要始终维持身体的平衡。

二、呼吸练习

熟悉水性教学手段之一，游泳时的呼吸与陆地上习惯的呼吸方法不同，游泳时呼吸是用口和鼻进行的，当口露出水面时，马上张大口吸气，吸气要快，吸气后稍闭气，然后在水中用鼻（或口）呼气。呼吸练习的目的是使初学者掌握游泳呼吸的方法，尤其是用口吸气的方法，并进一步消除怕水心理。呼吸练习时，初学者开始不习惯用口吸气，而用鼻吸气导致呛水。可先用手捏住鼻子或用鼻夹，强制用口吸气，帮助体会动作；也可利用脸盆盛水练习呼吸动作。

（一）练习方法

（1）水中憋气：在水中两手扶住池边、分道线或抓住同伴的手，先深吸一口气，然后把头埋入水中憋气，憋不住时迅速站立抬头。憋气的时间应由短到长，直至能尽量憋较长的时间。

（2）水中呼吸：在水中两手扶住池边、分道线或抓住同伴的手，把头埋入水中憋尽量长时间后，用口、鼻慢慢呼气，直至将身体的气呼尽，迅速抬头用嘴吸气。

（3）韵律呼吸：在水中扶住固定物（池边、分道线或同伴的手等），先自然吸气，接着将头没入水中，憋气后呼气，抬头出水用嘴吸气；再入水、憋气、呼气，如此反复。

（二）练习提示

呼吸是初学者练习的重点，应贯穿教学的始终。正确的游泳呼吸是用嘴吸气，用嘴或鼻呼气。

三、浮体练习

熟悉水性教学手段之一，练习目的是体会水的浮力，学会控制身体在水中的平衡能力和在水中站立的方法，进一步消除怕水心理，提高学会游泳的信心。

（一）练习方法

（1）扶固定物团身漂浮练习：在水中两手扶住池边、分道线或抓住同伴的手，先深吸一口气，然后把头埋入水中憋气，同时团身，使身体尽量放松，自然地漂浮于水中。呼气后，站立用嘴吸气。在此基础上，可两人或多人手拉手同时做团身漂浮练习。

（2）扶固定物展体漂浮练习：在水中两手扶住固定物（池边、分道线或同伴的手）等，吸气后把头没入水中憋气，同时团身，全身放松，使身体自然漂浮于水上（同伴可扶其肘部帮助漂浮起来），然后展开身体。呼气后，站立用嘴吸气。在此基础上，可两人或多人手拉手同时做团身再展开漂浮练习。

（3）抱膝漂浮练习：站立在水中，深吸气后，下沉憋气低头抱膝，大腿尽量靠近胸部成低头抱膝团身姿势。身体要尽量放松，自然地漂浮于水中。呼气后，两臂前伸向下按水并抬头，同时两腿伸直向下踩，成站立姿势。

（4）展体漂浮练习：站立水中，深吸气后，下沉憋气低头抱膝，放松漂浮于水中后展开身体；或两臂放松向前伸直，深吸气后身体前倒并低头，两脚轻轻蹬离水底，成俯卧姿势漂浮于水面，臂、腿自然分开，全身放松，身体充分展开。呼气后，两臂前伸向下按水并抬头，同时两腿伸直向下踩，成站立姿势。

（二）练习提示

漂浮练习尽量把头浸入水中，以便学习后面的动作。站立时，迅速收腹、收腿，两手快速向下按压水，同时两腿向下伸，成站立姿势。练习时，只要憋住气，放松四肢，身体自然会漂浮起来。

四、滑行

滑行是进一步体会水的浮力，掌握在运动过程中如何维持身体平衡的姿势。滑行时，臂和腿自然伸直，身体放松成流线形，要尽量延长憋气时间和滑行距离。

（一）练习方法

（1）同伴扶手滑行练习：手臂放松，扶住同伴的手，头没入水中憋气，身体展开漂浮在水面，全身放松。同伴拉练习者的手倒退走，使其体会滑行动作。在此练习基础上，可放开练习者的手，使之自己滑行漂浮，但要注意安全。

（2）池壁滑行练习：背向池壁，双臂伸直并贴近双耳，或一手扶住池边缘，一臂前伸；一脚站立，另一脚触抵池壁。深吸气后低头，上体前倾成俯卧姿势，支撑腿迅速屈膝上提将脚贴在池壁上，臀部尽量提高并靠近池壁。双脚用力蹬池壁，身体充分伸展、放松，成流线形向前滑行。在此基础上也可做蹬底滑行练习，体会在滑行中如何保持身体平衡。

（二）练习提示

滑行练习是熟悉水性的重要内容，应反复练习。在做蹬池壁练习时，应尽量增大腿部力量，以增加滑行距离。两腿和手臂尽量合拢，以保持身体的流线形。

第二节 蛙 泳

蛙泳有很多优点，例如，呼吸节奏容易掌握，游动小，容易观察和判断游动方向，每个动作周期结束后都有短暂的滑行放松时间，但是，蛙泳的臂、腿变化方向较多，其内部技术结构是四种泳姿（洼泳、自由泳、仰泳、蝶泳）中最为复杂的。由于运动员在水下移臂和收腿会给前进带来很大的阻力，使行进速度下降，所以它是四种泳姿中速度最慢的一种。

一、蛙泳技术

（一）身体姿势

身体俯卧，保持自然伸直，收腹塌腰成流线形。手臂向前伸直，掌心向下，头置于两臂之间，两腿并拢，如图 19-1 所示。身体纵轴与水平面的夹角变化区间为 5°～15°。当吸气时，下颌露出水面，肩部升起，身体与水平面的角度增大到 15°。在吸气后，头没入水中，提臀夹腿，此时臀部高于肩膀。蛙泳动作的分解如图 19-1 所示。

图 19-1　洼泳动作的分解

（二）腿部动作

蹬腿是蛙泳推进力的主要来源之一，可分为收腿、翻脚、蹬夹腿和滑行四个阶段，且这几个阶段应连贯。两腿动作对称进行，收腿为蹬伸做准备，翻脚是收腿的结束和蹬夹腿的开始。

（1）收腿：收腿是把腿收到最有利于蹬水的位置。首先屈膝，由大腿带动小腿前收，前收的同时两腿逐渐分开。两脚和小腿在大腿正面投影截面内，两脚后跟尽量向臀部靠近。收腿后，大腿与躯干成 120°～130°，两膝分开最大时与肩同宽。

（2）翻脚，两膝内扣，两脚外转，脚尖向外，使脚和小腿内侧对好水面方向，小腿离开大腿的投影截面。翻脚结束时，两脚之间的距离大于两膝之间的距离。

（3）蹬夹腿：翻脚后，大腿发力向后伸出，通过伸髋、伸膝、伸踝，以大腿、小腿的内侧面和脚掌快速地做弧形蹬夹动作。蹬腿结束后，两腿并拢伸直。蹬夹腿时，双膝间的距离保持不变。

（4）滑行：蹬夹腿结束后，借助夹腿产生的推力向前滑行，此时双腿并拢，收腰，身体成流线形且保持较高位置，以减少迎面阻力，并为下一轮动作做好准备。

（三）手臂动作

手臂动作与腿部动作协调运动，可以使游动更加省力，而且能提高游动速度。手臂动作可以分解为抓水、划水、收手和伸臂四个阶段。

（1）抓水：由两臂前伸滑行开始，两肩关节略内旋，掌心转向斜下方对准划水方向，稍勾腕，成准备划水姿势。

（2）划水：划水开始，两臂慢慢分开，当两臂夹角为 40°～45°时，手臂向外旋转，形成屈臂高肘划水，之后向两侧、后方、后下方划水，直至两臂之间角度为 120°时，划水结束准备收手。肘关节弯曲的角度随着划水的进行不断减小，到划水即将结束时，肘关节弯曲的角度约为 90°。

（3）收手：当两臂之间角度为 120 度时，靠肘伸肩。手臂开始向里、向上运动，掌心由向后转向内，收到头部下方。整个收手过程要快速、圆滑地完成。收手结束时，肘关节低于手，上臂与前臂成锐角。

（4）伸臂：两臂从头下同时向前伸出、伸直，掌心由向内转为向下。

（四）手臂、腿和呼吸配合技术

蛙泳的手臂、腿和呼吸配合一般是蹬腿一次，划臂一次，呼吸一次。由于腿、手臂和呼吸的配合时间不同，形成不同的技术特征。

一般的配合技术是：两臂做抓水和划水动作时，抬头吸气，腿自然伸直。收手的同时收腿，手开始向前伸，收腿结束翻好脚掌。当伸臂动作进行到胸口时，做好夹腿动作，然后滑行吐气。

二、练习方法

蛙泳练习的顺序是先练腿部动作，后练手臂动作和呼吸方法，再练臂腿配合和完整动作配合。

（一）腿部动作练习

俯卧长凳上，前臂支撑上体，按照收、翻、蹬夹和停四拍分解练习。练后将四拍合为一拍，一次完成腿部的整套动作。之后俯卧池边感觉腿在水中所受阻力，做腿部动作的练习时注意收腿角度及翻脚和蹬腿的路线。

在水中双手抓池边，在同伴帮助下做腿部练习，着重感受大腿、小腿、膝盖和脚的运动轨迹。熟练之后，用脚蹬池壁滑行，做腿部练习。腿部动作如图 19-2 所示。

（二）手臂和呼吸动作练习

在岸上成站立姿势，上体前倾。两臂前伸并拢，掌心朝下，按照抓水、划水、收手和伸臂四拍分解练习，熟练后将四拍合为一拍，一次完成手臂的整套动作，如图 19-3 所示。手臂动作熟练后，配合呼吸，再做练习。

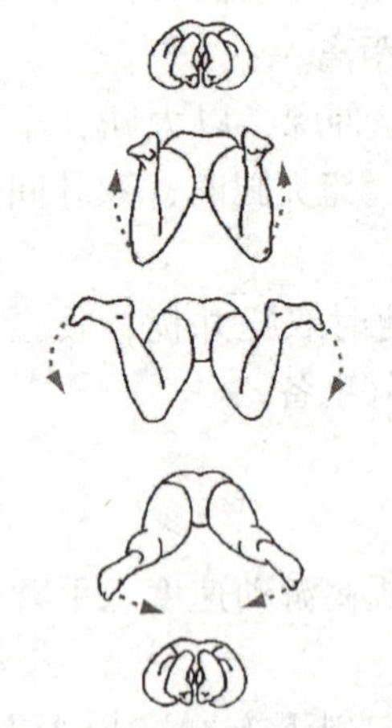

图 19-2 蛙泳腿部动作

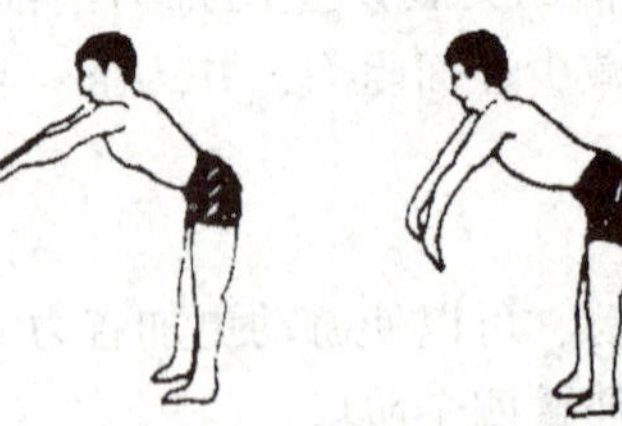

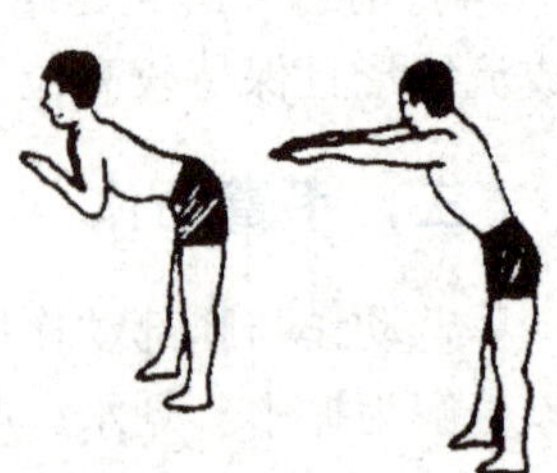

图 19-3 在岸上做手臂练习

站在齐腰深的水中做手臂动作练习时，弯腰将上体没入水中，做手臂与呼吸配合练习，划水不要用力，重点体会划水路线，如图 19-4 所示。熟练后由同伴抱住大腿或用大腿夹住浮板做手臂与呼吸的配合练习。

图 19-4 在水中做手臂练习

三、常见的错误动作及纠正方法

（1）收腿之后没翻脚。在陆上练习时，收腿之后着重体会翻脚的感觉；在水中练习时，强制性地做翻脚动作。

（2）蹬腿时两膝距离变大，展得过宽。在做水中的腿部练习时，由同伴帮助保持两腿间距离，矫正不良姿势。

（3）做蹬夹腿动作时只蹬不夹。在脚蹬出去，两膝未伸直之前，就应积极向内夹水。

（4）划水时注意划水时的动作要领，开始划水时前臂内旋并降手腕，划水时肘部应高于手，形成低臂高肘。

（5）吸不到气或吸气时喝水。由于在水中未吐气或气未吐尽，在抬头出水后有吐气动作，吸气时间不够，造成吸不到气或喝到水。练习者可加强水中原地的手臂与呼吸配合练习，要在出水瞬间将气吐尽。

第三节 仰 泳

仰泳是人体呈仰卧姿势在水中进行游泳的一种姿势。仰泳的实用性强，适宜在水中拖运物体，救护溺水者。

仰泳包括反蛙泳和爬式仰泳（简称反爬泳）。反蛙泳是最早出现的一种仰泳，动作近似蛙泳，而身体姿势与蛙泳相反。爬式仰泳的动作与自由泳的动作大致相同，即面朝上两手臂轮流划水，两腿上下交替打水。反蛙泳与爬式仰泳相比，游动时相对费力，而且游动速度较慢，因此在游泳比赛中仰泳项目均采用爬式仰泳泳姿。

一、爬式仰泳技术

（一）身体姿势

身体自然伸展，仰卧呈流线形，头和肩部稍高，腰腹和腿部保持水平，身体纵轴与水平面成 5°~7°。

由于头部在游泳过程中起到掌握方向的作用，所以要求头部稳定，始终保持正直姿势，躯干以身体纵轴为基准，随着两臂的轮流划水动作而自然转动。仰泳动作的分解如图 19-5 所示。

（二）腿部动作

腿部动作是保持身体高平仰姿、控制身体摇摆和产生推力的主要因素。仰泳腿部动作的重点可概括为“上踢下压”，即“屈腿上踢、直腿下压”的鞭打动作。腿部动作分解如图 19-6 所示。

图 19-5　仰泳动作的分解

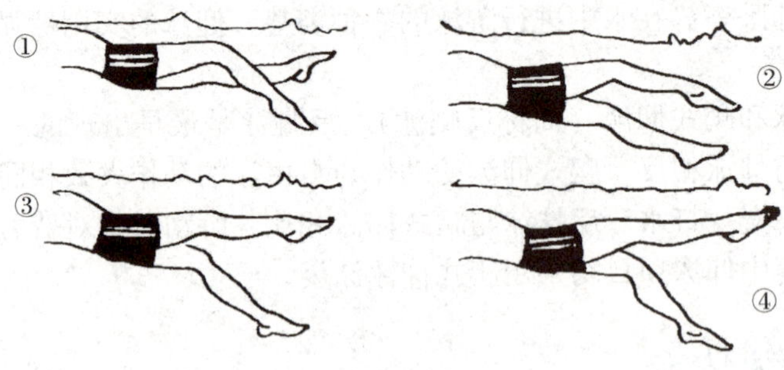

图 19-6　仰泳腿部动作分解

1. 上踢

以关节为支点，其中一条腿（以右腿为例）由大腿发力带动小腿，稍向下移动后用力上踢，此时膝关节微屈，成 130°~140°角，膝关节伸展，脚向内转，动作要有力；上踢高度要适中，膝关节不要露出水面，两脚跟的上下距离为 40~50 厘米。此时左腿向下移动，准备上踢。

2. 下压

向下打水时，右腿膝关节自然伸直，用力下压，此时脚尖稍向内旋，以加大压水面积。右腿下压的同时，左腿上踢。

（三）手臂动作

手臂动作要双手配合运动，可分为入水、抱水、划水、推水、出水和空中摆臂六个阶段，这几个阶段是连贯的。

1. 入水

左臂入水时保持伸直状态，肩关节外旋，手的小指朝下，拇指朝上，掌心向外，手与前臂之间的角度为150°~160°，入水点在肩延长线与身体纵轴之间；同时从右向后下方做推水动作。

2. 抱水

当左臂切入水中后，利用移臂的惯性使手臂向外侧下滑并向上、向身后转动，肩部内旋，使手和小臂对好划水方向，同时开始屈臂至150°~160°，使手掌和前臂大划水，配合上体转动成抱水姿势。

3. 划水

右臂提出水面，当左臂下滑至与身体纵轴成40°~50°角时开始屈臂划水，手后划的速度要快于肘。划水至肩侧时，手距水面约15厘米，臂角度大约为90°，这时脚的方向做推水动作。

4. 推水

肘关节将靠近体侧时，向后下方自然下压，肩关节向上提，同时内旋，以肩为轴按由下至上再向下的S形划水路线划动。左臂靠近大腿旁时结束划水。同时，右臂在空中沿肩线上方做圆周运动，当左臂结束划水时，右臂正好入水。

5. 出水

划水结束后，借助手掌下压的反作用力，手背朝上，以肩带动上臂和前臂，将左臂立即提出水面。同时，右臂入水后，做抱水动作。

6. 空中移臂

左臂出水后沿肩线上方做圆周运动，移动过程中保持手臂伸直。右臂做划水运动，左臂入水时，右臂出水。

（四）双臂配合

一般情况下，当一臂出水时，另一臂刚好入水；当一臂处于划水中段时，另一臂在空中移臂至一半。在整套臂部动作中，两臂几乎都处在完全相反的位置上，这样配合能保证动作的连贯性和速度的均匀性。

（五）臂、腿和呼吸的配合

1. 臂与呼吸的配合

一般情况下是两次划水一次呼吸，即以一只手臂为标准，开始出水移臂时吸气，其他阶段再慢慢呼气。高速游进时也有一次划水一次呼吸的技术。需要注意的是，呼吸过于频繁会导致动作紊乱。

2. 腿、臂配合技术

在划水过程中，腿的上踢和下压动作要保持身体的平衡与协调，避免身体的过分转动和臂部下沉。

现代仰泳技术采用6次打腿、2次划臂的配合，也有少数人采用4次打腿、2次划臂的配合。仰泳6次打腿、2次划臂的动作配合如表19-1所示。

表19-1 仰泳6次打腿2次划臂的动作配合

手臂动作		腿部动作	
右臂	左臂	右腿	左腿
抱水	出水移臂开始	上踢	下压
划水	移臂中间	下压	上踢
推水	移臂结束入水	上踢	下压
出水移臂开始	抱水	下压	上踢
移臂中间	划水	上踢	下压
移臂结束入水	推水	下压	上踢

二、练习方法

仰泳练习的顺序是先练腿部动作，后练手臂动作和呼吸方法，再练臂腿配合和完整动配合。

（一）腿部动作练习

在岸上单脚支撑站立，另一条腿向后伸并以大脚趾着地。以大腿带动小腿发力，注意膝盖弯曲角度，然后大腿带动小腿直腿后压。双腿交替练习。最后坐在池边做腿部的模仿练习，熟悉打水的感觉并掌握动作要领，逐渐加快打水频率。

在水中做腿部练习时，可以双手反抓池槽，身体仰浮于水中，按照动作要领，做腿部打水动作。也可以保持身体纵轴与分道线成平行状态，一只手抱住分道线，还可以抱住浮板仰卧滑行，平稳之后，练习腿部动作。

（二）臂部动作练习

仰卧在长凳上，先做单臂的要领练习，熟练之后做双臂配合呼吸的练习。之后在水中由同伴抱住大腿或大腿夹住浮板做双臂与呼吸的配合练习。

（三）完整动作配合练习

在岸上保持站立姿势，将腿部和臂部的动作协调起来，熟悉其运动规律。熟练后再配合呼吸进行练习。之后在水中仰浮滑行，一臂放体侧，另一臂做臂部练习。熟练后做双臂的配合练习，最后配合呼吸，做完整动作练习。注意做臂部练习的同时，两腿要不停地打水。

三、常见的错误动作及纠正方法

（1）害怕呛水抬高头，导致身体没有展平。身体应自然平直地仰卧水中，将下颌抬高，两耳没入水中。

（2）大腿动作过大，关节露出水面，将踢水动作做成挑水动作。在做腿部练习时应控制大腿运动的幅度。

（3）打腿频率较慢，导致划水时身体下沉。练习者应在划水时积极打腿。

（4）移臂时肘关节弯曲。当划水结束时将手紧靠大腿。

第二十章 冰雪运动

知识目标

1. 了解滑冰运动的分类；
2. 了解滑雪运动的分类；
3. 了解冰壶运动的比赛规则。

素养目标

热爱大自然，热爱冰雪运动，养成健康运动的习惯。

第一节 滑 冰

一、滑冰运动简介

早在宋代，我国就已经有了滑冰运动，不过，那时不叫滑冰，而称为“冰嬉”。根据《宋史》记载可知：皇帝“幸后苑，观冰嬉”。这项“冰嬉”运动延续几个朝代经久不衰，到了清朝已经成了民间普遍的文体娱乐活动。

现代滑冰运动兴起于欧洲。13 世纪中叶，一种安装在木板上的铁质冰刀在荷兰出现。因为这种冰刀比绑在鞋上的兽骨滑行速度快了很多，所以迅速盛行于欧洲。1572 年，苏格兰人制造了第一双“全铁制冰刀”，这是现代冰刀的起始标志。17 世纪中叶，英国国王查理二世将滑冰引入英国的上流社会，为滑冰运动的蓬勃发展奠定了坚实的基础。1850 年，美国人布什内尔制造了第一副钢制冰刀，滑冰运动从此揭开了新的篇章。19 世纪末，滑冰运动传入中国。

二、速度滑冰

速度滑冰是一项较量滑行速度的冰上体育运动。速滑项目按照国际滑冰联盟的规定可分为短距离、中距离、长距离和全能四种，每种均分男女组。

速度滑冰是一项能让人类不借助于外力在冰面上达到最快速度的体育项目，奥运冠军的最快速度可以超过 60 千米/小时。比赛在周长 400 米的跑道上进行，分内、外两道。比赛时每组 2 人，同时滑跑，每滑 1 圈交换 1 次内、外道。

（一）速滑跑道

标准速滑跑道是由两条直线跑道连接两条弧度为 180°的半圆式曲线组成的封道，最大周长为 400 米，最小周长为 333.33 米。国际比赛应在 400 米周长的跑道上进行，其直线跑道长为 111 米，跑道宽为 5 米，内跑道的内圈半径为 25 米，外跑道的内圈半径为 30 米。

假定跑道为南北方向，终点应设在西南角，东边直线跑道为“换道区”。跑道分界线应用宽 10 厘米、高 5 厘米严密整齐的雪砌成。除换道区无雪线外，其余均应堆砌雪线，但不使雪线冻结在冰面上。如无雪，可将宽 5 厘米、长 10 厘米、高不超过 5 厘米的橡皮、木块或其他合适的物质涂上协调颜色代替雪线。起点线、边线、起跑预备线、终点线前 5 米每隔 1 米的标线均为蓝色，终点线为红色，线宽均为 5 厘米。

（二）速滑装备

速滑装备包括冰刀、冰鞋和服装。

速滑冰刀是由刀刃、刀身管、前小刀托、前大刀托、前托盘、后刀托和后托盘等部分组成。现代高级速滑冰刀刀刃多由优质高碳钢制成，其他部分由轻合金制作。速滑冰刀的特点是：刀身比花样滑冰冰刀高、比冰球刀低，刀身比这两种刀长，刀刃比这两种刀薄而轻，刀刃平，与冰面接触距离长，可保持滑行的良好直线性。

速滑冰鞋选用优质厚牛皮缝制，为半高腰瘦长形，鞋跟部为坚硬式，以包围和固定脚跟。鞋底为硬皮，冰刀以螺钉或铆钉固定在鞋底上。一般运动员冰刀与冰鞋的匹配长度是：从鞋尖到刀尖为 8~9 厘米，从鞋跟到刀跟为 5~6 厘米。由于两只刀的刀刃在滑跑中使用的程度不同，加之弯道滑跑时身体向左倾倒，所以两脚冰刀与鞋固定的位置也不同。一般右脚冰刀将冰刀尖装于右脚大脚趾正下面，冰刀后跟位于鞋跟的正中间，左脚冰刀将冰刀尖装于左脚大脚趾与二脚趾中间，冰刀跟位于鞋跟中间。

速滑服装应具备保暖、轻便等特点。速滑运动员的比赛服均为尼龙紧身运动服和连体服。连体服是帽子、上衣、裤子、袜子连成一体，具有轻便、紧身、阻力小、动作灵活等特点，为保暖需穿贴身的棉毛内衣。

（三）速滑比赛规则

运动员必须按逆时针方向滑跑。内道起跑的运动员，滑行到换道区时应换到外道滑跑，外道运动员要换到内道。在换道区争道时，出内弯道运动员要主动让道。起跑时，在“各就各位”口令下达后，运动员要在起跑线与预备线之间静止站好；“预备”口令下达后，立即做好起跑姿势，鸣枪前不准活动，保持静止，枪响后即起跑。

在弯道滑跑中，冰刀不准切入雪线。在比赛过程中，运动员可随时超越对手，但如采用不法手段，如故意推挤其他对手、偷跑、滑出跑道等都会被取消比赛资格。运动员的冰刀触及终点线，才算到达终点。

运动员在比赛中因不属于自身的原因而影响了正常滑跑或摔倒时，经裁判长允许，可以休息30分钟后重新参加该项比赛，但因冰场不洁或冰刀损坏，则不能重新比赛。

（四）速滑技术

（1）直道滑行技术。直道滑行技术是速滑的基本技术。合理的滑行姿势应是：上体放松成背弓的流线形姿势，上体倾至几乎与冰面平行或肩背略高于臀部，与冰面形成10°~25°角，上体要充分放松，团身，两肩下垂，头部微抬起，目视前方10~20米；腿部要成低姿势，即大腿深屈，膝关节角度为90°~110°，踝关节角度为55°~75°，髋关节角度屈至45°~50°，并使身体重心线从后背下部穿过大腿，经过膝盖后与脚的中后部相接。

直道滑行，关键在于能够掌握适宜的蹬冰时间。冰刀切入冰面，获得牢固支点，同时即应开始蹬冰，最大用力蹬冰，应在两腿交接体重的刹那间完成。为了利用体重蹬冰，倾倒时体重应牢牢压在支撑腿上，不要过早交接体重。收腿动作要利用蹬冰后的弹力立即放松后腿，积极靠拢支撑腿，不要有停顿和后引的动作。下刀动作应注意膝关节领先，与前进方向一致，向前提拉要快，着冰后动作要轻巧。

（2）弯道滑行。滑跑弯道与滑跑直道有着显著不同的滑跑姿势。在圆周运动中，运动员要想沿着弯道快速、有效地滑行，使滑跑姿势既能保持力的平衡，又能利用弯道（离心力）增加滑跑速度，则整个身体必须取较大程度向左倾斜流线形滑跑姿势，并以交叉步方式完成弯道滑跑。其主要动作要求是：进弯道时，右脚最后一步要进入直道和弯道交接处，深入程度以天气、冰质、风向、项目等情况而定。左腿紧贴右脚下刀，指向切线方向，着冰时脚尖开始逐渐顺送，用外刃紧紧咬住冰面，左肩与新的切线方向一致，不要扭腰摆臀。收腿动作在蹬冰后即放松，积极向支撑腿方向提拉，膝关节领先，以利于形成前弓角度。在浮腿收回过程中促进身体向左倾倒，两腿成边收边蹬形式。蹬冰方向，两脚要有“侧送蹬”感觉，上体纵轴与浮脚着冰方向一致。

（3）起跑技术。起跑姿势按运动员站立姿势分为正面起跑和侧面起跑，其中正面起跑包括正面点冰式起跑、丁字式起跑。

①正面点冰式起跑。前脚冰刀与起跑线成45°角，刀尖切入冰面，刀跟抬起保持稳定不动。后刀用平刃或内刃置于冰面，两刀间距略大于髋，两刀开角在90°~120°，后刀刀刃应牢牢咬住冰面，以便起动时后脚冰刀快速发力。上体直立，两臂自然下垂，目视前方，体重大部分落在后腿上。

②丁字式起跑。丁字式起跑方法与点冰式起跑基本相同，其主要区别在于：丁字式起跑两冰刀是以平刃在冰上支撑站立，重心位于两冰刀中间，即体重较均匀地置于两腿；重心略有前移，但不能将体重大部分移至前脚冰刀，否则将因重心过分前移而出现冰刀滑动现象。目前，使用新式冰刀比赛时，通常采用丁字式起跑姿势。

③侧面起跑。两刀平行，与起跑线成一定角度的侧向站立，这种姿势在20世纪五六十年代曾被广泛采用。

（4）起动技术。起动是指浮腿向前摆动迅速跨出着冰，后腿快速用力蹬离冰面。其动作要领如下：迅速向前上摆动浮腿，并使前脚冰刀尽量外转。身体重心偏前，成前冲姿势，快速用力蹬直后腿，两刀抬离冰面，身体有一个腾空阶段。两臂配合腿的蹬踏动作，屈肘做小幅度快速摆臂。髋要随重心移动而前送，外转的前脚冰刀以内刃踏切动作迅速着冰，并使刀跟落于前进方向的中线上。

（5）疾跑技术。疾跑技术有切跑法、滑跑法和扭滑法三种。在长距离比赛中多用滑跑法，中短距离比赛多用切跑法和扭滑法。

①切跑法。切跑法适合于腿部力量较强、灵敏性较好的运动员，其优点是起速快，形成的加速度大。缺点是消耗体力大，疾跑过渡到途中滑跑的衔接技术不易掌握。

②滑跑法。滑跑法对于灵敏性较差、腿部肌力较弱的新手较为适宜。其优点是起滑稳定，消耗体力较小，疾跑与途中滑跑之间的衔接较容易掌握。缺点是起速较慢。

③扭滑法。扭滑法是切跑法和滑跑法的结合体，具有前两种方法的优点，克服了前两种方法的缺点，是一种效果较好的疾跑方法。

现代优秀速滑运动员起跑，通常不用单一的起跑法，而是将三种方法融为一体，即前1~3个复步用动作灵活性较高的踏切方式疾跑，而后转入扭滑式，当达到一定的滑速后转入滑跑法。这种综合起跑法既有利于起速，也有利于衔接过渡，又能节省能量，起跑效果很好。

三、短道速滑

短道速滑的全名是短道速度滑冰，是一种在冰上竞速的运动。短道速滑于1992年列为冬奥会正式项目，通常设8个小项，分别为：男子500米、女子500米、男子1000米、女子1000米、男子1500米、女子1500米、男子5000米接力、女子3000米接力。

（一）场地设施

短道速度滑冰比赛一般在室内冰球场上进行，比赛场地的大小为30米×60米，使用椭圆形、周长为111米的跑道，直道长28米，直道宽不少于5米，弯道半径为8米，弯道弧顶标志物到界墙的距离不少于4米。

（二）短道速滑的装备

短道速滑的冰刀，其刀体短，刀刃弧度大，与冰面接触面积相对小，转弯半径小，适于短跑道的滑行。短道速滑冰鞋的鞋帮较高，支撑性较好，但是灵活性稍差，这是因为短道速滑场地较小，弯道半径小，滑行过程中离心力较大，为了保证弯道高速滑行，弯道滑行时需要更大的倾倒角度，所以对踝关节稳定性要求很高。

（三）短道速滑比赛规则

短道速滑比赛采用淘汰制，以预赛、次赛、半决赛、决赛的比赛方式进行。4~8名运动员在一条起跑线上同时起跑，预赛站位通过抽签决定，之后进行的比赛站位由上一场比赛的成绩决定，排名第一则站第一道，以此类推。比赛途中在不违反规则的前提下运动员可以随时超越对手。运动员必须戴防护头盔和防护手套，身穿防切割服参加比赛。

短道速滑比赛是一项多轮淘汰赛，每轮比赛的前两名晋级下一轮，直至决赛。短道速滑比赛中超越非常困难。超越通常发生在直道的外道，如果领先者留下很大的空隙，也可能在弯道的内道完成。比赛中经常会出现摔跤现象，结果可能导致相当数量的申诉和取消资格。接力比赛由4名队员按预先确定的顺序依次完成，每棒要滑一圈半或者两圈。接力交接棒由一名队员推动另一名队员完成。在队员滑行过程中，其余 3 名队员在赛道的内侧等待。

（四）短道速滑技术

（1）直道滑行技术。短道速度滑冰采用流线形的蹲屈姿势，上体前倾，髋、膝、踝三关节处在屈的状态。躯干纵轴线与支撑大腿纵轴线之间的夹角称“髋角”，为 45°~75°；支撑大腿的纵轴线与支撑小腿纵轴线之间的夹角为“膝角”，为 90°~110°；支撑小腿纵轴线与水平线之间的夹角称“踝角”，为 50°~90°。短道速滑运动员的滑跑姿势一般要根据滑跑的项目（距离）、战术需要和运动员的技能水平来决定。一般情况下，滑跑距离较长、运动员技能水平较差及战术需要时，比赛的前半程可以采用较高的姿势滑行；滑跑距离较短、运动员技能水平较高时，可以采用较低的滑跑姿势。在直道滑行过程中，短距离项目采用双摆臂，长距离项目采用单摆臂的较多，单摆臂时摆动右臂。短道速度滑冰的摆臂动作幅度相对较小，摆动时两臂以肩关节为轴，辅以屈伸肘关节的动作完成前后自然摆动的动作。手半握拳前摆至颌下，后摆至与躯干平行。摆臂的方向应以与躯干的纵轴线成 40°角为宜。摆臂动作的节奏、速度要与蹬冰腿保持一致，臂、腿的配合动作是蹬冰腿的同侧臂向前、异侧臂向后摆动。

（2）弯道滑行技术。弯道滑行是短道速度滑冰最重要的技术部分，既要保持高速滑行，又要扣住 8 米半径的弯道。在弯道滑行的区段也是体现战术意图的重点区域。弯道滑行时髋、膝、踝三关节保持屈的状态。在弯道滑行过程中，身体始终向圆心倾斜，并保持鼻与支撑腿的膝关节、刀尖处在同一纵轴平面上。倾斜的幅度较大，蹬冰角在 30°~40°。右臂前后摆动，左臂自然下垂，手指轻触冰面，身体重心的位置以落在冰刀的中部为宜。

（3）起跑技术。起跑是短道速度滑冰运动全程滑跑的组成部分，是获得滑跑速度以及实现战术的重要因素。起跑一般包括起跑预备姿势、起动和疾跑三个动作阶段。

①起跑预备姿势。短道速度滑冰常采用正面点冰式起跑。

②起动。当发令员鸣枪后，运动员在起跑预备姿势的基础上，重心向前移动。前点冰腿快速抬离冰面，展髋和外旋踝关节；后腿利用冰刀内刃向后方快速用力蹬伸；蹬冰腿的同侧臂向前屈肘快速摆动，异侧臂快速向后摆动，完成起跑动作。

③疾跑。疾跑过程中运动员要保持两脚刀刃之间有较大的开角，以冰刀前半部先接触冰面，过渡到冰刀中部用力向后蹬冰，保持向前倾斜的身体姿势，以较高的动作频率向前跑动完成疾跑。

（4）冲刺技术。冲刺是短道速度滑冰运动技术中的重要组成部分，以送刀式冲刺为例，在接近终点的滑行过程中，将重心落在有利于克制对手一侧的腿上，将另一侧腿迅速前伸，保持平衡冲过终点。

四、花样滑冰

花样滑冰起源于 18 世纪的英国，后在德国、美国、加拿大等欧美国家迅速开展。1772 年，英国皇家炮兵中尉罗伯特·约翰逊撰写的《论滑冰》在伦敦出版。这是世界上出版的第一部涉及花样滑冰的书籍。1863 年，被誉为“现代花滑之父”的美国人杰克逊·海因斯将滑冰运动与舞蹈艺术融为一体，在欧洲巡回表演，丰富了花样滑冰的内容和形式。1868

年，美国的丹尼尔·梅伊和乔治·梅伊首次表演了双人滑。1872 年，奥地利首次举办了花样滑冰比赛。1896 年，首次世界男子单人花样滑冰锦标赛在彼得堡举行。1906 年，首次世界女子单人花样滑冰锦标赛在达沃斯举行。1924 年被列为首届冬季奥运会的比赛项目，包括男女单人滑（1924 年列入）、双人滑（1924 年列入）和冰上舞蹈（1976 年列入）等比赛项目。1952 年，首次世界冰上舞蹈锦标赛在巴黎举行。

（一）场地设施

花样滑冰的冰场长为 56~61 米，宽为 26~30 米，冰的厚度不小于 3~5 厘米。冰面要平滑并保持无线痕。大型竞赛应准备两个同样大小的场地，以便安排训练。其中一个可安排图形比赛，其他项目可在另一场地进行；规定图形竞赛，应有适当图形。

（二）花样滑冰装备

（1）冰鞋、冰刀。花样滑冰的冰鞋用优质牛皮制成，高腰高跟硬底，男子鞋为黑色，女子鞋为白色。冰刀固定在鞋底上，冰刀较矮，刀刃刀托为一体。刀身有一定弧度，刃较厚，成浅“凹”沟形，沟两边刃锋利，既便于滑行又能使冰刀在冰面上留下清晰的图案。刀刃前端有 5~6 个锯齿，根据锯齿的大小分为图形刀和自由滑刀两种。图形刀的锯齿较小，以免滑图形时刮冰。自由滑刀锯齿较大，便于急停、跳跃或迅速改变动作。冰刀应与鞋的大小相适应，一般刀身前端的刀齿应在鞋底前端的边缘处，刀身前端安装在大脚趾与二脚趾之间的正下方，刀跟装在脚跟正中间的下方，刀身应超出鞋后跟 1~2 厘米。高水平的花样滑冰选手通常都会定制冰鞋和冰刀。冰上舞蹈的冰刀后部比其他项目的要短 1 英寸，这是为了满足舞蹈对双人近距离合作和精细步法的要求。选手穿着冰鞋在冰场外行走时，要在冰刀外套上硬塑料的保护套，这是为了避免冰刀被地面磨钝或沾上灰尘杂质。选手不穿冰鞋时，则用软套保护冰刀，其可以吸收残留的融水，防止冰刀生锈。

（2）服装。花样滑冰选手练习时通常穿紧身柔软的长裤。比赛中，女选手可以穿短裙、长裤或体操服，裙装下穿不透明的肉色紧身裤或长袜，有时会以此来覆盖冰鞋。不得穿上下分开的服装，裙子前后长度要掩盖臀部；男选手则必须穿长裤，不能穿紧身裤。不得穿露胸无袖上衣和紧身裤。花样滑冰的运动服装是很讲究的，因为它是表现花样滑冰运动员形体美的一个组成部分。花样滑冰的技术与色、形、音乐的美融为一体，所以服装的色彩和式样十分重要。运动员服装的设计、质量和颜色的选择要因人而异，要适合本人的身体，可根据音乐突出不同的风格和特点。

（三）比赛规则

（1）单人滑。单人滑比赛按短节目和自由滑的顺序进行，第一天为短节目，第二天为自由滑。单人短节目是运动员必须在 2 分 40 秒的规定时间内完成一套由跳跃、旋转、联合跳跃、联合旋转共 8 个动作和连接步编排而成的节目。单人自由滑由运动员自选音乐，男子在规定的 4 分 30 秒内，女子在规定的 4 分钟内完成一套编排均衡，由跳跃、旋转、步法以及各种姿势组成的滑行动作。

（2）双人滑。双人滑比赛按双人短节目和双人自由滑的顺序进行，第一天双人短节目，第二天双人自由滑。双人短节目由运动员自选音乐，在 2 分 40 秒的规定时间内完成一套双人短节目规定动作，每个动作只允许做一次，附加动作扣分。双人自由滑由运动员自选音乐，在规定的4分30秒内完成一套自编动作。

（3）冰上舞蹈。比赛按第一天规定舞、第二天创编舞、第三天自由舞的顺序进行。规定舞是根据规定的音乐、图案、步法和重复次数完成动作。规定舞共有22套，国际滑冰联盟用抽签方式确定两套作为下年度的比赛项目。创编舞又称定型舞，是运动员按规定的韵律自选音乐，在规定的时间内完成一套自编的舞蹈步法和图案。自由舞是参赛选手自选音乐，在规定的4分钟内完成由各种步法、托举、小跳、姿势、握法等动作组成的自编舞蹈。花样滑冰是技巧性和艺术性高度结合的冰上运动项目。裁判员根据动作质量和艺术表现分别给予评分。

（四）花样滑冰技术

限于篇幅，此处只简单介绍单人花样滑冰基本技术。

（1）冰上站立。两脚稍分开与肩同宽，平稳站立，冰刀与冰面保持垂直，两膝微屈，上体保持正直（稍前倾），两臂在体前伸开，自然控制身体平衡，目视前方。

（2）单足蹬冰，双足向前滑行。上体直立，目视前方，手心向下，两臂向侧前方伸展，双足稍分开，与肩同宽，两只冰刀平行站立。开始蹬冰时，首先双膝微屈，然后将身体重心移向右足，用右足刀刃前半部分向侧方蹬冰。在完成蹬冰动作后，迅速将蹬冰足收回原位，此时身体重心落在双足之间，形成双足向前滑行动作，然后再换另一足蹬冰，做同样双足滑行动作，如此反复交替。

（3）单足蹬冰，单足向前滑行。准备姿势与双足滑行相同，在蹬冰结束后要保持重心不变和单足向前滑行姿势，蹬冰足放在滑足后，保持身体重心平稳。两臂在两侧自然伸展。

（4）单足蹬冰，双足向前弧线滑行。以右足蹬冰为例，双足成丁字形站立于冰面上，左足在前，右足在后，双膝微屈，用右足冰刀内刃前部做蹬冰动作，此时身体重心稍向前移至左足外刃一侧，蹬冰后右足尽快回到左足内侧，成双足滑行姿势，用左前外刃和右前内刃双足向左成弧线滑行。用同样的方法，相反的姿势和动作，做左足蹬冰，双足向前右侧弧线滑行。

（5）单足蹬冰，单足向前弧线滑行。准备姿势和技术动作同上，不同之处在于：在蹬冰后应立即将重心移至滑行足，蹬冰足应尽快放在滑行足足跟后，足尖向下，成单足向前弧线滑行姿势。

（6）前交叉步滑行。在向左做前交叉步时，左足用外刃，右足用内刃，身体向左侧倾斜，左臂在后，右臂在前，面向滑行方向。首先，用右足内刃蹬冰，左前外刃滑行。然后，将右足经左腿前交叉放在左足左前方，同时重心由左足移向右足，成右前内刃滑行，并用左前外刃向右后侧方蹬冰，右腿屈膝，左腿伸直，两腿成交叉状。如此反复蹬冰和滑行，便形成了左前外、右前内交叉步滑行。再用相同方法、相反的姿势和动作，做右前外、左前内交叉步的练习。

（7）双足向后滑行。双足成内八字形站在冰面上，足尖靠近，足跟分开，身体重心在冰刀前半部，双膝微屈。双足间的距离同肩宽时，将双足跟向内收紧，形成双足平行向后滑，此时两膝逐渐伸直，靠拢后再次蹬冰，如此反复脚下的动作和滑行路线。

（8）后交叉步滑行。在向右后交叉滑行时，背向滑行方向，右肩臂在前，左肩臂在后，

左足后内刃蹬冰，右后外刃滑行，左足后内刃滑行，然后右足用外刃向左侧蹬冰，左足在右足前交叉着冰向后滑行。右脚伸直，离开冰面后，收回到右侧用外刃着冰，同时左足内刃蹬冰，上体姿势不变，左右足交替蹬冰，形成左后内、右后外交叉步滑行。用同样的方法，相反姿势，做左后外、右后内交叉步滑行。

（9）弧线滑行。弧线滑行是花样滑冰最基本的技术，包括前外、前内、后外、后内四种。

①前外刃弧线滑行。双足成丁字形站立，右足尖向前，左足正对右足跟部，右肩在前，左肩在后，用左前内刃蹬冰，用右足前外刃滑行，身体稍倾向圆内。在滑行中两臂带动两肩成均匀转动，在滑至半圆的一半时（1/4 圆），两臂和两肩平放在身体两侧，浮足也由在身体后方移至滑足内侧，然后，左臂带动左肩向前，右臂带动右肩向后，滑足继续成右前外刃滑行，浮足由内侧伸向滑足前方滑线之上，足尖向下，为下一半圆弧线滑行做好准备。用同样方法，相反姿势和动作，做左前外刃半圆弧线滑行。

②前内刃弧线滑行。双足成丁字形站立，左足尖向前，右足心对左足跟部，左肩在前，右肩向后，用右足内刃蹬冰，左足前内刃做弧线滑行，身体稍倾向圆内。在滑行中两臂带动两肩均匀缓慢转动，当滑至半圆的一半时（1/4 圆），两臂和双肩平放在身体两侧，浮足从身后滑线之上逐渐向滑足靠近，然后，左臂带动左肩向前，右臂带动右肩向后，右浮足紧靠左滑足内侧移至前方滑线之上，足尖向下，为做下一个半圆弧线滑行做好准备。用同样的方法，相反的姿势和动作，做内刃半圆滑行。

③后外刃弧线滑行。双足平行站立，两肩和臂平放，面向滑行的方向，用右足后内刃蹬冰，两臂动作协调配合，右臂用力向后滑行方向摆动，左臂在前。右足蹬冰后迅速放在滑足前，左足做后外刃弧线滑行，当滑行到弧线一半时头向圆内，上体随着向外转动，浮足靠近滑足移向滑线前，上体姿势不变，为做右后外刃弧线滑行做好准备。用同样方法，相反姿势和动作，做右后外刃弧线滑行。

④后内刃弧线滑行。双足平放在冰面上，背向滑行方向，两臂伸向身体两侧，用右足蹬冰，左后内刃做弧线滑行，右臂在前，左臂向滑行方向用力摆动，右足蹬冰后迅速放在滑线后，当滑行至弧线一半时，浮足向滑足靠近，上体均匀缓慢地向圆内转动，此时左臂在前，右臂在后，浮足伸向滑线前，上体姿势不变，为做右后内刃弧线滑行做好准备。用同样方法，相反姿势和动作，做右后内刃弧线滑行。

（10）急停动作。急停是在练习和表演中经常做的动作，大体可以分为双足急停和单足急停两大类。

①双足急停。

a. 双足向前内刃急停。在滑行时，突然将足尖靠近，足跟分开，身体重心后移，两腿微屈，双膝靠近，形成用双足冰刀内刃向前刮冰的急停动作。

b. 双足向后内刃急停。在向后滑行时，突然将双足尖分开，足跟靠近，双腿伸直，身体稍向前倾，形成用双足内刃向后刮冰的急停动作。

c. 双足向左右转急停。在向前滑行时，身体突然向右转体 90°，双腿微屈，身体向右后倾斜，用左足内刃及右足外刃同时向滑行方向刮冰做急停动作。用相同的方法，相反的姿势和动作，做双足向左急停。

②单足急停。

a. 单足前外刃急停。在向前滑行时，突然用左足（或右足）前外刃做横向刮冰急停动作，身体应后倾，右足（或左足）抬离冰面。

b. 单足前内刃急停。向前滑行时，突然用右足（或左足）前内刃做横向刮冰急停动作，身体后倾，右足（或左足）抬离冰面。

c. 单足后内刃急停。在向后滑行时，突然用左足（或右足）后内刃做横向刮冰急停动作，身体向前倾，右足（或左足）在身前抬离冰面。

第二节 滑　雪

一、滑雪运动简介

滑雪始于北欧的挪威，距今已有四千多年的历史。世界最早的滑雪俱乐部于 1861 年成立于挪威的翠寒尔。1883 年成立了挪威滑雪联合会，同年在哈斯白山举行了越野和跳台滑雪比赛。1910 年，在挪威滑雪联合会的倡议下，芬兰、瑞典、德国等 10 个国家的 22 名代表，在克里斯蒂安尼（今奥斯陆）举行了一次国际滑雪会议，成立了国际滑雪委员会，并决定起草国际滑雪规则。最早的滑雪规则于 1911 年在斯德哥尔摩会议上通过，1913 年开始被采用。北欧滑雪项目于 1924 年列入了在法国沙莫尼举行的第一届冬季奥运会。

如今，滑雪运动（特别是现代竞技滑雪）项目不断增多，领域也在不断扩展。世界比赛正式的大项目分为：高山滑雪、北欧滑雪（越野滑雪、跳台滑雪）、自由式滑雪、冬季两项滑雪、雪上滑板滑雪等。

二、滑雪运动装备

（一）滑雪服装

（1）滑雪服。滑雪服一般分为竞技服和旅游服。竞技服是根据比赛项目的特点设计的，旨在提高运动成绩。旅游服主要是保暖、舒适、美观、实用。滑雪服有连体套衫和两件套衫两种类别。连体套衫一般比较合身，将身体包裹得很紧，活动方便，但相对较薄。最典型的连体套衫就是比赛用的滑雪服，它可为运动员减少阻力，提高成绩。两件套衫是指分开的滑雪上衣和滑雪裤。两件套衫脱下方便，并能适应天气变化，但没有连体套衫适合身体活动。

滑雪服最好选择能与白色形成较大反差的红色、橙黄色、天蓝色或多种颜色搭配的醒目色调，不仅可为这项运动增添迷人的魅力，更主要的是为其他滑雪者提供一个醒目的标志，以避免碰撞事故的发生。

（2）滑雪手套。滑雪的全程都要依靠雪杖进行，所以对手套的要求很高。不仅要保暖、防寒，而且要柔软、耐磨、防割伤。滑雪手套一般用天然皮革和合成材料制成，且应选择不透水面料。滑雪手套要宽大，要选择五指分开的，手套腕口要长，最好能将袖口罩住，如有松紧带封口，就能有效地防止雪的进入。

（3）滑雪帽。头部是滑雪时要重点保护的地方，所以在滑雪帽的选择上要格外仔细，一定要注意保暖。滑雪帽以弹性较好的绒线帽为最佳，长度以能遮到耳朵为首要条件，要能紧贴头部及耳朵部位，这样即使剧烈运动也不易松脱。

（4）滑雪镜。滑雪镜分为高山镜、跳台镜、越野镜、自曲镜等。由于雪地上阳光反射很强，加上滑行中冷风对眼睛的刺激很大，所以需要滑雪镜来保护滑雪者的眼睛。专业滑雪镜的外观类似潜水镜，外框由软塑料制成，能紧贴面部，防止进风。镜面由镀有防雾、防紫外线涂层的有色材料制成。这种材料很柔软，用力扭曲只发生变形而不会断裂，能够保证镜面受到撞击时不会对脸部造成伤害。另外，在外框的上沿有用透气海绵制成的透气口，以使面部皮肤排出的热气散到镜外，保证镜面有良好的可视效果。

（5）滑雪鞋。滑雪鞋一般分为高山鞋、越野鞋、跳台鞋和单板鞋等。高山鞋一般由内外两部分构成，外壳是由塑料或 ABS 注塑而成，较硬不易变形，内层由化纤织物和保温材料组成，鞋的踝关节角度和鞋的肥瘦等可根据需要进行调节，具有保护功能。越野鞋一般由尼龙和皮革制成，鞋腰矮软且轻便。跳台鞋一般是用皮革制成，鞋腰较高且前倾大，有利于运动员跳跃和空中飞行保持前倾姿势。

（二）滑雪器材

（1）滑雪板。滑雪板种类繁多、形状多样，从长短来分有超长、长、中、短和超短；从宽度来分有窄、宽；从硬度来分有软板、硬板。一般来说，宽的滑雪板适用于大回转，窄的滑雪板适用于急转弯和小回转。选用滑雪板最关键的原则是要适合自己。现在选购滑雪板不必按照传统直板时代身高加 10 厘米的方法来确定长度，应选择身高减去 5~15 厘米的滑雪板。初学者应选用弹性较大的滑雪板，因为这种滑雪板遇到不平的雪面时不易颠簸，制动效果也较好，操作起来比较容易。技术好的滑雪者可以选择长一点、弹性小一点、稍微重一些的滑雪板，它可以增加滑行中的稳定性，使滑雪板的金属边刃紧紧地卡在雪地上，有利于滑雪者充分地操纵滑雪板，滑出漂亮的弧形。

（2）滑雪杖。滑雪杖是用来在起滑时支撑、在滑行中平衡身体的。除跳台滑雪、空中技巧滑雪、单板滑雪外，其他项目都使用滑雪杖。滑雪杖是滑雪者控制重心必不可少的一件工具。选择滑雪杖的长度以适合自己的身高为原则，一般由拦雪轮起算，最长不过肩，最短不低于肋下。越野滑雪杖的长度为使用者身高的 85%左右，高山滑雪杖的长度为使用者身高的 65%左右，高山滑降用“S”形滑雪仗。

（3）固定器。固定器又称脱落器，是在滑雪时将滑雪鞋固定在滑雪板上的装置。固定器分前后两部分，直接用螺丝固定在滑雪板上，前部固定器不可移动，后部固定器可沿滑雪板前后移动，以适应大小不同的滑雪鞋。

三、高山滑雪

高山滑雪是以滑雪板和滑雪杖为工具，在山坡专设的线路上进行快速回转和滑降的一种雪上竞技项目。冬季奥运会高山滑雪设 10 小项，男女各 5 项。男女项目均设速降、回转、大回转、超级大回转、全能（速降/回转）。

高山滑雪比赛均在海拔 1000 米以上的高山上进行。高山滑雪主要分速度系列和技术系列两部分。速度系列分速降和超级大回转，比赛按一次滑行成绩决出名次。速降道落差最大，距离也最长，最高时速可达 130 千米。超级大回转由于旗门数较多，故速度稍慢。技术系列分大回转和回转，名次按两次成绩合计决定。大回转距离是回转的两倍以上，对速度和技术都有要求。回转旗门数男子为 55~75 个，女子为 45~65 个。

速降（又称滑降）要求运动员从山顶按规定线路穿过用旗插成的门形向下滑行，是竞速滑雪比赛项目。线路长 2000 米以上，坡度 5°~35°，平均 20°，起点到终点的高差为 500~700 米。线路两旁插一定数量的旗杆作为各种门形，男子比赛插红色旗，女子比赛插红蓝两色旗，旗门间距为 4~8 米，上下旗门间距一般为 30 米左右。以滑降两次的时间计算成绩，决定名次。技术动作有直滑降、斜滑降、乙形滑降、起伏地滑降、犁式和半犁式滑降等。身体姿势分高、中、低三种。

回转比赛的场地起点与终点的高差，男子为 180~220 米，女子为 140~80 米。两个旗门的最小距离不得少于 0. 75 米，旗门宽度为 4~6 米。旗门设置应包括开口旗门（两个旗门杆连线与线路方向垂直）、闭口旗门（两个旗门杆连线与线路方向平行）以及 1~4 组由 3~4 个旗门组成的旗门组，如蛇形门、螺旋门、三角门以及菱形门等。回转比赛的成绩以在两条不同线路各滑行一次的成绩相加决定。

大回转比赛场地起点与终点的高差，男子为 350~400 米，女子为 260~350 米。两个上下连续门的旗门杆最小距离不得少于 10 米，旗门宽度为 4~8 米。大回转比赛一般需进行两轮滑行。第二轮滑行可在同一场地进行，但旗门必须重新设置。两轮滑行成绩相加得到最终成绩。

超级大回转比赛场地起点与终点的高差，男子为 500~650 米，女子为 350~500 米。旗门宽度，开口旗门最少为 6 米，闭口旗门为 8~12 米。旗门数，男子不得少于 35 个，女子不得少于 30 个。选手只滑行一次。

四、越野滑雪

越野滑雪是滑雪项目中起源最早、滑行距离最长、滑雪器材最轻、所受制约条件最少、安全程度最高的滑雪运动。冬奥会越野滑雪共设 12 个小项，男子项目为男子 15 千米（自由技术）、男子 15 千米+15 千米双追逐、男子个人短距离（传统技术）、男子团体短距离（自由技术）、男子 50 千米集体出发（传统技术）、男子 4×10 千米接力。女子项目为女子 10 千米（自由技术）、女子 7 千米+7 千米双追逐、女子个人短距离（传统技术）、女子团体短距离（自由技术）、女子 30 千米集体出发（传统技术）、女子 4×5 千米接力。

越野滑雪技术分为传统式和自由式滑行技术两种，传统式要求运动员在比赛中不得使用蹬冰技术，自由式滑行技术对运动员的蹬动动作不做限制。

比赛的雪道要求是上坡、波动式道面及有变化的下坡各占 1/3，雪道的最高点不得超过海拔 1800 米。比赛开始前，运动员的雪板由大会打上标记，到终点时要求至少有一支雪板留有标记，双板都更换将被判为犯规，成绩无效。单项比赛一般采用间隔单人出发。有时因场地条件限制，也可分成若干小组间隔出发或集体出发。运动员按赛前抽签决定的顺序佩戴号码布。出发前运动员双脚不能超过起点线，但雪板的前部和雪杖可超过起点线。比赛名次根据运动员按规则滑完全程所用的时间确定。接力比赛除按单项比赛规则进行外，在每一站设立以终点线为基点前后各延长 15 米的接力区。交接时上一站队员必须在接力区内用手触及下一站队员的身体任何部分方可完成交接。成绩以全队滑完全程所用时间的总和计算。

雪上运动场地，线路要尽量选择森林地带等多变地形，要保证雪质、雪量，线路宽度应达到4~5米，雪面要经过机械或人工捣固、踏压，厚度至少10厘米。最好在线路的一侧开有带雪辙的雪道，两条雪辙的内壁相距15~18厘米，雪辙深度至少为2厘米，雪辙的宽度以雪板的固定器不撞击两侧雪壁为准。线路的另一侧不开带有雪辙的雪道。要避免单调而过长的平地滑行、难度过大的急陡坡滑降，以及连续较长距离的蹬行。开始阶段要较易滑行，难度应出现在全程的3/4处。在出发后2~3千米内不应出现难度极大的急陡坡，在终点前1千米内不应出现较长的危险滑降，线路中要避免有危险的斜滑降，同时要避开冰带、陡角和狭窄的地带。

五、跳台滑雪

跳台滑雪简称“跳雪”，就是运动员脚着特制的滑雪板，沿着跳台的倾斜助滑道下滑，借助速度和弹跳力，使身体跃入空中，使整个身体在空中飞行4~5秒后，落在山坡上。冬奥会的跳台滑雪比赛设90米、120米和团体三项。按两次飞跃距离分和飞跃姿势分计算成绩。飞跃距离分因距离不同而不同。团体赛由4人组成，按120米跳台的合计得分计算。

跳台滑雪比赛中的跳台由助滑坡、着陆坡、停止区组成。滑雪者两脚各绑一块专用的雪板，板长为2米，宽为11厘米，板底有3~5条方向槽。比赛时运动员不用雪杖，不借助任何外力，以自身体重从起滑台起滑，经助滑道获得110千米/小时左右的高速度，于台端飞出，身体前倾与滑雪板成锐角，两臂紧贴体侧，沿自然抛物线在空中滑翔，在着陆坡着陆后继续自然滑行到停止区，然后根据从台端到着陆坡的飞行距离和动作姿势评分。

六、单板滑雪

单板滑雪是一项以一块滑雪板为工具，在规定的山坡线路上快速回转滑降，或在特设的“U”形场地内凭借滑坡起跳，在空中完成各种高难度动作的雪上竞技项目。

单板滑雪起源于20世纪60年代的美国密歇根州，从1998年开始，单板滑雪的高山大回转和“U”形场地雪上单板技巧成为正式比赛项目。2022年，北京冬奥会单板滑雪举行了男子/女子坡面障碍技巧、U形场地技巧、障碍追逐、大跳台、平行大回转等项目的比赛。

（一）U型场地赛制

比赛时运动员在U形滑道内，不停地从一侧滑向另一侧，边滑行边伴随音乐旋律做各种旋转和跳跃动作，动作一般为5~8个造型。6名裁判员根据完成动作的高度、回转、技巧、难度等整体效果评分，100分满分，去掉最高分与最低分，剩下的四个分数的平均分为该选手本轮比赛得分。

（二）大跳台赛制

选手从高处滑行而下通过大跳台起跳，表演各种空翻、回转等空中技巧。

预赛采用两次表演，取最好一次成绩排名，决赛采用三次表演，取最好的两次成绩排名。3~6 名裁判进行整体印象评分，在有 3~5 名裁判的情况下，所有裁判的分数都有效；在有 6 名裁判的情况下，去掉一个最高分和一个最低分后，取平均分。

（三）坡面障碍技巧赛制

运动员以坡面、回转、旋转、跳跃方式，通过由多种地形及障碍物组成的赛道，最先通过终点线者为胜。

预赛进行两轮，取最好成绩，前 10 名进入决赛。决赛进行三轮，取最好成绩决定名次。

7~10 名裁判根据不同的赛制分为两组——分段裁判组和整体印象组，分段组裁判的平均分占总分 60%，整体印象组平均分占 40%。决赛进行两轮比赛，根据运动员两轮比赛中的最好成绩排定选手的最后名次。

2022 年，苏翊鸣在北京冬奥会上夺得单板滑雪男子坡面障碍技巧银牌以及大跳台金牌，成为中国首个单板滑雪冬奥冠军。

苏翊鸣在北京冬奥会成名之后，并没有膨胀，他的主要精力还是放在滑雪上，并不断地尝试练习高难度的动作。在练习滑雪之余，苏翊鸣也参加了很多社会活动。2022 年 8 月，国际特奥会委任苏翊鸣成为特奥东亚区大使，并为苏翊鸣颁发委任证书。苏翊鸣说：希望大家能更多地关注特殊奥林匹克运动，通过体育运动与智障人士互相激励、建立友谊，感受体育运动的真正魅力，让更多人感受平等和融合的同时去追逐自己的梦想！

第三节　冰　　壶

一、冰壶运动简介

冰壶运动又叫冰上溜石，起源于 14 世纪的苏格兰。1795 年，第一个冰上溜石俱乐部在苏格兰创立，1838 年，苏格兰冰上溜石俱乐部制定第一个正式的比赛规则。1807 年，冰上溜石活动传入加拿大，1820 年，开始在美国等地流行。从此，冰上溜石作为一项冬季运动在欧洲和北美逐渐开展起来。20 世纪初，通过加拿大冰上溜石爱好者的努力，这项运动的比赛规则和方法更加完善，并于 1927 年举行首次全国冰上溜石比赛。首届世界冰壶锦标赛于 1959 年举办，最初称为苏格兰威士忌杯赛，于 1968 年改称加拿大银扫帚锦标赛，1986 年，正式定名为世界冰壶锦标赛。

1924 年，冰壶首次以表演项目的形式在冬奥会上亮相。1966 年，国际冰壶联合会成立，于 1991 年改为世界冰壶联合会，同时获得了国际奥委会的承认。冰壶运动曾于 1924 年、1932 年、1936 年、1964 年、1968 年、1992 年 6 次被列为冬奥会表演项目。1993 年，国际奥委会决定，从 1998 年开始，冰壶被列为冬奥会正式比赛项目。

二、冰壶装备

冰壶运动的装备包括冰壶、比赛用鞋和毛刷。冰壶由苏格兰不含云母的花岗岩凿磨制成，标准直径为30厘米、高为11厘米、质量为19千克。大赛用壶的壶把上装有传感器，又称“前掷线上的眼睛”，专门探测投壶者是否犯规（投壶者必须在前掷线前松手，否则被视为犯规）。冰壶如图20-1所示。参赛队员脚穿比赛专用鞋，两鞋底部质地不同，蹬冰脚的鞋底为橡胶制成，而滑行脚的鞋底为塑料制成。冰壶用的刷子是为了减小冰壶与冰面间摩擦。冰壶受到摩擦力作用的过程，是一个减速的过程。

图20-1　冰壶

三、冰壶场地

冰壶运动所用场地是一个长为44米、宽为4米的冰道。冰壶赛道的横截面是U形的，并不水平，U形的冰面可以帮助高水平运动员打出弧线球。冰道的一端画有一个半径为1米的圆圈，作为球员的发球区，被称作本垒。冰道的另一端也画有一圆圈，被称为营垒。营垒是由4个半径分别为0.15米、0.61米、1.22米和1.83米的同心圆组成，外面两圆之间涂为红色。在场地两端各装有一个斜面橡胶起蹬器。在冰壶场地前后两端各有一条蓝色的实线称为“前卫线”和“后卫线”。冰壶掷出后，如果未进前卫线或越过后卫线都视作无效，将被清出场外。掷球时，若冰壶已通过掷球区的圆心线，则不可再重掷。冰壶掷出后，己方的刷冰员可在冰壶通过标的区的圆心线之前进行刷冰；之后，对方将有权进行刷冰，以使壶离开圆心。

四、冰壶术语

（1）得分区。直径12英尺，带有4个中心圈，内面直径8英尺。

（2）一个冰壶队有4个队员，即第四号队员（拿刷子的队员）、第三号队员（或副刷子队员）、第二号队员和首号队员（最先掷石队员）。在每次掷石中所有的队员都参与，要有一个掷石，两个刷子，一个呼叫策略。

（3）赛区。146英尺的赛区，赛区设计两个方向均可使用。

（4）拉引击石。这是最基本并最广为应用的射击，即将冰壶石掷在得分区之前或得分区内。

（5）防卫击石。将冰壶石掷在拱线和得分区之间，用来防御对手的冰壶石进入得分区。

（6）敲退击石。将冰壶石放在一个或是多个已经存在场上的冰壶石的前面。敲退击石就是将对手的冰壶石轻敲挤退远离得分中心线，但不将它击出，而使其停在掷石者的冰壶石的后面，如此一来对方便很难将这颗冰壶石击出场。

（7）通道击石。在两颗冰壶石中间的缝隙叫作通道，当掷石者需要让自己的冰壶石通过两颗或是多颗阻碍石时，他便需要掷出一个通道击石。

(8) 晋升击石。晋升击石是将一颗在得分区之前的冰壶石，由射石撞击到更接近得分区的中心。同时这颗射石被晋升为中心石，起到卫兵的作用。

(9) 晋升移除掷石。一颗冰壶石被射石撞击之后，往后推近并碰击到对方的冰壶石，而使对方的冰壶石被驱离得分区或出局。

(10) 精彩击石。若希望将冰壶石掷到一颗卫兵石的后面，或是希望将一颗被保护得很好的冰壶石击出场，有一种方式是将冰壶石丢掷去撞击一颗停在外围的冰壶石，然后让掷石转向朝目标地方向前进。这种射击是冰壶最精彩的射击之一，因为这种射击通常会出现意想不到的结果。

(11) 奉送击石。奉送击石有两种形式，这两种都涉及（两颗、多颗）冰壶石十分接近甚至靠在一起的情况。一种情况是连接两个冰壶石中心的线，朝（指）向得分区中心或目标区；另外一种情况是两颗冰壶石接点的切线，朝（指）向得分中心或目标区。

(12) 削剥击石。当你的队处于领先，或是你的对手有一颗冰壶石在得分区中，并被良好地保护着，你会希望移除在得分区之前的障碍（卫兵）石。当这种情况存在时，这个射击被称为剥削击石。剥削击石涉及移除一个在得分区之前的冰壶石，而射石和被移除石将同时出局，不会进入（经过）得分区，以免造成任何损失。有时，利用撞击推进卫兵石，去移除被卫兵石保护的冰壶石，会是一个好的策略。但是这个策略也有很大的风险，只要有一点小小的失误，你的射石就会留在原地成为对方的卫兵，并奉送对手一个机会再放一个卫兵石或是放另一冰壶石到得分区中。

五、比赛规则

冰壶比赛时，每场由两支球队对抗进行，每队由 4 名球员组成。比赛共进行 10 局。两队每名球员均有两个冰壶，即有两次掷球机会。两队按一垒、二垒、三垒及主力队员的顺序交替掷球，在一名队员掷球时，由两名本方队员手持毛刷在冰壶滑行的前方快速左右擦刷冰面，使冰壶能准确到达营垒的中心。同时，对方的队员为使冰壶远离圆心，也可在冰壶的前面擦扫冰面。球员掷球时，身体下蹲，蹬冰脚踏在起蹬器上用力前蹬，使身体跪式向前滑行，同时手持冰壶从本垒圆心推球向前，至前卫线时，放开冰壶使其自行以直线或弧线轨道滑向营垒中心。掷球队员在力求将冰壶掷向圆心的同时，也可在主力队员的指挥下用冰壶将对方的冰壶撞出营垒或将场上本方的冰壶撞向营垒圆心。最后当双方队员掷完所有冰壶后，以场地上冰壶距离营垒圆心的远近决定胜负，每石 1 分，积分多的队获胜。

第二十一章　户外运动

知识目标

1. 了解攀岩的基础装备；
2. 了解攀岩项目的分类；
3. 了解拓展训练的形式。

素养目标

体验亲近自然、挑战自我的乐趣激发学生参与体育活动的兴趣和爱好。

第一节　攀　　岩

攀岩是一项在天然岩壁或人工岩壁上进行的向上攀爬的运动项目，通常被归类为极限运动。攀岩运动要求人们在各种高度及不同角度的岩壁上，连续完成转身、引体向上、腾挪甚至跳跃等惊险动作，集健身、娱乐、竞技于一身，被称为“峭壁上的芭蕾”。

攀岩技术的兴起可追溯到18世纪的欧洲。20世纪中叶，攀岩真正成为一项独立的运动项目，当时的攀岩运动一般以自然的岩壁为主。1983年，法国人发明人工岩壁后，攀岩运动才完成其萌芽到发展的过程。1987年，中国登山协会派遣登山运动员到日本学习，这被视为攀岩运动引入中国的标志。2016年，国际奥委会确认攀岩成为2020年东京奥运会正式比赛项目。

图21-1　攀岩

攀岩运动（见图21-1）的最高组织是国际攀岩联合会，该组织机构于2007年在德国法兰克福成立，负责举办每两年一次的世界攀岩锦标赛等攀岩项目比赛。中国的最高组织机构为中国登山协会，该组织于1958年成立，代表中国组队参加各类国际比赛。

一、攀岩基础装备

（一）保护性装备

1. 主绳（见图 21-2）

攀岩过程中一般使用直径 9~11 毫米的主绳，最好是 11 毫米的主绳。

2. 安全带（见图 21-3）

安全带被穿在攀岩者身上，承载因攀岩者脱落或下降而产生的重量和冲力，为攀岩者和绳索之间提供一种舒适、安全的固定连接，主要起保护作用。安全带从结构上分全身式安全带和坐式安全带，攀岩常用坐式安全带。

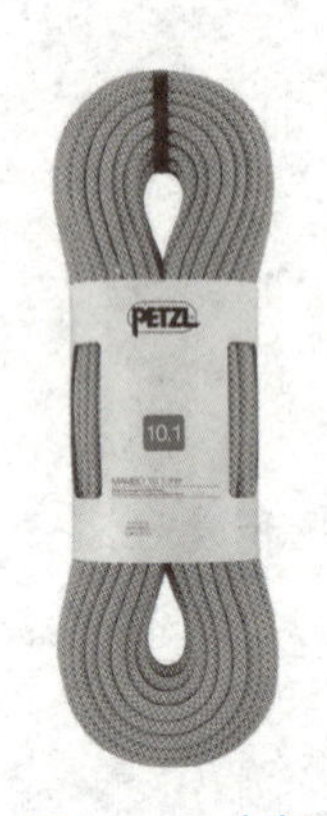

图 21-2　主绳

图 21-3　安全带

3. 安全铁锁（见图 21-4）

安全铁锁是可自由开合的金属环状物，将各类保护器械、装备连接在一起，是用于攀登过程中休息或进行其他操作时的自我保护装备。

图 21-4　安全铁锁

4. 安全头盔

安全头盔有效防止落石以及非正常脱落姿态带来的头部伤害。头盔要佩戴端正才能护住前额、后脑及侧面。出现落石千万不要仰头观望或以手抱头，无处可躲时让头盔发挥其作用。头盔应配有皮带，以免头盔因冲击而脱落。此外，头盔一旦受过撞击，其强度即明显降低，因此，头盔使用一段时间后，应及时更换。

5. 扁带

扁带是软性带状物，通过机械缝合或手工打结成为长度不一的闭合圈，提供保护器械之间的软性连接。机械缝合的强度大于手工打结，但手工方式可自由调节扁带的长度，使其适合需要。移动中的主绳不可直接从扁带之中穿过。架设固定保护点时，可用扁带连接两个或更多的临时保护点，此时，注意扁带的连接方式以区分主受力点和备用受力点，还要保证一个临时保护点失效时，不冲击其他保护点，不影响整体保护效果。

6. 抱石垫（见图 21-5）

抱石垫是攀岩运动中的保护手段，提供缓冲和减震作用。抱石垫内部是两层或更多不同质地的海绵。最上面是硬体封闭式海绵，最下面是较厚的软体开放式海绵。软体海绵使脱落者下陷而不是分散压力，易挫伤手腕脚踝，所以抱石垫要硬体海绵层向上放置。可能脱落的地方都需要抱石垫，若抱石垫的数量不够，保护者可随着攀登者的动作拖动垫子。

图 21-5　抱石垫

7. 快挂

扁带的两端分别连接一个铁锁，称为快挂，使用时一端扣入保护点，一端连接人体安全带或主绳，使操作便利。快挂两端的铁锁都不带丝扣，存在不慎打开或受力压开的危险，所以只有一个快挂时，不能作为固定保护点使用。先锋攀登或传统攀登的路线中，使用快挂作为临时保护点，此时主绳的扣入方式和快挂开口方向非常重要。要求主绳从快挂与岩壁之间穿入，从外侧穿出，也就是说攀登者这一端的绳头在外侧；若路线存在横向走向，快挂扣入端的铁锁门要朝向路线走向的反方向，比如，路线是从左至右，铁锁开口须朝左。这样可防止脱落时绳子压开铁锁门。

（二）辅助性装备

1. 攀岩专用鞋（见图 21-6）

攀岩专用鞋的鞋底采用特殊的橡胶，可大大增加其摩擦力。使用时，应选择号码偏小的，穿进去将脚裹得很紧，能使脚与鞋成为一个整体，有利于增强脚感，便于精确踩点和发力。

2. 镁粉和粉袋

镁粉可吸收手上的汗液和岩壁表面的水，增大摩擦力。攀岩前，应准备粉袋并装入镁粉。

3. 岩石塞

图 21-6　攀岩专用鞋

岩石塞为规格、形状不一的金属制品，可放入岩缝、石洞、石桥等地形中并固定住，成为保护点。放置岩石塞作为保护点，需要丰富的器械经验，操作者必须非常谨慎，确保岩石塞在可能出现的受力方向上不会移动或脱出。不带机械部件的岩石塞利用自身的不对称性和岩缝内部的形状变化，固定在岩缝狭窄处。机械塞的形状大小可以调控，以收缩状态进入岩缝，弹开后即可卡住，操作便利，适用范围广，是攀登传统路线的上佳选择。

4. 岩钉

岩钉是一种建立保护点的方式。岩钉有一端是楔形，通过敲击楔进岩缝提供保护力；另一端是环状，可连接铁锁或扁带。需要注意的是，敲入同一条岩缝的两个岩钉存在撬开岩石的可能。

5. 膨胀钉

利用冲击钻和锤子，膨胀钉可打入整块岩石中，加上挂片就成为非常稳固的保护点。

6. 挂片

挂片的一端通过膨胀钉或螺丝钉固定在岩壁上，另一端可扣入铁锁或快挂，或接上扁带。挂片是保护点的重要组成部分。

7. 手套

滑落时，最好戴上坚韧的手套，因为滑落时的冲力很强，手部会因摩擦力而严重灼伤，也会因此而松手坠落。

二、攀岩项目

（一）按场地类型分类

（1）自然岩壁攀登（见图21-7）：即在自然形成的岩壁上攀登，一般攀登线路需要清理和开发。主要优点是：能充分融入自然，能不断发现新线路，有机会攀登多段线路，更具挑战性等。主要缺点是：危险性较大，受气候影响较大，一般远离市区等。

图21-7　自然岩壁攀岩

（2）人工岩壁攀登：即在人工设计建造的岩壁上攀登，主要包括室内攀岩馆和室外攀岩场。主要优点是：安全性高，受气候影响小，交通便利，更具观赏性等。主要缺点是：岩壁造型相对固定，攀登线路创新有限，室内空气往往较差等。

（二）按攀登方式分类

1. 自由攀登

自由攀登即不借助任何器械的力量而完全靠攀登者自身力量进行的攀登。这种形式在中国占主导地位，较符合体育运动的含义，主要考验攀登者在难度、速度和攀石等方面的综合攀爬能力。自由攀登又可分为运动攀登和传统攀登。

（1）运动攀登：即在已经设置好安全保护点（站）的线路上攀登。这种攀登非常安全易于开展，主要用于竞技比赛、运动员训练和初学者体验等。

（2）传统攀登：即在预先没有设置任何人为保护措施的线路上攀登。一切保护措施需要领攀者在攀登过程中根据线路特点，凭借已经积累的经验，选用合适的装备来临时设置。跟攀者会收取所有这些设置在线路上的保护装备，原则上整个攀登过程不会留下任何装备，不会破坏任何岩壁表面，所以传统攀登被认为是一种“绿色攀登”方式。不过这种攀登危险性较大，需要攀登者具备丰富的器械使用和攀登经验。这种形式最早由英国攀岩者发明。

2. 器械攀登

器械攀登即可以借助器械作为攀登工具的攀登。这种形式主要用于大岩壁攀登和自然岩壁线路开发过程，需要攀登者具备更加丰富的器械使用和攀登经验。

（三）按保护方式分类

1. 顶绳攀登

顶绳攀登即保护点设在线路顶部的攀登。与其对应的是上方保护方式。这种形式要求保护点非常安全，攀登者一直处于保护点下方，整个攀登过程不会发生冲坠，相对非常安全。一般适用于攀登线路角度小于120°的情形。

2. 先锋攀登

先锋攀登即保护点已经用膨胀钉和挂片器材预先设置在攀登线路沿线（若是传统攀登则保护点需要临时设置），攀登者在攀登过程中依次将保护绳扣入这些保护点（含快挂）上的攀登。与其对应的是下方保护方式。这种形式攀登者可能会发生冲坠，相对顶绳攀登较为危险。一般适用于大仰角（大于90°）线路的攀登。

3. 自动保护器攀登

攀岩自动保护系统，专为攀岩行业设计。自调节磁性制动系统，通过ISO 17025标准测试认证，符合国际安全标准。磁性非接触式设计最大限度地减少部件损耗；可根据攀登者的体重自动调节阻力大小，下降平稳；下降警示音可提醒攀登者及周围人群；模块化设计，扁带传送结构，比钢缆传送结构更加安全，减少摩擦，便于更换。攀岩自动保护器特点是减少人为操作保护的不确定安全因素，一般适用于无大仰角（大于90°）及不规则线路的攀登。另外为了器械本身的安全性，使用前要进行检查和年度检测保养。

4. 其他有保护措施的攀登

随着攀岩运动的发展和新材料的发明，攀石、深水攀等新型攀登方式不断涌现，海绵垫、充气垫、强力安全网甚至水池等安全保护措施也随之用于攀岩保护，并取得了良好的效果。

（四）按比赛项目分类

国际上主要的攀岩比赛项目有速度赛、难度赛和攀石赛，与其对应的分别是速度攀岩、难度攀岩和攀石。

1. 速度攀岩

速度攀岩即采用顶绳攀登，上方保护，以追求完攀线路的速度为主要目标的攀登。与其对应的速度赛是指运动员们依次攀登由定线员在赛前专门设定的速度线路，以完攀线路的时间为成绩的比赛。速度越快，成绩越好。

2. 难度攀岩

难度攀岩即采用先锋攀登，下方保护，以完攀具有一定难度的线路为主要目标的攀登。与其对应的难度赛是指运动员们依次攀登由定线员在赛前专门设定的难度线路，在相同的关门时间内以攀登高度为成绩的比赛。高度越高，成绩越好。

3. 攀石

攀石也被称作“抱石”，是指在没有绳索保护的状态下攀登一般不超过5米高的岩壁的攀岩运动。一般采用海绵垫或充气垫做保护。由于没有绳索的影响，这种方式可以最大限度地发挥攀登者的极限攀登能力。与其对应的攀石赛是指运动员们依次攀登系列由定线员在赛前专门设定的短而难的线路，以完攀这些线路的数量为主要成绩判定依据的比赛。完攀线路的数量越多，成绩越好。

第二节　拓 展 训 练

一、拓展训练特点

拓展训练利用室内和户外多种活动形式，模拟真实情景的训练形式和良好的训练效果，在教育培训领域里保持着极大的优势，拥有以下六大特点：

1. 锻炼综合性

拓展训练的所有项目都是以体验式活动为主导，学员通过游戏的体验引发出认知、情感，激发学员与他人的沟通、交往、合作行为。活动过程中团队有明确的任务，学员要发挥自身和团队优势才能更好地完成任务，对参与者的锻炼是综合性的。

2. 体验巅峰性

在拓展训练过程中，学员和团队都要完成指定的目标，就必须克服各种困难、跨越各种防线，在活动过程中、课程完成后，学员会得到发自内心的胜利感和自豪感。

3. 挑战极限性

拓展训练的项目都具有一定的挑战性，学员在心理、生理、体能上都会经受到一定负荷的挑战。学员在活动中要不断地突破自我约束，挑战自己身心的“极限”，完成“极限”蜕变。

4. 自我教育性

拓展训练过程本来就是学员学习成长的过程，学员要根据引导者的课程内容和活动要求在拓展训练过程中不断学习和突破。在训练后，学员在引导者的引导下进行活动总结归纳，在日后的学习、工作和生活中起到教育作用。

5. 集体的荣誉性

拓展训练一般需要完成各项活动以达到熔炼团队的效果，而在挑战项目过程中往往又会分以不同小队展开竞争，期待每位学员竭尽全力为集体争取荣誉，在团队中发挥个人能力并借助集体的力量共同解决问题，优化行为。

6. 成效显著性

往往通过短期的拓展培训后，学员日常行为举止、生理心理会受到突破性的冲击，受到震撼性的影响，从而会有各种显著的培训成效。例如，认识自己的潜能、克服自己的心理障碍、磨炼战胜困难的意志力、改善人际关系，等等，这也是目前企业所看重的拓展训练活动的效果。

二、课程推荐

（一）破冰课程

热身——培训术语，也叫破冰，来源于英文 Ice break。现代培训认为，培训老师与学院初次接触时会有陌生感，如同冻结的冰块，如果立刻开始授课会影响培训效果，因此应该通过特别设计的活动和游戏来消除两者之间的陌生感，然后再开始正式授课。这种通过活动和游戏消除“教”和“学”双方隔阂并调动学员学习热情的方式被称为“热身”。

破冰理念：

（1）让参加培训的学员清楚了解体验式培训的方式。

（2）清楚积极参与培训对自己、对团队、对企业的重要意义。

（3）提出团队培训对学员的要求：百分百地用心投入每一个项目的体验活动中。

（4）注重自己的项目感受，注意观察团队成员。

（5）付出就会有收获，获得的回报应该是方方面面的。

破冰的任务：加强团队文化建设对企业的发展有着一定程度上的积极意义，拓展训练是通过体验的方式，提升团队凝聚力。在拓展训练中，需要选好优秀的团队领导，加大团队管理的授权，并给予团队成员充分的尊重，同时完成学员间的角色分工，培养团队的创新精神和目标行动力。通过不断地演练和深化团队危机，恰到好处地分享得失，将拓展中体会到的理念与团队建设相融合，这样团队才会更加强壮。

1. 常规的破冰游戏——团队组建

（1）全体学员分成3~4个小队，每队由一名培训师及助理培训师主持并配合本次拓展训练。

（2）各队推荐或自荐队长和队长秘书各一名。

（3）编队歌。可自编曲，也可原曲填词，要求简短且不带讽刺与宗教色彩。

（4）起队名。要形象、有意义。

（5）队伍口号。文字简练、朗朗上口，具有震撼力。

（6）制作队旗。共同创作，队旗要简单、蕴意深刻。要求全体队员在队旗上签名。

（7）各队相互展示。解释队名、队歌、口号、展示队旗和队伍造势。

团队组建在拓展训练中的意义：帮助团队获得更高昂的士气和战斗力，减少流动率和流失率，进行更和谐的沟通。

2. 常见的趣味破冰游戏

（1）纸杯传递。

活动目的：打破团队成员之间的尴尬。

活动人数：无限制。

活动器材：纸杯或塑料杯、每人一支塑料吸管、若干水或乒乓球。

活动场地：无限制。

活动时间：5~10分钟。

活动说明：每人用嘴巴含住吸管，并以顶杯的方式从第一名学员依次传递至最后一名学员。或者每人咬住一个杯子，把杯中物品依次传递到最后一名学员。若出现失误，则从失误的学员继续开始。若想增加强度，可要求失误后从第一名学员重新开始任务。

（2）举胖子。

活动目的：挑战团队的“不可能”心理。

活动人数：6~20人。

活动器材：无限制。

活动场地：室内室外均可。

活动时间：5~10 分钟。

活动说明：在学员中挑选一个块头最大、体重最重的“胖子”，再由其他学员共同挑选 5 名最瘦小的学员负责举“胖子”，5 名瘦小的学员只能用自己的 1~2 根手指，分别在“胖子”的身体受力点（建议是后背、腋窝、脚后跟），合力将“胖子”举起。为了营造快乐的气氛，可以增加人数。

（3）共同责任。

活动目的：培养团队的责任感及承认错误的勇气，营造快乐氛围。

活动人数：人数不限。

活动器材：无限制。

活动场地：室内室外均可。

活动时间：10 分钟。

活动说明：列好队后，当培训师喊“1”时全体学员向左转；喊“2”时全体学员向右转；喊“3”时全体学员向后转；喊“4”时全体学员原地不动；喊“5”时后退一步。当学员做错或做慢时判为违例，需走出队伍向大家鞠躬一次并举起右手报告“对不起，我错了”，然后归队，直到几个回合后整体动作一致为止。为营造快乐氛围，可以要求犯错的学员做简单的表演。

（4）同心圆。

活动目的：团队热身、舒展筋骨、营造快乐氛围。

活动人数：人数不限。

活动器材：无限制。

活动场地：室内室外均可。

活动时间：10 分钟。

活动说明：团队所有学员围成一个圈，双手背到左右隔壁学员的背部，紧紧牵住相隔一位学员伸过来的手。培训师有一套口令“高山流水、风吹草动、花开花落”，当听到“高山”时所有学员一起往上跳；当听到“流水”时所有学员一起往下蹲；当听到“风吹”时所有学员上身一起往左边倾斜；当听到“草动”时所有学员上身一起往右边倾斜；当听到“花开”时所有学员一起往后仰，此时注意拉紧伙伴的手；当听到“花落”时所有学员一起往前鞠躬一次。

（二）团队项目

具体的团队项目对学员的锻炼目的不同，按项目分类的原则，对学员锻炼的针对性和拓展过程所关注的直观性进行分类，兼顾不同类别的项目都能让学员获得体验的机会，可分为高空项目、中低空项目、地面与心智项目。

1. 高空项目

空中断桥、跳出真我、毕业墙。

（1）空中断桥。

空中断桥是一个以个人挑战为主的项目，它属于高空类心理冲击的项目，整个过程需独立完成。“断桥一小步，人生一大步”概括了这个活动的精华。

活动人数：20~30人/组。

活动器材：安全服、相应的安全设备（动力绳、锁扣、安全带及安全帽）。

活动场地：空中断桥拓展场地一处。

活动时间：60~90分钟。

活动说明：

①安全问题，所有学员必须学会使用头盔、安全绳、锁扣。

②挑战者沿立柱爬上高空断桥桥面，走到桥头，两臂侧平举，然后大声问队友“准备好了吗?”当听到“准备好了”后，自己大喊“1，2，3”同时跨步跳到桥板另一端，单脚起跳单脚落地。

③桥面不允许助跑，跳跃时不许两手抓保护绳，完成后沿立柱慢慢爬下，随后进入加油队伍。

注意事项：

①有严重外伤病史，有严重心脑血管疾病、精神病、慢性病及并发症或医生建议不适合做此类挑战项目者，可以不参与此类挑战项目。

②摘除身上穿戴的所有硬物，系好安全带、戴好头盔，连接止坠器时要多次检查。

③一名学员在挑战时，另一名学员开始穿戴安全装备并接受辅导，前一名学员完成项目后，下一名学员准备开始。

④上断桥后，培训师先理顺保护绳，让学员背靠立柱，并为其扣上保护绳主锁，然后摘取上升器连接主锁。多次检查学员安全带和头盔穿戴问题。

⑤学员不敢过桥时，培训师可先将其引至桥的一端，自己到另一端引导学员过桥。如果学员重心不稳、左右摇晃，可引导其放松背靠立柱，直到训练架不再共振为止。

思考与分享：

①站在高空断桥前，感受如何?

②当跨越心理障碍，完成挑战后，你的感觉如何?如何帮同伴完成挑战?

③如何自我激励?

（2）跳出真我。

跳出真我属于高空高难度项目，整个过程需严格把控，整个团队需紧密配合完成。

活动人数：20~30人/组。

活动器材：安全服、相应的安全设备（动力绳、锁扣、安全带及安全帽）。

活动场地：空中跳台、空中单杠拓展场地一处。

活动时间：60~90分钟。

活动说明：

①安全问题，所有成员必须学会使用头盔、安全绳、锁扣。

②挑战者沿立柱爬上空中跳台，在跳台上站稳，两臂侧平举，然后大声问队友“准备好了吗?”当听到“准备好了”后，自己大喊“1，2，3”同时舒展身体跳出平台，双手抓住前方悬挂着的单杠。

注意事项：

①有严重外伤病史，有严重心脑血管疾病、精神病、慢性病及并发症或医生建议不适合做此类挑战项目者，可以不参与此类挑战项目。

②摘除身上穿戴的所有硬物，系好安全带、戴好头盔，连接止坠器时要多次检查。

③一名成员在挑战时，另一名成员开始穿戴安全装备并接受辅导，前一名学员完成项目后，下一名学员准备开始。

④学员不敢跳出时，培训师可先语言鼓励其平缓心情后再做尝试；如果学员重心不稳、立柱摇晃，可引导其放松，平举双手保持平衡，直到训练架不再共振为止。

思考与分享：

①站在高空跳台上，你的感受如何？

②当跨越心理障碍，完成挑战之后，你的感觉如何？有什么经验值得分享？

（3）毕业墙。

毕业墙又称逃生墙，墙体高 4 米，没有任何攀岩工具，学员们依靠搭人梯的方法全部学员都越过墙体。

活动人数：20~200 人/组。

活动场地：4 米高墙/高板一堵。

活动时间：90~120 分钟。

活动说明：

①所有学员在指定时间内全部翻越过高墙，不允许借助任何外力和工具，包括衣服、皮带等，必须沿墙面正壁爬上，不能蹬墙面。

②挑战过程中只有队长一人可发话，全程任何学员不得发出任何声响（难度提高任何人不得出声，包括队长）。

③挑战前可由队长代表全队确定挑战目标。

注意事项：

①有严重外伤病史，有严重心脑血管疾病、精神病、慢性病及并发症或医生建议不适合做此类挑战项目者，可以不参与此类挑战项目。

②摘除身上穿戴的所有硬物，穿硬底鞋或胶钉底鞋的学员必须脱掉鞋子。

③如果采用搭人梯的办法，必须采用马步站桩式，不要将身体靠在墙上，注意腰部用力挺直，手臂弯曲靠墙，以保持人梯牢固。要有人专门扶住人梯学员腰部，可以屈膝用腿支撑人梯学员的臀部。学员在攀爬过程中不可以踩人梯学员的头、颈椎、脊椎，只可以踩肩膀和大腿。

2. 中低空项目：信任背摔、蜘蛛网

（1）信任背摔。

活动人数：8~30 人。

活动器材：约 1 米高的平台。

活动场地：室内或室外场地皆可。

活动时间：20~25 分钟。

活动说明：

①征求一位志愿者先开始，请他站在平台上，背部朝向团队。

②其他团队成员当保护者，面对面紧密排成两排，双手与对面的成员交错平举，手心向上，双腿或弓箭步站姿。

③引导者需与志愿者站在一起，一方面注意志愿者所站位置，另一方面也要注意志愿者倒下的方向，适时让团队成员活动到最佳保护位置。

④在志愿者往后倒之前，必须要有确认口号。志愿者先说："准备好了吗?"团队一起回答："请相信我们!"志愿者数"1、2、3"，数完3后倒下。

⑤志愿者倒下时要保持身体的挺直，双手紧握并放置在胸前，双脚固定放在平台上。当保护团队接到志愿者后，就慢慢温柔地降低志愿者，直到志愿者能安全地站在上。

⑥当第一位成员挑战完成后，就轮流让其他成员体验这种感觉。

注意事项：

①因为此活动的进行会距离地面有一定的高度，故引导者在带领此活动前，必须评估团队有足够支持与信任程度。另外，此活动也涉及较多个人的心理安全层面，故提醒团队成员自发性选择挑战，让团队成员做好足够的心理准备再挑战此活动。

②提醒团队成员和志愿者做好正确的信任倒姿势，特别是确保团队要随时保持专注和紧密靠在一起，不能在活动过程中出现缺口。

③提醒团队一个人的躯干比腿部还要重，必须要有比较多的人支撑躯干的部分。

④在活动过程中，团队成员身上的眼镜、手表、耳环、手环等饰品都必须拿下来。

（2）蜘蛛网。

这是一个经典的拓展项目，是想象与挑战的完美结合，可以用来创建团队、培养合作精神、学习冲突处理技巧、培养领袖才能。

活动人数：8~12人。

活动器材：口哨一个、秒表一个、小夹子、小铃铛若干。

活动场地：用麻绳在两根柱子或支架中编织一张蜘蛛网。

活动时间：20~25分钟。

活动说明：

①游戏开场，模拟小组进入原始森林，但通道被一张巨大的蜘蛛网封锁，必须从蜘蛛网中穿过才能获得生存。

②在穿越的过程中，任何人的任何部位不能碰到蜘蛛网，否则即宣告任务失败，全部人回到原点，重新开始任务。

③每个洞口只能使用一次，用了就用夹子标志不得再从此洞穿过。不同人必须从不同网洞穿越过去。

注意事项：不要让穿越者从网洞中滑落跌倒，以免发生意外。

3. 地面与心智项目

解手结、盲人多边形、齐眉棍、极限时速。

（1）解手结。

活动说明：

①先让团队围成一个圆圈。

②请所有团队成员将他们的左手放到圆圈的中央，让每个人去抓圆圈中对面某个成员的左手。

③接下来，再让所有团队成员的右手放到圆圈中央，然后，让每个人去抓圆圈中对面某个成员的右手，要确定没有人是抓到同一个人的左右手。

④向团队说明，这个活动的目标是在团队不能放开手的情况下，团队要一起解开这个结，所以当他们完成后，应该是要在一个大圆圈中。

注意事项：

①若有人的手已经被扭转或拉太紧，让他放开另一个人的手一秒，调整自己的手到一个比较舒服的姿势，然后再将手牵起来。提醒团队小心他们的背部、手肘和腰部。

②手结最好是由 9~10 个人共同操作，若是有超过 12 个人的团队，而没有让团队放开手，他们就会很难解开，但少于 8 个人的手结就太容易完成了。

活动变化：当团队的人数过多时或是整个团队陷入焦灼，全部成员都已经挤在一起，这时引导者可视团队状况，给团队一些协助或支持，例如给予团队几条绳子，帮助团队看清楚活动状况并有更大空间解决问题。

（2）盲人多边形。

活动人数：8~12 人。

活动器材：一根 15~23 米长的绳子、每位成员一人一个蒙眼的物品（如眼罩）。

活动场地：室内或室外场地皆可，但需要较宽广的场地让团队活动。

活动时间：40~60 分钟。

活动说明：

①情境塑造：在工作上你们是否曾经有过这样的感觉，在面对一个问题或整体方案时，自己并不能看到整个局面。在讨论计划书的时候你们都看得很清楚，但在开始完成任务的过程中，你们却是看不见的。

②向团队说明，此活动的目标是要所有团队成员蒙眼，将一条绳子围成一个正方形。

③让团队自行设定目标时间，总共需要多久来完成这项活动，在这段时间内，他们可以自由决定讨论计划书的时间。

④讨论完计划书后，在真正开始活动之前，所有的团队成员都必须用眼罩蒙着眼睛，要尽可能地在最短时间内围好正方形。

⑤所有团队成员都必须随时碰触到绳子，一旦他们拿到绳子就不能双手放掉或是把它再抓回来，然而他们可以在绳子上滑动他们的手做调整或是一次松开一只手。

⑥当整个团队觉得已经完成任务，就把团队最后塑造成的形状放在地上，一旦绳子被放在地上后，团队就可以拿掉他们的眼罩，看看他们所塑造出来的形状为何。

注意事项：

①提醒团队成员，一旦蒙眼后，双手就要放在胸前，做好缓冲的姿势。

②事先移走危险的障碍物，或是在团队成员接近任何危险时，先制止他们。

③当有团队成员觉得戴眼罩不舒服，他们可以拿掉眼罩，安静地走出来，然后观察活动的情况。

④这个活动实际操作起来会很困难，所以引导者需要有时间上的限制，以确保团队不会在蒙眼太久后觉得很受挫。

活动变化：

①比较容易的方式是允许一位团队成员看得到，然后指挥其他蒙眼的成员。

②可以让团队塑造其他形状，任何形状都会比正方形还要困难。

③可以让团队一开始就蒙眼，通常当眼睛看不见时，讨论的对话就会比较困难，因为比较难整合团队和管理对话的效率。

④团队在讨论计划过程中可以用到绳子，一旦他们决定开始活动时，可以在整个团队蒙

眼后再将绳子放置在某处，让团队在塑造形状前，先找出绳子的所在，此时就要更注意每个团队成员的移动方向。

引导讨论：

①如何在特殊情况下进行有效沟通？

②如何处理角色定位？如何更有效地完成本职工作？

③团队在处于不利情况时，如何才能消除负面影响？

（3）齐眉棍。

活动人数：8~16 人。

活动器材：一根轻质竹竿（或轻质直棍）。

活动场地：室内或室外场地皆可。

活动时间：20 分钟。

活动说明：

①让所有的团队成员面对面站成两排，请每位成员伸出右手的食指，置于胸前并指向对方。

②引导者将齐眉棍放在两排团队成员的食指上，使每位团队成员的食指都能托住齐眉棍。

③向团队说明，此活动的目标是要整个团队一起同心协力将齐眉棍放到地上。

④活动的规则就是只能用食指撑住齐眉棍，不能用手指压它，如果在活动过程中，有任何一位成员的食指离开齐眉棍，则活动必须重新开始。

⑤若团队一直重新开始，引导者可以暂停活动，给团队一些时间讨论计划。

注意事项：当引导者看到某成员食指离开齐眉棍，而要求团队重新开始时，不需要明确地指出是哪位成员，只要告诉团队有人食指离开，必须重来即可。

活动变化：

①可以先让团队谈论计划，开始活动后，就不能有人说话，增加成员间的互动。

②活动器材可以用呼啦圈来替代，这个方式可以让整个团队看见彼此的动作，增加成员间的互动。

引导讨论：

①在整个活动过程中，发生了什么事？你们听到了什么声音？

②一开始听到这个任务与真正去执行后，你们的感觉有何变化？

③你们如何沟通讨论出最好的计划？

④你们觉得在这个活动中最需要发挥团队的什么优点？

⑤你们觉得一个人的努力是足够的吗？为什么？

⑥你们认为这个齐眉棍像生活中的什么东西呢？

（4）极限时速。

活动人数：8~12 人。

活动器材：30 个做好的数字贴（上面标示 1~30）、秒表、一长条边界绳。

活动选地：室内或室外场地皆可，但必须要有较宽广大的场地让团队成员可以奔跑。

活动时间：40~60 分钟。

活动说明：

①在围成的圆形范围里，紧贴圆圈在地上摆放数字贴，此范围与团队讨论计划的距离为

20~30 米，让他们看不清楚摆放的数字。

②情境塑造：一个团队凝聚力高、表现优异是由于团队成员们总是不断地追求进步及突破现状，以达到最好的结果。在下列活动中，队员将有五次机会持续追求进步，任务很简单，只要用最短的时间和最好的品质，在大圈范围内完成操作，记录成绩将代表团队的整体表现。

③此活动的目标是在最短的时间内，由小到大碰触数字贴。

④团队会有五次尝试机会，在这五次机会内，团队要不断进步，直到可能的最佳成绩出现为止。

⑤每一次的尝试是从第一位成员踏出起始线的那一刻开始计时，到最后一个成员返回为止。

⑥每一次按照顺序碰触数字点时，都只能有一个人在范围内，如果有任何犯规情况，团队的时间会自动加上 10 秒，以作为处罚。

⑦在每一回合结束后，告诉团队他们所花费的时间，并且给他们时间讨论修正计划。

⑧所有的讨论都只能在起始线的后面进行，而所有的数字点和界限皆不可被移动。

注意事项：

（1）因为此活动过程中会有跑步的动作，故必须注意地上如果潮湿或很滑就不适宜操作此活动，同时也要提醒团队成员跑步时注意安全。

（2）引导者要注意团队犯规的情形，因为在活动中团队不会去注意他们的犯规行为而要求团队做到完全诚实也是很大的挑战。

（3）团队总会想知道曾经最好的成绩，这时引导者不要用其他团队的成绩来刺激团队的表现，应该鼓励他们找出自己最好的方法并以团队自己的成绩为努力的方向。

活动变化：

①放置两个重复号码，只要还是 30 个号码即可。这是一个有趣的方法，让团队处理无预期的状况。

②可将数字点改换成英文字母（从 A 到 Z）。

引导讨论：

①为了发展有效的计划，团队是如何讨论和沟通的？

②在这五个回合期间，团队的计划有改变吗？问题或改进的方式是否明确且完善地在团队里做好沟通，以达成共识改善问题呢？

③团队如何做才能持续改善队员们的表现？为了达到最好的团队表现，队员们解决了什么问题？是如何解决的？

④团队是如何组织和使用人员配置的？每个人的贡献都是一样的吗？每个人对团队的表现都有帮助吗？

⑤哪个最重要的因素影响团队的整体表现？

第二十二章　健身运动

知识目标

1. 掌握健身走和健身跑的锻炼方法；
2. 了解健身跳的练习方法。

素养目标

运用科学的方法锻炼身体，养成终身健身理念。

第一节　健身走与健身跑

2023 年是全面贯彻落实党的二十大精神的开局之年，是实施“十四五”规划承前启后的关键之年，谋划好、推进好 2023 年各项体育工作意义重大。体育战线要以习近平新时代中国特色社会主义思想为指导，全面贯彻落实党的二十大精神，高质量推动体育各领域发展，加快推进体育强国新实践。推动全民健身再上新台阶，针对人民群众“健身去哪儿”难题，补短板、强弱项、固底板，增强全民健身公共服务供给的均衡性和可及性，加快修订《全民健身条例》，加强全民健身场地设施建设，深入推动全民健身活动广泛开展，巩固和拓展“三亿人参与冰雪运动”成果。

一、健身走

走是人类最基本的活动之一。除了睡眠外，人生大部分时间内都离不开走步，正常人在 70 年的生活中大约要走 5 亿步，约 384 万公里，接近地球到月球的距离。走步与健身有着密切的关系。生命在于运动，健康始于足下。为健康而进行的各种形式的步行均属健身走范畴。

（一）健身走的原理与作用

中医认为“走为百练之祖”。人体的五脏六腑无不与脚有关，脚踝以下有 51 个穴位，其中脚掌就有 15 个穴位。脚掌被称为人体的第二心脏，坚持走步锻炼也就是坚持全身的经络与穴位锻炼。经络内属于脏腑，外属于指节，沟通内外、贯穿上下，将人体各部的组织器官连成一个有机的整体，借以运行气血、营养全身，使人体各部的功能活动保持协调和相对平衡。坚持走步活动，也就是运用脚掌不断地与地面机械接触刺激脚底反射区（类似中医的穴位），从而调节人体相应器官及各系统的功能，达到防病治病、延年益寿的目的。

在运动学意义上，健身走是普通人能保持大肌肉群持续不断的、有节奏的、数十分钟以上的活动的有效方式。可以说，健身走是对全体大众最具普遍意义的有氧健身运动项目。

1. 走步锻炼可改变身体成分

有专家认为，女性最烦恼的过大的臀部和过粗的大腿可因长期的走步锻炼而变得苗条修长。

走步锻炼，肌肉负担不大，虽不能明显地壮大肌肉，但可使肌肉蛋白质比例增加，使肌肉变得更结实，使体型更健美。

2. 走步锻炼可使人变得更加聪明

走步锻炼时，管理迈步的脑细胞经常处于迅速兴奋和抑制的过程中，经过千百次这样的锻炼，它的调节功能、反应速度、灵活性和准确性便得到提高，而一个人的脑细胞反应速度及灵活性等便是智力的体现。

走步锻炼后，头脑异常清醒，记忆力增强，工作或学习的效率提高。研究还显示，走步锻炼还可延缓大脑的衰退和老化，加强大脑功能，使思维更敏捷，身体更健康。

3. 走步锻炼可调节情绪，使人健康快乐

健身走同跑步一样，在生理学意义上都是较为完美的运动项目。与其他项目有别的是，健身走是按自己控制的速度，以一种有节奏的形式进行的。在健身走运动的过程中，大脑皮层需要加大调节心血管系统的力度以加快全身的血液循环，及时供给能量和氧气，及时排除二氧化碳和代谢废物，这样大脑自身也获得了兴奋和抑制过程的调节能力。除此之外，许多与走、跑等有氧运动有关的健康与舒适感，都与体内分泌的强大激素内啡肽有关。内啡肽具有强烈的镇痛作用，经常参加促其分泌的运动可以提高神经系统的兴奋性，抑制低落情绪，减少痛苦感，使人锻炼后精神状态良好，周身轻松，精力充沛。

4. 健身走既可强心，又能提高免疫力、延缓衰老

心脏的活动与运动强度有关，强度越大，心脏的活动越强。在健身走的锻炼过程中，为了适应一定强度和持续不断的运动形式，心脏必须以相应的工作把氧气和养料运送到各组织，再把各组织的代谢产物运送到排泄器官。所以说，健身走可以使心脏得到适宜的锻炼，使其功能不断加强。

与此同时，健身走还可以推迟有机体免疫系统的衰老，并在一定程度上逆转免疫系统的机能衰退。

（二）健身走的锻炼方法

1. 散步

散步是一种步伐轻松、步幅最小（50~60 厘米）、步速最慢（25~30 米/分）、运动量最小的走步方法。坚持散步锻炼，可以促进血液循环，增强血管壁的弹性，增加微循环血流量，减少血凝。另外，散步可改善消化腺功能和促进胃肠规则地蠕动，增强消化能力。

散步的正确身体姿势是身体正直，抬头挺胸，收腹收臀，两肩放松，手臂自然下垂，并

协同两腿迈步动作自然前后摆动。两腿交替屈膝前摆，足跟着地至脚尖时，另一腿屈膝前摆足跟着地。步幅因人而异，一般为本人脚长的1~2倍。散步宜选环境优美、空气新鲜、鸟语花香、有山有水的花园、林荫道，一边散步，一边欣赏水溪风光和湖光山色。散步速度要慢，体现出悠闲自在的特点。一般每公里用10~20分钟，关节炎和心脏病患者可以再慢点。

2. 雨中走

大多数人选择晴朗的天气散步，这虽然对健康十分有利，但是在细雨中散步，也有其特殊的价值。细雨可以洗涤空气中的尘埃和污染，净化空气，路面不再起尘土，使空气清新，神清气爽。雨中空气会产生大量的阴离子，阴离子又享有“空气维生素”之称，可以促进人体新陈代谢，改善呼吸功能，并使人精神振奋。

3. 倒走

目前还有一种与步行、散步反序的健身方法，即倒走（退步），这是返序健身运动中的一项。倒走分为摆臂式和叉腰式。摆臂式倒走要求身体直立，抬头挺胸，双目平视，两臂自然下垂。先将左脚向后迈出，以左前脚掌先着地，然后全脚掌落地，身体重心移往左腿。按同样的方法左右脚交替后退，两臂配合自然前后摆动。叉腰式倒走要求身体直立，抬头挺胸，双目平视，双手叉腰，四指在前，拇指在后，按“肾俞穴”，腿部动作同摆臂式。每后退一步，用两手拇指按摩“肾俞穴”一次，可以起到补肾壮腰的作用。

倒走可同散步一起练，可先步行100米，然后倒走100米，反复交替，效果会更好。在开始倒走练习时，速度不宜过快，锻炼一段时间后可逐渐加快速度。每次倒走20~30分钟。倒走应选择广场和田径场，以及公园和车辆少的马路。要注意方向和平衡。在开始做时最好和家人一起练，一人练步行，一人练倒走，这样可以相互提醒，避免摔倒。

4. 走楼梯

走楼梯也叫以“爬楼梯”。上下往返走楼梯，同样可以达到健身的目的。上下楼梯对发展腹肌和下肢力量，提高心血管和呼吸系统的机能十分有利，对增强神经系统的灵活性、协调性也大有裨益。据测定，一个人登高，每爬高1米所消耗的热量相当于散步28米；若循着6层楼的楼梯爬上去，相当于慢跑500米。长年坚持上下走楼梯，对中老年人可预防高血压、冠心病，对肥胖者可以减肥。

上楼梯时，青少年可以一步几阶，蹭蹭蹭地跨上去。而中老年人则应在上楼时上体微前倾，有意识地屈膝抬腿，一步一个台阶。登上3~6层楼梯，稍停，待脉搏恢复平静，再往返重复。下楼时上体稍微后仰，肌肉放松，用前脚掌有弹性地交换落在台阶的中部。一般上楼慢下楼快，中老年人上楼时速度与散步时速度相同为宜，一步一步地上楼。呼吸次数比平时每分钟多3~5次，脉搏比平时每分钟多5~10次。

锻炼之前应预先做好准备活动，活动内容包括下肢关节的屈伸、绕环、半蹲起、原地踏步、深呼吸等。

5. 踏步走

踏步走是原地走步或稍有向前移动的特殊走法。身体直立，两臂自然下垂或屈臂，两腿交换屈膝抬腿，全脚或前脚掌落地，两臂协同两腿前后直臂或屈臂摆动，屈膝抬腿最高点是大腿抬至髋高，直腿或屈膝落地均可。这种走法只有步频要求，步幅0~1脚长。

踏步健身走适于运动空间较小，风雨雪天，练习者身体不适或行动困难者。踏步走锻炼可配合音乐节拍、互喊口令等方式进行，也可闭眼、4拍1转体形式进行。

6. 快步走

快步走是一种步幅适中、频率加快、步速较快（130～250 米/分）运动量稍大的走法。快步走适用于有一定走步锻炼基础的健康者及青少年。快步走的标准是时速不低于 7 公里。

快步走时，身体适度前倾 3°～5°，抬头，垂肩背，挺胸，收腹，提臂。在走步过程中，两臂配合两腿协同摆动，前摆时都成 90°角，手臂高度不高于胸，后摆时成 90°角，两手臂在体侧自然摆动，两臂摆幅随步幅而变化。双腿交换频率加快，步幅尽量稳定，前摆腿的脚跟着地后迅速滚动至前脚掌，动作要柔和，后脚离地。两脚以脚内侧为准踩成一条较直的线。臀部随走步而稍有前后左右的转动，但不宜过大。步速要均匀，也可走成变速，但不应出现腾空。

二、健身跑

田径运动及健身运动中的跑可分为慢跑、快速跑、障碍跑和接力跑等。慢跑是田径健身运动中最常见的方式。坚持有规律的慢跑锻炼，可以给人体的呼吸、循环以及运动系统以良性的刺激，有助于保持和发展人的耐力和良好的生理机能，具有较高的锻炼价值。快速跑又称短跑，是发展速度素质的有效手段。一般需在田径场跑道上进行，可采用游戏和比赛的方式进行，以提高练习者的兴趣。障碍跑是发展人在跑的过程中踏过、跨过、绕过、钻过障碍物能力的一种运动方式。要根据练习者的实际情况设置障碍物。非正规高度和栏间距离的跨栏跑，也是健身障碍跑的内容。接力跑是一种集体参与、相互协作配合的运动方式。可以采用发展速度素质的快速跑，也可采用发展耐力素质的中、长跑，目的是使参与者体验在集体合作中的乐趣，从而提高锻炼兴趣。

（一）健身跑的原理与作用

健身跑不受各种条件的限制，只要有路就可以跑，男女老少都可参加，健身效果显著。因此，世界各国健身跑活动都开展得比较普遍。

经常进行健身跑锻炼，不但能增强和提高心血管系统、呼吸系统、消化系统、神经系统和肝脏系统的功能，而且能防病治病，延年益寿。

1. 对心血管系统的作用

心肌肥大，心腔增大。长期进行健身跑锻炼的人，心脏肌肉将逐渐发达且粗壮有力，心腔也逐渐增大。据调查，经常进行健身跑锻炼的儿童、少年、青少年和中老年人的脉搏输出量，均比相同年龄不参加体育锻炼的人，增加 10%左右。

心动徐缓。经常进行健身跑锻炼的人，随着脉搏输出量的增加，每分钟心跳的次数就会减少。这样，心肌就会得到更多的休息，使心脏的工作能力更加持久。

血管变粗，毛细血管增多。从事健身跑锻炼的人，血管变粗，毛细血管增多，从而供血量也大大增加，使肌肉组织有足够的氧可以利用；同时排泄废物的功能也得到增强，骨骼肌的耐力提高，不易疲劳；还能使心脏肌肉组织的血管供血充足，防止心脏病的发生。

2. 对呼吸系统的作用

（1）呼吸肌增强。呼吸肌发达了，胸围也增大了。一般人的呼吸差（尽量吸气和尽量呼气的胸围差）只有 5～8 厘米，而经常进行健身跑和体育锻炼的人呼吸差可增大到 8～18 厘

米，这样肺里就可以容纳更多的空气，使运动中的气体交换进行得更顺利和充足。

（2）肺活量增大。正常的青年人的肺活量，男子为3500～4000毫升，女子为2500～3000毫升。长期从事健身跑锻炼的人，肺弹性增大，肺活量一般可以增大20%左右。肺活量反映肺的储备力量和适应能力，也反映呼吸器官的最大工作能力。

（3）加大呼吸深度。经常从事健身跑锻炼的人，能增大呼吸深度，呼吸的次数也可以减少。青年健身跑爱好者可减少到8～12次/分。呼吸深度的加大，呼吸次数的减少，都说明呼吸系统功能的加强。

3. 对肝功能的作用

人们在跑时，由于能源物质——糖的消耗增加，使肝脏的后勤供应加强，因而使肝脏的机能得到锻炼。运动员的肝脏储备的糖越多，运动时向外输送得越快。肝糖原对肝脏的健康极为重要，它能保护肝脏。

4. 对消化系统的作用

胃肠是人体消化食物的主要器官，经常进行健身跑锻炼能提高胃肠的消化功能。另外，健身跑时，由于呼吸加快加深，使膈肌大幅地上下移动，腹肌也不断地活动，对胃肠能产生一种按摩作用，对增强肠胃的消化功能有良好的影响。

5. 对神经系统的作用

长期进行健身跑锻炼，能使神经兴奋与抑制、传导与反应等机能得到明显的改善，可以使人的精力充沛，精明果断，动作迅速、准确、有力；使人体对外界刺激的适应能力有明显提高；使机体对致病因素的抵抗因素显著增强。

6. 能使人延年益寿

研究发现，寿命和心率有重要的关系。每分钟心脏跳动的次数越少，寿命也就越长。健身跑可以使人的心率降低，因而能延年益寿。

（二）健身跑的锻炼方法

1. 慢速放松跑

这种方法比较简单，其特点：一是跑的速度较慢，跑的距离可以根据自己的体质确定，体弱的学生可以比走步稍快一点，体质好的可以快一些。二是增强心血管的负荷以及全身的代谢功能，以保持有氧代谢为前提，在跑的过程中心跳的频率以每分钟不超过180次减去自己的年龄为宜。例如，20岁的人应控制在180−20＝160（次/分）以下为宜。呼吸也以不喘大气为宜，在跑步一开始就应该注意呼吸的深、长、细、缓，并有节奏地吐气，呼吸时鼓腹，这就很自然地形成了腹式呼吸。三是全身肌肉放松，步伐轻快，双臂自然摆动。运动时间以每天20～30分钟为宜，刚开始时少一点也可以，应循序渐进，每星期跑5～6次，也可以隔天1次，但必须常年坚持，持之以恒。

2. 原地跑

在雨天、雪天或冰冻天不方便出门跑步时，可以把住宅作为健身房，采用原地跑步法进行锻炼。原地跑步法是一种不受场地、气候、时间和设备等空间限制的跑步锻炼方法。跑的时间可长可短，完全取决于个人的体能和需求。可以根据跑步的速度挑选最合拍的音乐，在音乐的伴奏下进行锻炼。原地跑也可以逐渐增加运动强度和运动量，充分发挥跑步的健身效用。

3. 变速跑

变速跑是在跑的过程中快跑一阵后，再慢跑一阵，快跑和慢跑交替进行的跑法。这是适合体质较好的长跑爱好者的跑法。当慢跑时，肌肉活动不很激烈，呼入的氧就可以满足肌肉活动的需要，这时肌肉活动所需的能量是靠有氧代谢来保证的。当快速跑时，肌肉活动就比慢跑剧烈得多，肌肉物质代谢对氧气的需求大大增加。这时，由于身体的呼吸和血液循环机能的限制，不能满足运动时对氧的需要，于是只能靠无氧代谢来供给肌肉活动时所需的能量，这样变速跑不但能够有效地提高肌肉有氧代谢的能力，而且能够积极地改善肌肉无氧代谢的能力。这不仅对发展一般耐力有好处，而且能提高机体的速度耐力素质，对提高人体机能大有益处。变速跑可根据自己的情况随时改变速度。刚开始时，可采用较慢速度的慢速跑，随着锻炼水平的提高，逐渐提高变速跑的速度，逐渐增加运动量，以最大限度地发挥健身跑的作用。

4. 越野跑

在公路或自然环境中（如乡间小路、原野、山地、沙丘、雪地、林间等）进行锻炼，可激发锻炼者的兴趣，提高锻炼者的锻炼效果。在自然环境下进行锻炼，因为没有距离标记，可采用定时跑的方式，如跑 20~30 分钟等。

参加中长跑锻炼时，跑的距离（时间）、跑的速度和每周锻炼的次数，一定要根据锻炼者的体质及健康水平等个体实际情况而定。增加运动负荷时应严格贯彻循序渐进的原则。另外，还要根据健身原理，加强自我监督，决定是否调整锻炼方案。只有这样，才能取得良好的中长跑锻炼效果。

（三）健身跑锻炼的科学安排

按照计划锻炼，才能使你的健身跑有所遵循，避免盲目性，克服惰性，增强科学性。制定锻炼计划应当遵照上述原则，一般可分为四个阶段：

第一阶段：要达到的锻炼目的是用中速走 3000~5000 米。这个阶段分两步安排。第一步先用匀速走的方法完成慢走 3000 米。所谓慢走，比散步要快一些，每分钟 60 步左右。第二步完成中速走 3000~5000 米的目标，中速走要求每分钟走 75 步左右。这一步可以采用匀速走和变速走两种方法进行。锻炼地点可以在田径场，便于掌握走的距离，便于安排走的速度变换，也可在公路上走，以电线杆或路灯等作为标记。

第二阶段：要完成慢跑 2000~3000 米的锻炼目标。第一阶段中速走 3000~5000 米完成后，要巩固几周，感觉仍然良好，再转入第二阶段。这个阶段采取的方法是匀速跑或走跑交替。慢跑的速度：跑 1000 米用 7~8 分钟。在采用走跑交替方法时，慢速或中速走应根据个人身体情况而定。

第三阶段：提高跑的速度，完成跑 3000~5000 米的锻炼目标。第二阶段目标达到了，就会感到体力明显增强，工作起来精力比较充沛，有些慢性病也会有所好转。但不要认为自己跑的能力提高了，就可以多跑和快跑了，一定要多巩固几周，再开始第三阶段的锻炼。这个阶段要把跑速加快一些，18~29 岁的人跑完 1000 米用 5~6 分钟，这个速度比慢跑稍快一些，用“中速”这个词来概括。这个阶段采取的锻炼方法是匀速跑和变速跑。采用匀速跑的方法进行锻炼，开始可以用中速跑 1000~2000 米，要根据个人的情况来确定。然后依次增加 400~500 米，最终达到完成计划规定的目标数。增加跑的距离，不能操之过急，应当在身体感觉良好的基础上进行。在增加距离时，也可在增加的距离段跑慢一些，逐渐提高到计划规定的速度。采取变速跑的方法，慢跑的距离长，中速跑的距离短，逐渐减少慢跑距离，增加中速跑距离。

第四阶段：加长距离，加快跑速。这个阶段跑 1000 米的时间用 4~5 分钟。为了和慢跑、中速跑有区别，这人阶段称为“快跑”，实际上这个阶段的速度也是比较慢的。这个阶段的锻炼目标是快速跑 8000~10000 米。第四个阶段的锻炼方法和上个阶段的相同。采用匀速跑的锻炼方法，应根据个人的锻炼水平来确定开始跑的距离；采用变速跑的锻炼方法，也应从实际情况出发。

在实行计划时，还应注意以下几个问题：

（1）不一定都从第一阶段开始锻炼，应根据个人的身体状况来确定。

（2）健身跑四阶段锻炼法所需的时间和跑后即刻测定脉搏数，是根据身体健康者进行锻炼规定的。如果身体较弱或有慢性病，虽然已到计划规定的时间，但身体感觉不够良好，就应延长该阶段的锻炼时间，直到身体确实感觉良好，再巩固一段时间，方可转入下一阶段。晨脉（早晨醒后在起床前测定的脉搏）比平时每分钟高 6~8 次，应适当减小运动量，确实感觉良好后，再逐渐加大运动量，达到计划的要求。

（3）有的地方附近没有田径场，或虽然有田径场，但锻炼者不愿在田径场一圈一圈地跑，愿意在公路上跑，可以利用路灯或电线杆作为标记来掌握跑的距离和速度。

（4）患有心脏病、高血压和某种严重疾病者，应到医院进行全面检查，征得医生的同意，可以从走开始锻炼，锻炼的每一步都应以不加重病情为原则。

每天锻炼的时间安排：

每天什么时间进行健身跑为宜，看法各不相同。有人主张早晨锻炼好，因为早晨的空气新鲜，杂质和灰尘较少，是一天环境条件最好的时间。有人认为下午锻炼好，可以消除紧张，尤其对那些精神处于紧张状态的人，效果更为明显。这个时间进行健身跑，可以起镇静的作用。还有人喜欢晚上锻炼，他们感觉晚上凉快，锻炼后身体很舒适，上床后能立即入睡。但也有人进行健身跑后很兴奋，反而影响睡眠。所以，一般人在锻炼和睡眠之间要间隔 1.5~2 小时。

每周锻炼的次数：

健身跑和其他体育活动一样，每经过一次锻炼，身体各器官的功能就会有所改变，这样一次接一次地锻炼，身体的良好变化就会积累起来，达到增强体质、提高健康水平的目的。每周锻炼的次数以 3~5 次，隔日锻炼为宜。

第二节　健　身　跳

经常进行健身跳锻炼可以有效地发展锻炼者的腿部力量，特别是爆发力，提高下肢的柔韧性和运动幅度，可以有效地提高神经系统的灵活性和其支配肌肉收缩与放松的能力；能改善位觉器官和前庭器官的机能，提高平衡与协调能力。

健身跳不同于竞技运动的跳跃，由于跳跃的目的不同，所以跳跃的形式、方法要求也不相同。健身跳方法要符合不同年龄、不同水平锻炼者的需要，健身跳的内容和形式要具有一定的娱乐性、趣味性，健身跳练习负荷要控制在适当的限度内。

一、健身跳的内容

（一）提高身体素质的健身跳

提高身体素质的健身跳有高度跳和远度跳。高度跳和远度跳又分别包括原地跳和助跑跳，原地跳和助跑跳各分为一次跳和连续跳，再划分为徒手跳和负重跳，最后分为障碍跳和无障碍跳。

在选用练习时锻炼者可以根据需要进行组合，如采用原地跳时，可以一次跳（纵跳）、徒手跳、无障碍跳，也可以连续跳、负重跳、障碍跳，还可以一次跳（纵跳）、负重过障碍跳等；远度跳也是如此。

健身跳常用的高度跳练习，如原地跳起摸高或头触高物（一次或连续、徒手或负重）、原地双脚跳越障碍、原地收腿分腿跳、提踵跳、弓步换腿跳、单腿登台阶（低凳）跳、快速挺举跳、助跑摸高跳、助跑跳越障碍（栏架、横杆）跳等。

健身跳常用的远度跳练习，如立定跳远、立定三级（五级、十级）跳、助跑跨上跳箱（台阶）、多级跨跳、单脚跳等。

（二）游戏性的健身跳

游戏性的健身跳多为少儿采用，但其中有些练习也适合于成年人。常用的练习如跳绳、跳皮筋、跳房子、踢毽子、舞蹈（其中的跳步、跨步、蹦跳）、跳自然障碍、跳山羊、用脚“猜拳”“顶拐”等。锻炼者可以将一些跳跃活动组合到游戏当中进行。

（三）娱乐性的健身跳

娱乐性的健身跳往往不是单独存在，而是包含在某些娱乐活动中，如大秧歌、健美操、中老年迪斯科和各种球类活动等。其在活动中含有跳跃动作，由于这些跳跃动作的存在，加大了该项活动的运动量和强度，调节了活动的气氛。

有一些健身跳若由少儿做，可归入游戏范畴，若由成年人做，则成为娱乐活动。

（四）健美性的健身跳

健美性的健身跳是寓健身于健美之中，更多地追求健美效果。跳跃活动对下肢肌肉的匀称发展极为有利。在健美运动中离不开跳跃运动。如健美操中的跳跃运动、负重跳跃、提踵跳跃等。

二、健身跳的练习方法

健身跳练习视锻炼者的体质、健康状况及时间状况来安排练习的次数和具体时间。参加健身跳练习，锻炼者要根据心情和身体的状况来决定练习的量和强度。一般来说，凡有锻炼基础的人应以周为单位，每天进行一次练习，没有特殊情况不要间断；感觉不适则不要勉强自己，身体正常则要努力坚持。

健身跳不需要特殊的场地条件，只要地面平坦、无碎石硬块又不滑即可。地面最好较为松软，以免因地面过硬、跳跃技术不好而造成足、踝挫伤或胫骨发炎，以及膝关节的慢性劳损。

在健身跳之前锻炼者要充分地做好准备活动，如慢跑、徒手操、柔韧练习和一些轻微的跳跃，目的是使机体逐渐进入运动状态，防止肌肉拉伤、关节挫伤等伤害事故的发生。练习时动作也应由小到大，速度由慢到快，以逐渐适应。

健身跳可以一个人练习，也可以多人集体练习。个人练习比较枯燥，需较大的毅力方能坚持下去；多人练习可以相互督促，相互鼓励，气氛热烈，兴趣盎然，提高了练习的次数和强度，可取得更好的练习效果。另外，有些练习必须由多人进行，如跳长绳、做跳跃游戏等。有些练习必须有人保护，如跳器械、负重跳跃等。

健身跳练习过程中，不论是节奏很强的练习，还是不需要明显节奏的练习，若能伴随音乐进行，则非常有益。

参考文献

[1] 陈振辉．新编高职体育与健康教程［M］．北京：北京理工大学出版社，2017.

[2] 关伟东．大学体育［M］．北京：北京理工大学出版社，2019.

[3] 郑焕然．大学体育文化与运动教程［M］．北京：北京理工大学出版社，2020.

[4] 大学体育与健康教程编写组．大学体育与健康教程［M］．北京：人民体育出版社，2002.

[5] 姚蕾．体育隐蔽课程的基本理论与实践．［M］北京：人民体育出版社，2002.

[6] 利亚茨卡亚．健美操［M］．普利华，译．北京：北京体育大学出版社，1987.

[7] 肖威．大学体育健康理论与实践［M］．北京：北京体育大学出版社，2002.